本书是2018年度教育部人文社会科学研究一般项目"精准扶贫背景下非灾经济发展模式研究"的一部分（项目课题号：18YJC790114）

The Cultural Dimension and Construction
of Market Economy in the New Era

新时代市场经济发展的
文化向度及其建设研究

吕其镁 著

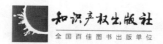

知识产权出版社
全国百佳图书出版单位

图书在版编目（CIP）数据

新时代市场经济发展的文化向度及其建设研究 / 吕其镁著 . —北京：知识产权出版社，2019.3

ISBN 978-7-5130-6141-4

Ⅰ . ①新… Ⅱ . ①吕… Ⅲ.①中国经济—社会主义市场经济—关系—文化事业—建设—研究 Ⅳ .① F123.9 ② G12

中国版本图书馆 CIP 数据核字（2019）第 040729 号

内容提要

在我国社会主义市场经济发展的新时代，如何将中国特色社会主义文化建设融入社会主义市场经济发展的过程中，为社会主义市场经济发展提供方向保证、根本动力、精神支持等，以保证新时代市场经济的健康发展，是一个值得深入思考的课题。本书坚持以问题为导向，理论与实践相结合，从发展市场经济过程中坚持意识形态领导权、弘扬社会主义核心价值观、坚定文化自信、提高文化软实力、加强公共文化事业发展、做好文艺创作工作、推动文化产业健康发展，最后落脚到加强公民思想道德建设八个方面，对新时代发展社会主义市场经济的文化向度及其建设作了全面透视并提供对策建议。这些探讨对促进社会主义市场经济的健康发展，具有重要的理论价值及实际意义。

责任编辑：李海波　　　　责任印制：孙婷婷

新时代市场经济发展的文化向度及其建设研究
XINSHIDAI SHICHANG JINGJI FAZHAN DE WENHUA XIANGDU JI QI JIANSHE YANJIU

吕其镁　著

出版发行：**知识产权出版社** 有限责任公司	网　　址：http://www.ipph.cn
电　　话：010 — 82004826	http://www.laichushu.com
社　　址：北京市海淀区气象路50 号院	邮　　编：100081
责编电话：010 — 82000860 转 8582	责编邮箱：lihaibo@cnipr.com
发行电话：010 — 82000860 转 8101	发行传真：010 — 82000893
印　　刷：北京中献拓方科技发展有限公司	经　　销：各大网上书店、新华书店及相关专业书店
开　　本：720mm×1000mm　 1/16	印　　张：15
版　　次：2019 年 3 月第 1 版	印　　次：2019 年 3 月第 1 次印刷
字　　数：231 千字	定　　价：52.00 元

ISBN 978-7-5130-6141-4

前　言
PREFACE

　　随着中国特色社会主义进入新时代，我国的社会主义市场经济发展也进入新时代。新时代的社会主义市场经济如何实现健康有序的发展就成为值得深入研究的重要课题。其中，社会主义市场经济发展的文化向度更是一个值得深入思考的课题。社会主义市场经济是在坚持社会主义基本制度的基础上，使市场在国家宏观调控下对资源配置起决定性作用的经济体制和经济运行方式。我国经济体制改革的目标是建立社会主义市场经济体制。这一体制有一般市场经济的共性，也有我国社会主义的制度性特征。但在现实中，我们强调前者多而对后者强调较少。社会主义市场经济在催生竞争、创新等进取意识的同时，也带来了拜金主义、享乐主义和极端个人主义等消极观念，引发一些人道德上的迷失，以致滥用等价交换原则。而不同地区、部门和成员之间经济差距拉大的事实，又使得隐藏在"根本利益一致"背后的利益矛盾凸显，人们思想观念的差异性和对抗性在增强，从而影响社会共识的达成。发展市场经济的同时，必须着力加大思想文化领域建设的力度。面对市场经济发展中的负面效应，我们在抓经济建设的同时，一刻也不能放松社会主义思想文化建设工作。特别是要牢牢坚持"两手都要抓，两手都要硬"的战略思想，从市场经济建设这个现实背景出发，采取合理有效措施着力推进思想文化建设。

　　在发展社会主义市场经济过程中加强思想文化建设既具有紧迫性，又具有战略性。文化作为社会上层建筑的组成，一方面受社会经济基础的制约，另一方面对经济基础产生巨大的反作用。与社会主义市场经济相适应的竞争意识、自主意识、平等意识对市场经济的发展有积极的导向作用，有利于促进市场经济的繁荣发展；而社会主义市场经济体制发展过程中滋生的拜金主义、利己主义、享乐主义又会扰乱市场经济的秩序；与此同时，一些封建腐朽的思想文化也借机在人民群众中传播，造成一系列不良的影响。同时，社会主义市场经济是开放型经济。经济全球化是当今世界经济发展的客观趋势，对当代中国而言，须坚持改革开放不动摇，利用国外的先进技术和资金促进我国社会主义建设事业的发展。在此背景下，外国文化必然会对本土文化造成冲击，资本主义一些腐朽的思想也会乘虚而入，借机动摇群众的社会主义信念，消磨人们为社会主义事业奋斗的意志。因此，在社会主义市场经济条件下，我们必须高度重视文化建设，使得经济体制与文化建设相适应，互相促进。只有这样，我国的社会主义现代化建设才能顺利进行，才能更好地在激烈的国际竞争中掌握主动权。

深入思考新时代社会主义市场经济发展的文化向度及其建设也是新时代社会主义文化建设的客观要求。党的十八大以来，以习近平同志为核心的党中央在全面深化改革的过程中高度重视文化建设，倾注巨大心血，谋划指导推动，先后召开全国宣传思想工作会议和文艺工作座谈会、全国党校工作会议、党的新闻舆论工作座谈会、网络安全和信息化工作座谈会、哲学社会科学工作座谈会、全国高校思想政治工作会议等一系列重要会议；出席第十次文代会、第九次作代会，会见全国道德模范代表，全国文明城市、文明村镇、文明单位先进代表，中国记协第九届理事会代表，全国文明家庭先进代表等，发表一系列重要讲话，深刻回答了新的历史条件下文化建设中具有方向性、全局性、战略性的重大问题，体现了我们党对中国特色社会主义文化发展规律的战略思考和科学把握，是党中央治国理政的重要组成部分，为推进文化建设指明了前进方向、提供了根本遵循。文化是影响经济社会发展的重要力量，对于一个国家、一个地区、一个民族的稳定、延续和发展起基础作用。从党的十七大提出推动"文化大发展大繁荣"到十八大明确"建设文化强国"，再到十九大强调要"坚定文化自信"，文化在国民经济与社会发展中的重要性日益提升。从"四位一体"到"五位一体"的总体布局更新，"文化建设是灵魂"，已然成为社会主义事业总体布局的重要组成部分。因而，新时代社会主义文化建设的客观要求也需要深入思考如何将社会主义文化建设全面融入市场经济发展过程及各方面。

正是基于这些考量，我们从新时代中国特色社会主义市场经济发展的现实出发并深入结合新时代社会主义文化建设的客观要求，深入思考社会主义市场经济条件下如何通过文化建设为社会主义市场经济保驾护航，为新时代社会主义市场经济健康发展提供良好的思想文化保证。具体来说，本书坚持问题导向，从理论与实践相结合的角度，围绕新时代社会主义市场经济发展必须正确处理的一些文化建设的重要问题，从发展市场经济过程中要坚持意识形态领导权、要弘扬社会主义核心价值观、要坚定文化自信、要提高文化软实力、要加强公共文化事业发展、要做好文艺创作工作、要推动文化产业健康发展，最后落脚到要加强公民思想道德建设八个方面，对新时代发展社会主义市场经济的文化向度及其建设作了全面透视并提供对策建议。我们期待着这些探讨对在新时代中国特色社会主义事业发展进程中正确处理市场经济与文化建设的关系尤其促进社会主义市场经济的健康发展，具有参考借鉴价值，能够助益于新时代社会主义市场经济健康发展，也助益于新时代中国特色社会主义文化建设。

目 录
CONTENTS

新时代市场经济发展的文化向度及其建设研究

XinShiDai ShiChang JingJi FaZhan De WenHua XiangDu Ji Qi JianShe YanJiu

市场经济发展与意识形态领导权

新时代社会主义市场经济发展的文化向度及其建设是一个涉及多重维度的复杂课题，而在发展社会主义市场经济过程中如何坚持好社会主义意识形态领导权问题是最为核心的问题。在新时代社会主义市场经济发展过程中必须增强社会主义意识形态的吸引力和感染力，紧紧扭住意识形态工作领导权这个关键。牢牢掌握意识形态工作的领导权，是坚持我国市场经济的社会主义前进方向和发展道路的客观要求，是深入推进社会主义文化强国建设的必然选择，意义重大，影响深远。在发展市场经济过程中坚持意识形态领导权，要充分认识坚持意识形态领导权的必要性，增强意识形态工作的主动权，提升意识形态工作的引领力，落实意识形态工作的主体责任，才能建设具有强大凝聚力和引领力的社会主义意识形态，为新时代社会主义市场经济健康发展提供最为根本的方向保障。

第一节　发展市场经济过程中要
坚持意识形态领导权

在新时代发展社会主义市场经济的过程中，必须高度重视意识形态领导权。新时代高度重视意识形态领导权，既是由社会主义市场经济发展过程中存在的一些复杂问题决定的，也是由意识形态问题特别是领导权问题在发展社会主义市场经济乃至整个社会主义事业发展中的根本性地位决定的，同时也是由我国社会主义意识形态建设的根本任务和最新进展决定的。

在发展社会主义市场经济过程中之所以要高度重视意识形态工作领导权，是由在社会主义市场经济发展过程中存在的一些复杂问题决定的。这些问题有诸多的表现，从总体上看，主要体现为如下几种情况：一是经济全球化对我国经济社会发展的冲击，决定了要加强意识形态工作领导权。随着经济全球化的深入发展，各国文化交流日趋频繁，以美国为首的少数西方发达国家趁机对包括我国在内的广大发展中国家进行文化和意识形态渗透，尤其是从未放弃对我国实行西化的图谋。此外，我国在加入WTO后的一段时间强调对"世贸规则"的适应和遵守，这本是必要的，但也使一些人误将全球化等同于"一体化"，动辄强调与国际接轨，这不利于坚守社会主义主流意识形态。在这种情况下，我们要加强意识形态工作的领导权建设。二是新科技革命在推动经济社会发展的同时，也带来了许多问题，如气候变暖、无性繁殖、器官移植、转基因食品等。对这些问题的讨论，使人们的注意力集中到了科技如何运用的层面，而忽略其背后深层次的国家主权和意识形态等因素。还有，当代科技的迅猛发展也使得人们更为关注综合国力竞争中人才、科技的争夺，而忽视了其中民族文化、价值观的差异与对抗。在这种情况下，也应该加强意识形态工作的领导权建设。三是随着改革开放和社会主义市场经济的深入发展，我国社会正发生深刻变革，社会生活多元、多样、多变的特征日益明显，各种思想文化交流、交融、交锋更加频繁，一些社会思潮也呈现空前活跃的态势。这些思潮主要包括新自由主义、民主社会主义、普世价值观和历史虚无主义等，在一定程度上导致社会成员的思想混乱，使得人们在价值评价和行为选择上出现困惑与迷茫，不利于中国特色社会主义共同信念的确立。在这种复杂的社会思潮影响下，也应该加强意识形态领导权建设。习近平总书记指出："党的十一届三中全会以来，我们党始终坚持以经济建设为中心，集中精力把经济建设搞上去、把人民生活搞上去。只要国内外大势没有发生根本变化，坚持以经济建设为中心就不能也不应该改变。这是坚持党的基本路线100年不动摇的根本要求，也是解决当代中国一切问题的根本要求。同时，只有物质文明建设和精神文明建设都搞好，国家物质力量和精神力量都增强，全国各族人民物质生活和精神生活都改善，中国特色社会主义事业才能顺利向前推进。"❶ 随着中国特色社会主义进入新时代，我国经济社会发展带来了诸多的成就，但是同时，我们充分认识到在经济发展过程中特别是在市场经济发展过程中出现的一些复杂情况，决定了在新时代进一步发展和完善社会主义市场经济过程中，就要加强社会主义意识形态建设，特别是抓住社会主义意识形态的领导权这个意识形态建设的根本抓手。

意识形态问题特别是领导权问题在发展社会主义市场经济乃至整个社会主义事业发展中的根本性地位，决定了要高度重视意识形态工作和加强意识形态领导权建设。意识形态属于社会意识范畴，属于观念上层建筑，是一定社会的阶级、阶层或社会集团基于自身根本利益对社会关系自觉反映而形成的思想理论体系，对社会存在、经济基础具有重要反作用。对一个政党、一个国家、一个民族的生存和发展来说，意识形态至关重要。一个政权的瓦解往往是从思想领域开始的，政治动荡、政权更迭可能在一夜之间发生，但思想演化是长期的过程，思想防线被攻破了，其他防线就很难守住。在新时代中国特色社会主义事业发展进程中，意识形态工作关乎旗帜、关乎道路、关乎党的前途命运和国家长治久安、关乎民族凝聚力和向心力，是实现国家利益的重要手段，对于维护国家政治稳定、保障经济和社会健康发展均具有极其重要的作用。其实，文化建设与意识形态水乳交融、密不可分，意识形态决定了文化的前进方向和发展道路。能否做好意识形态工作，直接关系马克思主义在文化领域的指导地位；关系文化为人民服务、为社会主义服务的正确方向；关系坚守中华文化立场，更好发展面向现代化、面向世界、面向未来的，民族的科学的大众的社会主义文化；关系深化文化体制改革、发展文化事业和文化产业的价值取向和社会导向；关系提升国家文化软实力和文化竞争力的实际成效。中国特色社会主义进入新时代，党和国家事业发

❶ 习近平在全国宣传思想工作会议上强调　胸怀大局把握大势着眼大事　努力把宣传思想工作做得更好［N］.人民日报，2013-08-21.

第一章　市场经济发展与意识形态领导权

展处于新的历史方位，这为巩固和壮大社会主义意识形态、发展和繁荣社会主义文化、建设社会主义文化强国提供了有利机遇并营造了广阔空间。但也应认识到，随着我国经济社会深刻变革、利益格局深刻调整，意识形态领域局部多元、多样、多变的趋势日益明显，人们的思想更加活跃，独立性、选择性、多变性、差异性显著增强，各种思想多样杂陈、各种力量竞相发声成为新形势。意识形态领域斗争形势依然严峻复杂，建设社会主义文化强国任务十分艰巨。如何消解马克思主义指导地位面临多样化社会思潮的影响、如何应对社会主义核心价值观面临多元化价值观念的挑战、如何遏制国际敌对势力的颠覆等已然成为重要的时代课题。当前，国际上各种思想文化交流、交融、交锋更加频繁，外部敌对势力加紧对我国进行思想文化渗透，宪政民主、普世价值、新自由主义、历史虚无主义等繁杂的西方错误社会思潮等仍然伺机冒头，妄图挑战马克思主义指导地位，攻击否定党的领导和我国政治制度、发展道路，竭力争夺意识形态话语权，意识形态领域的斗争更加复杂多变，维护国家意识形态安全的任务更加艰巨。一些西方发达国家凭借经济、科技优势加紧文化输出，进行文化渗透，推行文化霸权，在这样的背景下要保持我国文化发展的自主性，建设社会主义文化强国，更加需要我们胸怀大局、把握大势、着眼大事，坚持和加强党对意识形态工作的全面领导，把意识形态工作的领导权、管理权、话语权牢牢掌握在手中，使全体人民在理想信念、价值理念、道德观念上紧紧团结在一起，扎实做好意识形态工作，培养高度的文化自信。因此，如上这些现实决定了在发展社会主义市场经济的过程中要着力加大思想文化领域建设的力度。

我国社会主义意识形态建设的根本任务决定了在发展市场经济过程中要加强意识形态领导权建设。习近平总书记指出："宣传思想工作就是要巩固马克思主义在意识形态领域的指导地位，巩固全党全国人民团结奋斗的共同思想基础。"❶从这种意义上看，新时代加强意识形态工作领导权的根本任务，就是巩固马克思主义在意识形态领域的指导地位，巩

---

❶ 习近平在全国宣传思想工作会议上强调　胸怀大局把握大势着眼大事　努力把宣传思想工作做得更好[N].人民日报，2013-08-21.

固全党全国人民团结奋斗的共同思想基础，从而坚守马克思主义指导思想，维护国家制度和国家政权的思想理论基础。世界社会主义实践的曲折历程告诉我们，马克思主义政党一旦放弃马克思主义信仰、社会主义和共产主义信念，就会土崩瓦解。科学的、人民的、实践的、开放的马克思主义是我们立党立国的根本指导思想，是社会主义意识形态的旗帜。在革命建设和改革各个历史时期，我们党坚持马克思主义基本原理同中国具体实际相结合，团结带领人民不懈奋斗，完成新民主主义革命和社会主义革命，艰辛探索社会主义建设，推进中国特色社会主义新的伟大实践，使中国这个古老的东方大国创造了人类历史上前所未有的发展奇迹。在新时代，中国共产党人把马克思主义基本原理同新时代中国具体实际结合起来，团结带领人民进行伟大斗争、建设伟大工程、推进伟大事业、实现伟大梦想，推动党和国家事业取得全方位、开创性历史成就，发生深层次、根本性历史变革。历史和实践已然证明，马克思主义同中国共产党的命运、中国人民的命运、中华民族的命运紧紧连在一起，历史和人民选择马克思主义是完全正确的，中国共产党把马克思主义写在自己的旗帜上是完全正确的。因此，做好意识形态工作，必须巩固马克思主义在意识形态领域的指导地位。巩固马克思主义在意识形态领域的指导地位，应认真学习和实践马克思主义，把读马克思主义经典、悟马克思主义原理当作一种生活习惯、当作一种精神追求，用经典涵养正气、淬炼思想、升华境界、指导实践。同时，也应该深入学习和实践马克思主义关于人类社会发展规律、坚守人民立场、关于生产力和生产关系、关于人民民主、关于文化建设、关于社会建设、关于人与自然关系、关于世界历史、马克思主义政党建设的思想，坚定马克思主义、共产主义信仰。领导干部特别是高级干部应把系统掌握马克思主义基本理论作为看家本领。党校、干部学院、社会科学院、高校、理论学习中心组等都要把马克思主义作为必修课，成为马克思主义学习、研究、宣传的重要阵地。新干部、年轻干部尤其要抓好理论学习，通过坚持不懈学习，学会运用马克思主义立场、观点、方法观察和解决问题，坚定理想信念。同时，夯实全党全国人民团结奋斗的共同思想基础是做好意识形态工作的必然要求。当前，国内外形势正在发生深刻复杂变化，我国的发展仍处于重要战略机遇期，全党全国人民正在为实现"两个一百年"的奋斗目标、实现中华民族伟大复兴的中国梦而努力奋斗，前景十分光明，挑战也十分严峻。现阶段我国改革发展稳定任务之重、矛盾风险挑战之多、治国理政考验之大都是前所未有的。要赢得优势、赢得主动、赢得未来，应时刻保持高度的政治清醒和强大的政治定力，增强主动性、掌握主动权、打好主动仗，扎实做好意识形态工作，凝聚人心，夯实全党全国人民团结奋斗的共同思想基础。夯实全党全国人民团结奋斗的共同思想基础，应以马克思主义为指导，坚持社会主义核心价值体系，培育和践行社会主义核心价值观，不断培植我们的精神家园。特别要把培育和弘扬社会主义核心价值观作为"凝魂聚气、强基固本"的基础工程抓紧抓好。要以培养担当民族复兴大任的时代新人为着眼点，强化教育引导、实践养成、制度保障，发挥社会主义核心价值观对国民教育、精神文明创建、精神文化产品创作生产传播的引领作用，把社会主义核心价值观融入社会发展各方面，转化为人们的情感认同和行为习惯。同时，应深入开展中国特色社会主义和中国梦的宣传教育，引导人们增强道路自信、理论自信、制度自信、文化自信，加强思想道德建设，提高人民思想觉悟、道德水准、文明素养，提高全社会文明程度。

我国社会主义意识形态建设的最新进展也决定了在发展市场经济过程中要加强意识形态工作及其领导权建设。党的十九大报告指出："新时代中国特色社会主义思想，是对马克思列宁主义、毛泽东思想、邓小平理论、'三个代表'重要思想、科学发展观的继承和发展，是马克思主义中国化最新成果，是党和人民实践经验和集体智慧的结晶，是中国特色社会主义理论体系的重要组成部分，是全党全国人民为实现中华民族伟大复兴而奋斗的行动指南，必须长期坚持并不断发展。"[1] 2017 年 10 月，党的十九大通过关于《中国共产党章程（修正案）》的决议，将习近平新时代中国特色社会主义思想写进党章。2018 年 3 月，十三届全国人大一次会议通过的《中华人民共和国宪法修正案》，将其载入宪法。它立足

① 习近平.决胜全面建成小康社会 夺取新时代中国特色社会主义伟大胜利——在中国共产党第十九次全国代表大会上的报告[N].人民日报，2017-10-28.

时代之基、回答时代之问，又经过实践检验、有利于推动中国社会的更好发展，因而是党和国家必须长期坚持的指导思想。一方面，习近平新时代中国特色社会主义思想是在中国特色社会主义进入新时代、科学社会主义迈向新阶段、当今世界经历新变局、我们党面临执政新考验的历史条件下形成和发展起来的。就时代条件而言，我国进入"发展起来以后"的新时期，面临"人民日益增长的美好生活需要和不平衡不充分的发展"之间的新矛盾，即将踏上建设社会主义现代化强国的新征程。新时代孕育新理论，习近平新时代中国特色社会主义思想应运而生。就社会主义发展而言，20 世纪 80 年代末 90 年代初世界社会主义遭受严重曲折，中国却成功开辟出科学社会主义新境界。习近平新时代中国特色社会主义思想在科学社会主义焕发新生机、两种社会制度的较量呈现新态势的背景下形成，也必将促进中国特色社会主义和世界社会主义的更大发展。就世界局势而言，世界多极化和经济全球化等的深入推进，使得各国相互联系和依存日益加深，但不稳定性和不确定性也愈发突出，世界需要新的方案和选择。习近平新时代中国特色社会主义思想向世界贡献了中国智慧，提供了中国方案。就党的建设而言，面对"四种危险"和"四大考验"，中国共产党自我净化、自我完善、自我革新、自我提高。习近平新时代中国特色社会主义思想在十八大以来党所经历的深刻锻造中形成，也推进着党的建设新的伟大工程进一步发展。另一方面，习近平新时代中国特色社会主义思想是经过实践检验、富有实践伟力的强大武器。习近平新时代中国特色社会主义思想在实践中产生，又推动着中国特色社会主义伟大实践走向前去。审视过往，它是实现历史性变革的根本指针。党的十八大以来，以习近平同志为核心的党中央以巨大的政治勇气和强烈的责任担当，出台一系列重大方针政策，推出一系列重大举措，推进一系列重大工作，解决了许多长期想解决而没有解决的难题，办成了许多过去想办而没有办成的大事，推动党和国家事业取得历史性成就、发生历史性变革。这些成就和变革的取得，与习近平新时代中国特色社会主义思想的科学指导密切相关。立足当下，它谱写了马克思主义发展的新篇章。习近平新时代中国特色社会主义思想以马克思主义立场、观点、方法为贯穿，深刻地把握住了马克思主义的实践本质，同时又以我们正在做和将要做的事情为中心，实现了马克思主义基本原理与中国具体实际相结合的又一次飞跃。面向未来，它是走好新时代长征路的主心骨和定盘星。习近平新时代中国特色社会主义思想以实现中国梦为聚焦，对全面建成小康社会、建设社会主义现代化强国进行了整体谋划，是国家政治生活和社会生活的根本指针，为实现中华民族伟大复兴提供了精神力量。确立其在国家政治和社会生活中的指导地位，有利于实现党的主张和国家意志、人民意愿的高度统一，筑牢全党全国各族人民为实现中华民族伟大复兴而奋斗的思想基础。将其作为武器，保持政治定力和战略定力，我们才能万众一心走好自己的路，最终实现宏伟目标。因此，习近平新时代中国特色社会主义思想作为中国共产党人的精神旗帜，指引着党为人民谋幸福、为民族谋复兴；作为全体中华儿女的精神之魂，激励着全国人民勠力同心、奋勇前进。以习近平新时代中国特色社会主义思想为指导，推动习近平新时代中国特色社会主义思想深入人心，将促使我们党从建党百年走向执政百年，使中国特色社会主义道路更加宽阔、理论更加成熟、制度更加完善、文化更加多彩，使我们伟大国家更加富强、民族更加繁盛、人民更加幸福。可见，我国社会主义意识形态建设的最新进展决定了在发展市场经济过程中要加强意识形态工作及其领导权建设。

第二节　增强意识形态工作的主动权

党的十八大以来，习近平总书记对做好新形势下意识形态工作多次发表重要讲话，多次强调加强党对整个社会的全面领导，牢固树立马克思主义在新时代意识形态领域的主导地位，确保国家意识形态安全和政治安全。不可否认，能否主动做好新时代意识形态工作，关系社会主义市场经济的健康发展，关系到全面深化市场经济体制改革。加强意识形态工作领导权，"在事关大是大非和政治原则问题上，必须增强主动性，掌握主导权，打好主动仗"，必须增强政治意识、阵地意识、责任意识、底线意识和创新意识，因事而化、因时而进、因势而新，坚持全覆盖，把握时度效，凝聚精气神，在发展社会主义市场经济的同时，把意识形态工作摆在至关重要的位置切实予以主动加强和改进，切实增强意识形态工作的主动权。具体来说：

其一，主动增强"五种意识"。意识是行动的先导，是赢得意识形态主动仗的思想前提。各级党组织要增强政治敏锐性和政治鉴别力，强化政治意识、阵地意识、责任意识、底线意识和创新意识，提高组织引领和把控管理新时代意识形态工作的能力。要把坚持马克思主义指导思想与倡导创新精神结合起来，谨防出现与马克思主义相背离、相脱节、相抵牾的现象。要把坚持发展市场经济和加强思想文化建设有机结合起来，始终使二者保持高度一致。要把整个社会宣传思想工作、意识形态工作与促进市场经济的改革、发展、稳定结合起来，避免发生对整个社会复杂的意识形态情势认识不足或认识不到的严重错误。尤其党的各级领导干部要"严格遵守政治纪律和政治规矩，在政治立场、政治方向、政治原则、政治道路上同党中央保持高度一致"，强化责任，守住底线，做政治上的明白人。

其二，主动提升研判能力。研判情势是知己知彼、百战不殆的必备功夫，准确敏锐的预判力是赢得意识形态主动仗的必要工序。在发展社会主义市场经济过程中，党的各级领导干部要在复杂多变的新时代意识形态形势下保持清醒头脑，善于运用科学方法分析掌握新形势、新环境下做好意识形态工作的特点和规律，进一步提升辨析、研判新时代意识形态领域各种苗头性、倾向性问题的能力，提升对于有害思潮的识别、洞悉和应对能力，有针对性地教学分析、批判、引导工作，提升对各种思潮发展趋势的预测能力，提升正确区分学术性争议与政治性杂音的鉴别能力，提升理解和把握新媒体时代大众传播规律的能力。因此，这就要求在发展社会主义市场经济过程中，不能让表象问题"乱花渐欲迷人眼"，而要运用唯物辩证法这个根本方法，对问题的本质作出正确判断。要善于研机析理、察形见势，从繁杂问题中把握事物的规律性，从苗头问题中发现事物的倾向性，尤其要注意区分政治原则问题、思想认识问题、学术观点问题，努力成为党管意识形态工作的行家里手。

其三，主动坚持问题导向。问题是事物的矛盾，树立问题意识、坚持问题导向，善于用科学的方法分析和研究问题，是新形势下赢得意识形态主动仗的必然要求。所以，坚持问题导向，就要勇于深入新时代意识形态工作第一线，科学分析问题、深入研究问题，弄清问题性质、找到症结所在。要通过严谨的数据、客观的分析、科学的预测和可行的对策，准确把脉整个社会民众的思想政治状况及其特点、发展变化的规律，跟踪研究整个社会民众在思想认识、政治认同和价值取向这三个维度上的发展变迁，并充分考虑到历史与现实、纵向与横向、定量与定性、思想与行为的结合。要认清社会思潮易于向整个社会集散、社会问题易于向整个社会投射、社会热点易于向整个社会传导、社会矛盾易于向整个社会转移等新特点和新问题，聚焦民众不可避免地受到各种非马克思主义思潮的影响，一些民众不同程度地存在政治信仰迷茫、理想信念模糊、价值取向扭曲、诚信意识淡薄等状况，针对民众在如何正确认识世界和中国发展大势、中国特色和国际比较、时代责任和历史使命，以及远大理想与脚踏实地等方面急需教育引导等真问题。把这些问题分析研究得越透彻，解决起来才越有针对性、主动权。

其四，要围绕整个社会根本任务和中心工作，破解新时代意识形态领域的实践难题。要高度重视社会主义核心价值观的学习宣传教育，始终把社会主义核心价值观纳入整个社会主义意识形态建设之中，强化理想信念教育，始终坚持以社会主义核心价值观引领大学校园各种社会思潮。对于带有明显政治倾向性的错误思潮，要直面问题、敢抓敢管、敢于发声、勇于亮剑，通过激浊扬清、正本清源，不断巩固马克思主义在意识形态领域的指导地位。要以改革创新的精神，在改进中提升整个社会思想政治理论课的教学质量，增强整个社会思想政治教育的针对性和亲和力。要把正确的导向摆在阵地管理的首位。要高度重视整个社会网络意识形态建设，依规加强和完善网络治理，不给任何西化、分化和矮化指导思想的言行以传播的空间。工欲善其事，必先利其器，要把壮大主流思想舆论，强化思想价值引领，作为意识形态领域最基础的工作来做。要发挥马克思主义作为科学的世界观、合理的价值论和有效的方法论的指导作用，充分挖掘、激活人文社科各学科中的丰沛育人资源，有效消解错误价值观念的浸染，形成育人合力。要树立大宣传和大教育理念，完善全员、全过程、全方位育人的体制机制，在各级党委的统一领导下，发挥宣传部门在意识形态工作中的牵头作用，发挥各级思想宣传部门的作用，推动形成强大合力。

其五，加强网络传播管理，巩固发展健康向上的主流舆论。如何建设好、运用好、管理好互联网，是各级党委和政府的一项重大课题。主流媒体机构要结合时代发展、科技进步和群众需求，做好理念创新、手段创新和话语创新，构筑网上主流舆论传播平台，发出"主流声音"，主导社会心理和文化氛围；信息运营网站要切实担负起网络言论"第一把关人"的社会角色，积极推广健康网站、绿色网站建设，形成网上正面舆论的强势；宣传文化部门要积极探索互联网管理新模式，加快培养认同国家主流意识形态的网络"大V"和"意见领袖"，充分发挥他们的优势和网络影响力；司法部门要在积极推进网络实名制的同时，加大互联网法治建设的力度，依法保护公民合法权益，严厉打击网络造谣传谣行为，促进负责任的网络舆论的形成。因此，坚持正确舆论导向、加强互联网建设和传播管理，是网络时代坚守主流意识形态的关键环节。

其六，尊重新闻传播规律，推动新闻舆论工作创新发展。做好党的新闻舆论工作，必须按照规律办事。时、度、效是检验新闻舆论工作水平的标尺。习近平总书记指出：做好当前的新闻舆论工作"要抓住时机、把握节奏、讲究策略，从时度效着力，体现时度效的要求"。这里的"时"，就是时机、节奏，精准把握时机、节奏，做好"早""快"的文章，舆论引导就会占领先机。特别是在新媒体海量信息传播的条件下，失去时效就会陷入被动。这里的"度"，就是力度、分寸，是解决新闻舆论传播方式与方法的问题。什么问题适宜在什么范围内报道，什么问题强化报道、什么问题淡化报道，要精心把控、精准拿捏。不能为取悦受众而"失向"、因盲目介入而"失准"、为吸引眼球而"失真"、为过分渲染而"失范"、为刻意迎合而"失态"。这里的"效"，就是效果、实效，是解决新闻舆论的有效性、影响力和吸引力的问题。新闻舆论工作最终是要看效果的，这个效果就是群众口碑好、社会共识强。提高新闻舆论工作的实效性，就需要讲究艺术、改进方法，增强联系实际阐释理论、围绕关切解读政策、针对问题解疑释惑，进而增强说服力和感染力。当前，需要从整体上把握好时、度、效，并将三者有机结合起来，做到合时、适度、有效，新闻舆论工作才能真正增强吸引力和感染力。随着国内外形势的深刻变化和现代信息技术的迅猛发展，做好新闻舆论工作，比任何时候都更加需要创新。习近平总书记在新闻舆论工作会议上强调指出："推进理念、内容、手段、体制机制等全方位创新。"❶这对新时代做好新闻舆论工作提出了明确要求和指明了方向。要保持思想的敏锐性和开放度，打破传统思维定式，努力以思想认识新飞跃打开工作新局面。近年来，轻松活泼、纷繁复杂、创意突出的自媒体受到年轻一代的热捧，而以党媒为主的权威、严肃、可靠的主流媒体没能与时俱进地跟进，出现了用户量、访问量不足，吸引力、影响力减弱的问题。主流媒体要摆脱旧有观念的束缚，主动从不适应互联网时代发展的要求中解放出来，以全新的理念引领新闻舆论工作创新发展。要提升内容品质、丰富内容表达、拓展内容呈现，使内容更加适应时代要求、更加契合受众需求，以内容赢得发展优势。新闻舆论工作的内容创新，是所有创新的根本，是媒体传播和舆论引导的根本所在。

需要指出的是，在发展社会主义市场经济的过程中，打好新时代意识形态主动仗，必须深刻领会习近平新时代中国特色社会主义思想中关于意识形态工作的重要论述，把握其中蕴含的新观点、新论断、新要求，坚持以 21 世纪中国的马克思主义为思想引领的旗帜和价值之轴，做到"虔诚而执着、至信而深厚"，坚持"两个巩固"，坚定"四个自信"，增强"四个意识"，唱响时代主旋律和最强音，牢牢把握新时代意识形态工作主导权，汇聚实现"两个一百年"奋斗目标和中华民族伟大复兴中国梦的强大正能量。须知，牢牢掌握意识形态工作的主动权，最为关键和重要的是推进习近平新时代中国特色社会主义思想深入人心。党的十八大以来，以习近平同志为核心的党中央，坚持解放思想、实事求是、与时俱进、求真务实，坚持辩证唯物主义和历史唯物主义，紧密结合新的时代条件和实践要求，以全新的视野深化对共产党执政规律、社会主

❶ 习近平在党的新闻舆论工作座谈会上强调：坚持正确方向创新方法手段　提高新闻舆论传播力引导力[N].人民日报，2016-02-20.

义建设规律、人类社会发展规律的认识，进行艰辛理论探索，取得重大理论创新成果，创立了习近平新时代中国特色社会主义思想，是党和国家必须长期坚持的指导思想。在追求中华民族伟大复兴的征程中，推动习近平新时代中国特色社会主义思想深入人心，有利于增强人民群众学习贯彻的自觉性和坚定性，提升全党全社会国家建设的统一性和协调性。这是在发展社会主义市场经济的过程中打好新时代意识形态主动仗的必然要求。

第三节　提升意识形态工作的引领力

在发展社会主义市场经济过程中着力加强思想文化建设，特别是扭住意识形态领导权以为市场经济发展提供坚实的思想政治方向保证和巩固全国各族人民团结奋斗的思想基础，除了要增强意识形态工作的主动权之外，还应该特别注重提升新时代意识形态工作的引领力。具体来说：

提升意识形态工作领域的引领力，要明确辨识意识形态工作领域思想交锋的性质和类型。伴随全面深化改革的步伐日趋加快，特别是重大利益关系的调整和深层利益矛盾的凸显，更是激起纷繁复杂的社会思潮，而其背后隐藏的却是非主流思潮抢占生存和发展空间的激烈交锋。在这种背景下，主流意识形态话语的理论说服力、现实阐释力、社会整合力以及实践推动力面临新的考验，提升意识形态工作的引领力，就要正确辨识意识形态工作领域思想交锋的性质和类型，选择适当的方式方法，引导民众在思想交锋中辨明方向、澄清认识，实现思想主导和行动引领。特别是随着全球化趋势的不断加深，社会主义意识形态领导权和主导权的外界环境逐步由间接点位式面向世界的封闭环境，转变为直接全方位面向世界的开放环境。大量外来的思想文化进入舆论空间，话语交流方式多种多样，话语进出渠道便利通畅，舆论场域中有多个"话筒"、多种声音，活跃着各种话语主体、各式话语样态。在开放的话语空间中，多元社会思潮的良莠并存以及交织碰撞是当前意识形态工作所面临的客观现实环境。在这种情势下，寻求鼓励思想开放与坚持思想主导的平衡之法，明确辨识意识形态工作领域思想交锋的性质和类型，进行必要的思想交锋，同样是意识形态工作引领力的重要发展方式。

提升意识形态工作领域的引领力，必须充分认识意识形态工作领域思想交锋的复杂形势。应该认识到，当前意识形态领域的阶级斗争未曾止息。历史上，无产阶级革命在行进过程中始终坚持对资产阶级及一切旧势力的意识形态展开斗争，发挥无产阶级意识形态团结革命力量、引领革命方向的重要作用。这一阶段的意识形态引领力竞争是不同阶级力量交锋的重要体现，反革命阶级借用思想和舆论维护反革命统治，革命阶级就应该起来争取思想领导权和话语主导权，从思想上揭露、批判反革命阶级的剥削实质，将思想和话语导向革命的一方。无产阶级取得革命胜利，建立无产阶级政权之后，仍然不能放弃意识形态领域的斗争。这是因为，在社会主义条件下，阶级斗争的形式已由武力斗争为主向以思想斗争为主的形式转变，国内外敌对势力把和平演变的重点战场放在意识形态领域，把青少年作为价值渗透的重要对象。西方国家乘全球化之势凭借有利的经济技术地位，争做国际话语秩序的主导者，为价值输出与思想殖民制造烟雾。因而，"对于社会主义思想体系的任何轻视和任何脱离，都意味着资产阶级思想体系的加强"。对于淡化侵略殖民历史的话语伎俩、暗含抹黑社会主义中国的话语修辞、美化资本主义价值观念的话语表述、宣扬资产阶级生活方式的话语产品等企图制造思想混乱、动摇主流意识形态领导地位的行为要高度警惕、及时出击、给予正面交锋，坚决取缔其发布平台、清除其发布源头，从理论上、从实践上彻底批判其意图及错误，为民众树立正确的思想提供有力指导。这类思想交锋在性质上是对抗性的，其目的在于彻底消除交锋对象产生的思想影响以及彻底消灭其赖以存在的条件。

同时，还应注意到，各种复杂的舆论场域中既包括坚守思想防线的对抗性斗争，还包括与各种亚文化、非主流思想争夺话语受众的非对抗性现象。对此，应开展有益的思想交锋，引导其健康发展。不管是历史上还是现实中，社会成分、思想意识、价值观念纯而又纯的社会是不存在的，在社会思想领域，有体现主流意识形态的思想观念，也有体现非主流意识形态的思想观念，有健康、积极的价值取向，也有颓废、错误的价值取向。伴随着社会话语空间的开放，个人话语空间也得以拓宽与开放，人们拥有更广阔的眼界视域、接受到更丰富的知识信息，也受到了不同思想文化的冲击和影响，话语空间的个性化特征更趋明显。因而，在接受话语和运用表达价值观上，人们也有着较为明显的个体差异。大部分群体能够辨识价值方向，树立正确的思想认识，但仍有一部分群体为亚文化、非主流思想所影响，从而不能全面、理性地表达价值立场，甚至在一些不良思想的影响下，还会为不良价值观所迷惑，成为错误言论的拥护者、传播者乃至发布者。应该明确，在民主宽松话语环境中，由于社会经济地位、个人经历、学识经验、性格特质等方面的差异，人们的价值表达多样化、层次化的现象是客观存在的。既尊重和理解这种差异，又着重通过恰当的思想斗争形式协调和引导差异，在巩固和维护主流意识形态话语主导权的同时，保护和发展好个体的话语表达权利，才是建构意识形态工作引领力的可取之道。民众不是温室的花朵，进行意识形态工作，不应且不可能将错误思想的冲击与影响完全与之隔绝。针对民众出现的认知偏差、错误言论，在思想交锋的方法上，应注意引导人们充分表达意见，暴露并助其把握错误思想和言论的症结，不作非黑即白的生硬说服，而要从根本上答疑释惑、从对比分析中用规律和事实将问题说透，引导民众放弃错误观点，运用错误观点"种牛痘"，掌握辨析"香花"与"毒草"的理性判断能力，增强对错误思想及言论的免疫力。与对抗性的思想交锋不同，这类思想交锋在性质上是非对抗性的，其目的在于消除交锋对象的错误认识，着力提高其思想认识水平，最终将交锋对象争取到自己的队伍中来，成为正确价值观的认同者、传播者与践行者。这类针对非对抗性的错误思想的交锋，往往正是运用错误思想开展反面教育，以马克思主义的立场、观点和方法为武器，把同错误思想的积极斗争转化为对民众群体进行有的放矢、生动鲜活的意识形态教育，体现了主导性与发扬民主性的辩证统一。

马克思主义是意识形态工作引领力的"理论之基"和"力量之源"。马克思主义是无产阶级的意识形态，也是完整而严密的科学理论体系，它总结了人类社会科学与自然科学的优秀成果，结合工人阶级运动实际，将认识世界和改造世界的"批判的武器"交付给世界无产阶级。事实证明，"没有革命的理论，就不会有革命的运动"，在马克思主义的指导下，工人群众产生了真正的阶级意识，无产阶级革命浪潮浩浩荡荡，无产阶级意识形态生发出改造世界的"物质力量"。马克思主义的科学性与真理性是意识形态引领力强大说服力的来源。在意识形态领域坚持马克思主义的理论指导，用包含马克思主义基本立场、观点和方法的话语来获得"说服人心"的理论力量，进而生成"推动人行"的实践力量，绝不是虚空的意识形态说教，而是坚信"真理底色"是意识形态引领力的"话语底气"，坚持以"理论自信"支撑意识形态引领力的"话语自信"，因"理直"而"气壮"，凭"义正"而"辞严"，意识形态引领力才能经住时间的涤荡、为实践所证明。

加强马克思主义的理论指导，彰显意识形态引领力的主导影响。坚持马克思主义在意识形态领域的理论指导地位，绝非教条与口号。应该明确，哲学社会科学所研究和生产的知识，是组成人类知识总体不可或缺的重要部分，其知识性内容是全人类共享共有的宝贵精神财富。但同时，不同阶级不同主体的哲学社会科学又为论证一定阶级和主体的价值体系、实现一定阶级和主体的利益需要而服务，故其本身亦属社会意识形态之列。哲学社会科学要立得住、行得远，在意识形态属性的坚持上是没有可供摇摆游移的"第二选择"或是"中间道路"的。坚持以马克思主义为指导，是当代中国哲学社会科学区别于其他哲学社会科学的根本标志。广大的哲学社会科学工作者要自觉将马克思主义的理论指导贯穿研究和教学全过程，自觉推动中国特色社会主义理论体系在"进教材"中夯实意识形态引领力的学理基础和学科基础，在"进课堂"中占领意识形态引领力的主渠道，在"进头脑"中实现意识形态引领力的入耳与入心，充分发挥哲学社会科学育人功能。应该明确，自然科学、思维科学等非意识形态的科学，尽管从其关注和研究的具体知识和技能来看，并不依赖或从属于特定的阶级或主体，但它们的社会应用却有价值归属，从而必将直接或间接地与一定的意识形态相结合。纵观历史，提升意识形态引领力，要警惕马克思主义在某些领域中的"缺位"，同样应反对以马克思主义代替具体科学方法的"错位"。在科学研究的具体过程中将马克思主义教条化、庸俗化，甚至将一切知识"意识形态化"，本身就是对马克思主义科学性的背离和对马克思主义意识形态的曲解。

马克思主义真正实现了无产阶级意识形态与科学的高度统一，坚持马克思主义的理论指导是做好意识形态引领工作的现实需要和根本保障。马克思主义"在一些学科中'失语'、教材中'失踪'、论坛上'失声'"等意识形态引领力的弱化现象，正是"实际工作中，在有的领域中马克思主义被边缘化、空泛化、标签化"的反映与结果。切实加强马克思主义的理论指导，必须大力提升意识形态引领力的"显示度"和"存在感"，建立健全学科体系、学术体系相适应的话语体系，使意识形态引领力的主导影响时刻"在场"，杜绝有意模糊或人为"空场"。坚持以马克思主义为指导，关键在于真学、真懂、真信、真用。马克思主义关于世界的物质性及其发展规律、人类社会及其发展规律、认识本质及其发展规律等原理，为我们研究把握哲学社会科学各个学科、各个领域提供了基本的世界观、方法论。习近平新时代中国特色社会主义思想是马克思主义中国化的最新成果，是当代中国马克思主义、21世纪马克思主义，是全党全国人民必须长期坚持的指导思想。只有以这一重要思想为指导，我们才能辨别什么是真正的马克思主义，从而真正坚持和发展马克思主义，保证哲学社会科学研究坚持正确的政治方向和学术导向，不断深化对共产党执政规律、社会主义建设规律、人类社会发展规律的认识。要坚持把习近平新时代中国特色社会主义思想，贯穿到哲学社会科学研究各学科、各领域，才能与时代同步伐、与人民齐奋进，实现哲学社会科学的大发展大繁荣。以马克思主义为指导，核心要解决好为什么人的问题。为谁著书、为谁立说，是我国哲学社会科学必须搞清楚的根本性、原则性问题。脱离了人民，哲学社会科学就不会有吸引力、感染力、影响力、生命力。要坚持从人民群众的生产生活中，从中国特色社会主义的伟大实践中汲取智慧营养，创造经得起实践、人民、历史检验的研究成果。树立为人民做学问的理想，自觉把个人学术追求同国家和民族发展紧紧联系在一起，积极为党和人民述学立论、建言献策，担负起历史赋予的光荣使命。因此，做好意识形态引领工作就要坚持马克思主义的理论指导，从人民群众的生产生活中，从中国特色社会主义的伟大实践中汲取智慧营养，进而做好各项工作，包括哲学社会科学工作。

　　提升意识形态的引领力，要充分发挥好马克思主义的理论魅力和科学力量。"凡贵通者，贵其能用之也。"当代中国正处于爬坡过坎的紧要关口，进入发展关键期、改革攻坚期、矛盾凸显期，许多问题互相交织、叠加呈现。建设具有中国特色、中国风格、中国气派的哲学社会科学，必须立足中国实际，以我们正在做的事情为中心，把研究回答新时代重大理论和现实问题作为主攻方向，从当代中国伟大社会变革中挖掘新材料，发现新问题，提出新观点，构建有学理性的新理论。始终着眼党和国家事业发展大局，紧贴党和国家决策需求，推出更多对政策制定有重要参考价值、对事业发展有重要推动作用的优秀成果，努力揭示我国社会发展、人类社会发展的大逻辑大趋势，发挥理论对实践的指引作用，为实现中华民族伟大复兴的中国梦提供智力支持。例如，针对高校思想政治工作，习近平总书记强调指出："我们的高校是党领导下的高校，是中国特色社会主义高校。办好我们的高校，必须坚持以马克思主义为指导，全面贯彻党的教育方针。要坚持不懈传播马克思主义科学理论，抓好马克思主义理论教育，为学生一生成长奠定科学的思想基础。"❶ "明理"才能"信道"，"信道"方能"笃行"，在高等教育阶段，学生对于知识的接收、话语的认同已不能依靠"知其然"的现象解说，尤其是在思想问题的解决、价值观念的成长上，必须使教育与说服的层次与学生身心发展水平相适应，通过对本质和规律的透彻阐释让其"知其所以然"，进而内化与信服。理论上的坚定成熟，才能使理想信念建立在科学分析的理性认知上，更好地发挥理论对实践的指导作用。用马克思主义理论武装头脑，掌握科学的世界观和方法论，才能为人们分析问题和投身实践提供有力的工具，在乱花迷眼的意识形态话语丛林中，通过马克思主义理论指导来辨识和批判杂芜的社会思潮。因此，提升意识形态的引领力，要呈现好、发挥好马克思主义的理论魅力和科学力量。

---

❶　习近平在全国高校思想政治工作会议上强调：把思想政治工作贯穿教育教学全过程　开创我国高等教育事业发展新局面[N].人民日报，2016-12-09.

第四节 落实意识形态工作主体责任

在发展社会主义市场经济过程中处理好经济建设与思想文化建设的关系，把坚持意识形态领导权放在市场经济发展过程中的根本性地位，除了要充分认识到在发展市场经济过程中坚持意识形态工作的极端重要性、充分增强意识形态工作主动权、充分提升意识形态工作的引领力之外，还应该高度重视意识形态工作主体责任的落实。党的十九大报告指出，要"落实意识形态工作责任制，加强阵地建设和管理"❶。在新时代，牢牢掌握意识形态工作领导权，就要充分落实意识形态工作责任制，强化对意识形态工作的责任担当，落实意识形态工作主体责任，增强阵地意识和加强阵地管理，做到守土有责、守土负责、守土尽责，为实现中华民族伟大复兴中国梦而凝心聚力。需要指出的是，这里的意识形态工作责任制指的是各级党委和领导干部对意识形态工作承担政治责任和领导责任的制度。落实好意识形态工作责任制是新时代加强党对意识形态工作的领导、维护意识形态安全作出的现实选择。

一、强化对意识形态工作的责任担当

强化意识形态工作的责任担当是应对新时代意识形态工作面临的新形势和新任务的客观需要。党的十八大以来，以习近平同志为核心的党中央高度重视意识形态工作，反复强调意识形态工作是党的一项极端重要的工作，加强了党对意识形态工作的领导，强化了意识形态工作的领导责任，意识形态工作取得重大成就，但我们也要清醒地认识到，意识形态领域作为政治安全的前沿阵地，意识形态领域的斗争依然尖锐复杂，国家安全面临新情况。国内外各种敌对势力，总是企图让我们党改旗易帜、改名换姓，其要害就是企图让我们的党员干部丢掉对马克思主义的信仰，丢掉对社会主义、共产主义的信念。在这样的情况下，只有加强党对意识形态工作的领导，强化意识形态工作的责任担当，才能更好地

❶ 习近平.决胜全面建成小康社会 夺取新时代中国特色社会主义伟大胜利——在中国共产党第十九次全国代表大会上的报告[N].人民日报，2017-10-28.

巩固和发展主流意识形态，坚定干部群众的道路自信、理论自信、制度自信、文化自信，增强党、国家和民族的凝聚力、向心力，为决胜全面建成小康社会、夺取新时代中国特色社会主义伟大胜利、实现中华民族伟大复兴的中国梦提供坚强思想保证和强大精神力量。

坚持新时代意识形态工作的问题导向也决定了强化意识形态工作责任担当的必要性。习近平总书记在哲学社会科学工作座谈会上的讲话中指出："实际工作中，在有的领域中马克思主义被边缘化、空泛化、标签化，在一些学科中'失语'、教材中'失踪'、论坛上'失声'这种状况必须引起我们高度重视。"❶ 不容忽视，一些领导干部对意识形态工作的极端重要性认识不足，不想抓、不会抓、不敢抓。一些地方和部门的实际工作中，意识形态工作往往成了软任务、软指标，甚至成了宣传部门一家之事，而一些从事直接实际工作的党员干部意识形态能力较为薄弱，导致对意识形态领域斗争复杂性认识不足甚至认识错误。做好宣传思想工作必须全党动手，必须具有高度的政治使命感、责任感，加强对宣传思想领域重大问题的分析研判和重大战略性任务的统筹指导，不断提高领导宣传思想工作能力和水平，强化责任担当意识，严格追责问责，动员各条战线、各个部门一起来做，把宣传思想工作同各个领域的行政管理、行业管理、社会管理更加紧密地结合起来。

强化对意识形态工作的责任担当最为根本的是牢牢把握正确政治方向，始终把坚持党性原则作为根本原则，坚持党管宣传、党管意识形态、党管媒体，切实肩负好意识形态工作的领导责任。意识形态工作本质上是政治工作，强化意识形态工作的责任担当，必须全面加强党对意识形态工作的领导，坚持正确政治方向，站稳政治立场，坚定宣传党的理论和路线方针政策，坚定宣传中央重大工作部署，坚定宣传中央关于形势的重大分析判断，坚决同党中央保持高度一致，坚决维护中央权威。所有宣传思想部门和单位，所有宣传思想战线上的党员、干部都要旗帜鲜明坚持党性原则，确保意识形态工作的领导权掌握在忠于党、忠于人民、忠于马克思主义的人手里。

❶ 习近平. 在哲学社会科学工作座谈会上的讲话［N］. 人民日报，2016-05-19.

二、落实意识形态工作的主体责任

做好新时代意识形态工作，强化意识形态工作的责任担当，必须压紧压实政治责任、领导责任，以高度的政治自觉、思想自觉、行动自觉，把意识形态工作责任制落实到工作的方方面面，落实好意识形态工作主体责任，党政齐抓共管，共同推动意识形态工作责任制的落细、落小、落实。

各级党委（党组）领导班子对本地区、本部门、本单位意识形态工作负有主体责任。落实意识形态工作责任制要强化党委（党组）意识形态工作主体责任的制度安排。各级党委要把意识形态工作放在更高的位置，牢牢掌握意识形态工作的领导权、主动权、管理权和话语权，切实把意识形态工作摆上重要议事日程；要加强组织领导和统筹协调，把意识形态工作作为党委全会、领导班子民主生活会、述职报告、履行党建责任制的重要内容，纳入干部考察考核、执行党的纪律监督检查范围，建立意识形态工作责任制的检查考核制度，建立健全考核机制，明确检查考核的内容、方法、程序，推动考核工作规范化、常态化。各级党委（党组）要定期听取意识形态工作汇报，定期分析研判意识形态领域形势，定期通报意识形态领域新情况，全面负起领导责任，切实当好意识形态工作的领导者、推动者、执行者，真正把意识形态工作抓紧抓实。总之，意识形态工作责任制的承担主体是各级党委（党组），是党委（党组）的重要政治责任。按照属地管理、分级负责和谁主管谁负责的原则，各级党委（党组）对本地区、本部门、本单位意识形态工作负主体责任，党委（党组）书记承担第一责任，分管领导承担直接责任，其他班子成员要认真履行"一岗双责"，抓好分管部门、单位的意识形态工作。因此，党委（党组）要统揽全局、协调各方，指导和推动本地区、本部门、本单位把意识形态工作要求融入各自工作，推动意识形态工作与行政管理、行业管理、社会治理更加紧密地结合起来。充分调动各条战线、各个部门抓意识形态工作的积极性，各司其职、各负其责、共同履责，切实形成党委统一领导、党政齐抓共管、宣传部门组织协调、有关部门分工负责的工作格局。

　　意识形态工作责任制的第一责任必须真实具体地落实到党委（党组）书记头上。作为党委（党组）的班长，党委书记承担着多方面的领导责任，意识形态工作的责任是其必须承担的政治责任。党委书记必须旗帜鲜明地站在意识形态工作第一线，牵头抓总、靠前指挥，切实当好"第一责任人"；必须带头抓意识形态工作，带头管阵地、把导向、强队伍，带头批评错误观点和错误倾向，做到重要工作亲自部署、重要问题亲自过问、重大事件亲自处置，在意识形态工作中亲自上阵、身先士卒、冲锋在前，不把自己的责任推给他人，也不能含糊暧昧、敷衍塞责。因此，各级领导干部特别是一把手要有担当精神，旗帜鲜明地站在意识形态工作第一线，扶正祛邪、激浊扬清，带头部署策划意识形态工作，带头管阵地、把导向、强队伍，带头批评错误观点和错误倾向，敢于站在风口浪尖，经常分析意识形态领域的动态动向，正确判断意识形态领域形势，不断研究新情况、解决新问题，有理有利有节地开展思想舆论斗争，始终做到敢于担当、履职尽职。特别是在实际工作中各级领导干部要按照"一岗双责"要求，抓好分管部门、单位的意识形态工作，指导和推动本部门、本单位把意识形态工作要求融入各项工作，对职能范围内的意识形态工作肩负主体责任，切实把意识形态工作的主体责任融入各项工作，落细落实、落地生根，形成常态长效机制。深层看，任何责任制真正发挥效用必须有具体的工作实践方式，必须有一套互相配合的方法和程序。意识形态工作责任制的落实也要有切实的办法和安排。特别是加强组织领导和统筹指导，像分析经济形势一样定期分析研判意识形态领域形势，定期听取意识形态工作汇报，定期在党内通报意识形态领域情况，切实当好意识形态工作的领导者、推动者、执行者。也就是说，要把意识形态工作纳入党委工作的日常常态，使之随着其他工作一样布置、一样开展、一样检查。

　　各级党员干部要牢记在党言党、在党忧党、在党为党，把落实主体责任贯彻到工作的方方面面，关键时刻敢于担当、敢于亮剑，善于斗争。在实际工作中，各级党员干部要严守党员干部纪律约束，恪守党员干部政治纪律，遵守组织纪律的执纪监督，决不允许公开发表违背中央精神的言论，决不允许参与各种非法组织和非法活动，把党的纪律和规矩牢牢地立起来、严起来，自觉在思想上、政治上、行动上同以习近平同志为核心的党中央保持高度一致，决不允许公开发表违背中央决定的言论，自觉在维护党中央和全党的核心上始终保持清醒头脑，做到坚定不移。当人民利益受到损害、党和国家形象受到破坏、党的执政地位受到威胁时，要挺身而出、亮明态度、坚定立场，主动坚决开展斗争。特别是对社会热点难点问题，主动发声，加强正面引导，凝聚共识，提高意识形态领域舆情预判、分析、处理等能力，敢抓敢管，敢于亮剑，当"战士"、不当"绅士"，确保关键时刻能站出来、顶得住、冲得上、打得赢。

三、增强阵地意识和加强阵地管理

新时代落实好意识形态工作责任制，必须增强阵地意识和加强阵地管理。阵地是意识形态工作的基本依托，守住守好阵地是牢牢掌握意识形态工作领导权和话语权的必然要求。意识形态阵地我们不去占领，各种错误思想就会占领，就会蜂拥而上。意识形态工作千头万绪，意识形态思潮千奇百怪，意识形态竞争纷繁复杂。履行好意识形态工作责任制必须有有效的抓手。当前意识形态阵地建设整体处于有效管控的状态，但不可否认，个别阵地或阵地的个别方面还处于薄弱环节。在坚持和弘扬科学真理，弘扬友善美好，反对哗众取宠、邪门歪道、虚伪欺骗，杜绝低俗、低劣、低级趣味等方面，还有许多的工作需要做。做好意识形态工作，就应从各个方面、各个环节反省意识形态领域阵地建设和管理方面存在的问题，对意识形态领域的相关问题进行全面诊断，深入开展意识形态领域专项治理行动，拉起"高压线"，把好"准入关"，坚决扫除意识形态领域一切毒草毒瘤，不给错误思想提供传播渠道。

加强阵地建设和管理，就要认真落实主管主办和属地管理原则，做到守土有责、守土负责、守土尽责，对所属各类意识形态阵地加强建设和监管，清楚自己的"包产地"和"责任田"，认真履职，看好自己的门，管好自己的人，确保意识形态领域平稳有序。当"甩手掌柜"和"旁观者"，是不负责任、不敢担当的表现。特别是对新闻媒体，出版物和文艺作品，社科研究机构和各类学会协会等社团，学校、党校和干部学院等加强监管力度，做到敢抓敢管，善抓善管，认真落实好政治家办报、办刊、办台、办新闻网站，做好思想监督不留"盲区"、严格管理不挂"空挡"，实行分类指导、分类管理、分类落实，对存在的苗头性问题早发现、早提醒、早纠正，做到阵地有人管、责任有人负、工作有人抓。

打好意识形态工作"阵地战"，在加强阵地建设和管理过程中，要注意区分好政治原则问题、思想认识问题、学术观点问题。在意识形态问题上，在政治原则上必须寸步不让、寸土必争。政治原则指的是在根本政治方向、关键政治问题、重要政治边界上必须坚持的规定和准则。比如，是否坚持中国共产党的领导、是否坚持社会主义道路、是否坚持中国特色社会主义理论体系的指导思想、是否坚持改革开放、是否坚持国家的统一和完整等，这都是政治原则。在这些问题上，当代新儒学中的政治儒学、自由主义中的极端派、民粹主义中的极端派……都提出了自己的观点，有的要用儒学取代马克思主义，有的要颠覆中国共产党的领导，有的要破坏国家、分裂疆土，有的要破坏现有社会的基本制度。这都是公开挑战宪法规定和国家坚持的基本原则，在这些问题上我们不仅应该寸步不让，而且必须给予有理有力的回击。面对这些错综复杂的社会思潮，必须敢于亮剑、勇于亮剑。对挑战我们政治原则、政治底线的错误思想观点，对于打着"创作自由""学术自由"幌子的行为，必须动真格、零容忍，立场坚定、态度鲜明地开展斗争，帮助干部群众划清是非界限、澄清模糊认识，以维护新时代安定团结的政治局面，确保各类阵地绝对安全，推动主流思想舆论不断巩固壮大，激发全社会形成为实现党的"两个一百年"奋斗目标而团结奋进的强大力量。

总而言之，随着中国特色社会主义进入新时代，在新时代发展社会主义市场经济的过程中，不论是社会主义市场经济发展过程中存在的一些复杂问题，还是由于意识形态问题特别是领导权问题在发展社会主义市场经济乃至整个社会主义事业发展中的根本地位，抑或我国社会主义意识形态建设的根本任务和最新进展，都决定了必须高度重视意识形态工作，必须扭住意识形态领导权这个新时代意识形态工作的核心，进一步增强意识形态工作的主动权，提升意识形态工作的引领力，落实好意识形态工作主体责任。必须清醒的是，新时代意识形态领导权建设具有较大的复杂性和尖锐性。在当前国际国内多种复杂情况存在的条件下，在科技迅猛进步和社会生活迅速变化的条件下，尤其在发展社会主义市场经济过程中，马克思主义一元化指导思想面临多样化社会思潮的挑战日益凸显，社会主义核心价值观面临市场逐利性的挑战日益凸显，传统的宣传管理方式面临迅猛发展的新媒体的挑战日益凸显，我国在走近世界舞台中央过程中面临各种敌对势力的遏制和渗透的挑战日益凸显。着眼于面对这些现实挑战，只有牢牢掌握意识形态工作领导权，才能"下好先手棋、打赢对手仗"。只有领导权在手，才能更好地巩固和发展作为主流意识形态的习近平新时代中国特色社会主义思想，才能坚定广大干部群众的道路自信、理论自信、制度自信、文化自信，增强党、国家和民族的凝聚力和战斗力，为决胜全面建成小康社会、夺取新时代中国特色社会主义伟大胜利、实现中华民族伟大复兴的中国梦提供坚强思想保证和强大精神力量。

市场经济发展与弘扬核心价值观

深入把握新时代社会主义市场经济发展的文化向度及其建设，不仅要高度重视意识形态领导权，还应该在坚持社会主义意识形态对市场经济的方向导向和主导的基础上大力弘扬社会主义核心价值观。人类社会发展的历史表明，对一个民族、一个国家来说，最持久、最深层的力量是全社会共同认可的核心价值观。核心价值观，承载着一个民族、一个国家的精神追求，体现着一个社会评判是非曲直的价值标准。社会主义核心价值观是当代中国精神的集中体现，凝结着全体人民共同的价值追求。在新时代发展市场经济过程中，引导全社会积极弘扬和践行社会主义核心价值观，才能汇聚起建设社会主义现代化强国和实现中华民族伟大复兴的中国梦的磅礴力量。对此，要充分认识到在发展市场经济过程中弘扬社会主义核心价值观的必要性，全面深入推动社会主义核心价值观的入法入规，把社会主义核心价值观融入国民教育全过程，把培育社会主义核心价值观作为全社会的共同责任。

第一节 发展市场经济过程中要
大力弘扬核心价值观

在新时代社会主义市场经济的发展和完善过程中大力弘扬社会主义核心价值观，具有深刻的现实意蕴。总体上看，既是由社会主义市场经济发展过程中需要社会主义核心价值观的引领决定的，也是由社会主义核心价值观自身的特质决定的。具体来说，可以从如下几个方面来分析。

在发展社会主义市场经济过程中出现的一些问题需要充分发挥社会主义核心价值观的引领作用。随着社会主义市场经济体制的建立和完善，我国已进入改革发展的关键时期，经济体制深刻变革，社会结构深刻变动，利益格局深刻调整，思想观念深刻变化。客观实际的改变必然要求观念形态相应改变，构建中国特色社会主义核心价值观是适应社会转型的需要而提出的迫切任务。特别是随着中国特色社会主义进入新时代，当前我国正处在经济转轨和社会转型的加速期，思想领域日趋多元、多样、多变，各种思潮此起彼伏，各种观念交相杂陈，不同价值取向并存，所有这些表现出来的是具体利益、观念观点之争，但折射出来的是价值观的分歧。因此，多元社会思潮的背景下，我们要充分认识各种非主流思潮蔓延对社会主义核心价值观弘扬的干扰，决不能掉以轻心。但同时，我们对各种社会思潮也不能一概否定，因为其中包括科学、进步、积极的思潮，也包括错误、落后、消极的思潮。各种思潮的存在及蔓延，有其特定的社会根源和现实基础，在一定程度上也反映了社会诉求和一些问题。为了寻求社会"最大公约数"，维护社会公平正义，实现好、维护好和发展好最广大人民的根本利益摇旗呐喊，努力实现与最大多数人的价值同构，就要大力弘扬社会主义核心价值观。习近平说："我国是一个有着13亿多人口、56个民族的大国，确立反映全国各族人民共同认同的价值观'最大公约数'，使全体人民同心同德、团结奋进，关乎国家前途命运，关乎人民幸福安康。"[1]培育和践行社会主义核心价值观能够在具体利益矛盾、各种思想差异之上最广泛地形成价值共识，有效引领整合纷繁复杂的社会思想意识，有效避免利益格局调整可能带来的思想对立和混乱，形成团结奋斗的强大精神力量。社会主义核心价值观把涉及国家、社会、公民的价值要求融为一体，体现了社会主义本

---

[1] 习近平.青年要自觉践行社会主义核心价值观——在北京大学师生座谈会上的讲话[N].人民日报，2014-05-05.

质要求，继承了中华优秀传统文化，吸收了世界文明有益成果，体现了时代精神，是对我们要建设什么样的国家、建设什么样的社会、培育什么样的公民等重大问题的深刻解答。可见，随着社会主义市场经济体制的建立和完善，思想观念深刻变化，市场经济条件下思想意识多元、多样、多变的新特点，积极培育和践行社会主义核心价值观，对于巩固马克思主义的指导地位、巩固全党全国人民团结奋斗的共同思想基础，对于促进人的全面发展、引领社会全面进步，对于集聚全面建成小康社会、实现中华民族伟大复兴中国梦的强大正能量，具有重要现实意义和深远历史意义。

社会主义核心价值观体现了全国人民共同的价值追求，决定了在新时代社会主义市场经济发展和完善过程中处理好经济发展与思想文化建设的关系，就要培育和践行社会主义核心价值观。社会主义核心价值观反映了全国各族人民共同认同的价值观"最大公约数"。培育和践行社会主义核心价值观，是有效整合我国社会意识、凝聚社会价值共识的必然要求。中华人民共和国成立以来特别是改革开放以来，中国共产党带领全国人民在经济、政治、文化和社会等方面建立了一套比较成熟的基本制度和体制，成功探索出了一条中国特色社会主义道路。与这些基本制度和体制相适应，必然要求有一个主导全社会思想道德观念和行为方式的核心价值观。党的十八大提出，要倡导富强、民主、文明、和谐，倡导自由、平等、公正、法治，倡导爱国、敬业、诚信、友善，积极培育和践行社会主义核心价值观。这与中国特色社会主义发展要求相契合，与中华优秀传统文化和人类文明优秀成果相承接，是中国共产党凝聚全党全社会价值共识作出的重要论断。社会主义核心价值观的提出，鲜明确立了当代中国的核心价值理念，生动展现了中国共产党和中华民族高度的价值自信与价值自觉。解决和化解社会矛盾、聚合磅礴之力的重大举措，是保证我国经济社会沿着正确的方向发展、实现中华民族伟大复兴的价值支撑，意义重大而深远。2018年3月，十三届全国人大一次会议通过《中华人民共和国宪法修正案》，把国家倡导社会主义核心价值观正式写入宪法，进一步凸显了社会主义核心价值观的重大意义，是坚持和发展中国特色社会主义的价值遵循。中国特色社会主义是全面发展、全面进步的社会主义。它既需要不断完善经济、政治、文化、社会和生态文明等各方面的制度，也需要不断探索社会主义在精神和价值层面的本质规定性；既需要为人们描绘未来社会物质生活方面的目标，也需要为人们指出未来社会精神价值的归宿。在全社会大力弘扬社会主义核心价值观，明确中国特色社会主义事业到底追求什么、反对什么，要朝着什么方向走、不能朝什么方向走，坚守我们的价值观立场，坚定中国特色社会主义的道路自信、理论自信、制度自信和文化自信，为社会的有序运行、良性发展提供明确的价值准则，保证中国特色社会主义事业始终沿着正确方向前进，是中国特色社会主义的铸魂工程。文化的力量，归根到底来自凝结其中的核心价值观的影响力和感召力。培育和践行社会主义核心价值观，用最简洁的语言介绍和说明中国，有利于扩大中华文化的影响力，展示社会主义中国的良好形象；有利于增强社会主义意识形态的竞争力，掌握话语权，赢得主动权，逐步打破西方的话语垄断、舆论垄断，维护国家文化利益和意识形态安全，不断提高我们国家的文化软实力。历史和现实一再表明，只有建立共同的价值目标，一个国家和民族才会有赖以维系的精神纽带，才会有统一的意志和行动，才会有强大的凝聚力、向心力。因此，社会主义核心价值观体现了全国人民共同的价值追求，决定了在新时代社会主义市场经济发展和完善过程中处理好经济发展与思想文化建设的关系，就要培育和践行社会主义核心价值观。

社会主义核心价值观的实践基础决定了在发展新时代社会主义市场经济过程中处理好经济发展与思想文化建设的关系，就要培育和践行社会主义核心价值观。习近平指出："一个民族、一个国家的核心价值观必须同这个民族、这个国家的历史文化相契合，同这个民族、这个国家的人民正在进行的奋斗相结合，同这个民族、这个国家需要解决的时代问题相适应。"❶ 我们所积极弘扬和践行的社会主义核心价值观，不仅与中华民族悠久灿烂的历史文化相契合，具有深厚的历史文化底蕴，而且同我们正在

---

❶ 习近平.青年要自觉践行社会主义核心价值观——在北京大学师生座谈会上的讲话[N].人民日报，2014-05-05.

进行的奋斗相结合，同我们所要解决的时代问题相适应，具有坚实的现实基础。概括而言，这一坚实的现实基础，就是当今时代的中华民族所进行的人类历史上最为宏伟而独特的中国特色社会主义建设实践。中国特色社会主义建设是社会主义核心价值观的实践根据。价值观是人类在认识、改造自然和社会的过程中产生与发挥作用的。不同民族、不同国家由于其自然条件和发展历程不同，产生和形成的核心价值观也各有特点。建设富强民主文明和谐美丽的社会主义现代化强国，实现中华民族伟大复兴，是鸦片战争以来中国人民最伟大的梦想，是中华民族的最高利益和根本利益，承载着几代中国共产党人的理想和探索，寄托着无数仁人志士的意愿和期盼，凝聚着千千万万革命先烈的奋斗和牺牲，是近代以来中国社会发展的必然选择，是历史和人民的选择，凝聚着全国各族人民的奋斗和实践。事实也雄辩地证明，要发展中国、稳定中国，要全面建成小康社会、加快推进社会主义现代化，要实现中华民族伟大复兴，必须坚定不移坚持和发展中国特色社会主义。推进中国特色社会主义建设，必然要求有自己鲜亮的精神旗帜，有明确有力的价值引领。社会主义核心价值观生成于中国特色社会主义建设实践，同当今中国最鲜明的时代主题相适应，是当代中国精神的集中体现，是中国特色社会主义本质规定的价值表达。它从价值观的层面，清晰地展现了我们所推进的中国特色社会主义建设的基本特征和根本追求，引领着中国特色社会主义建设铿锵前行。中国特色社会主义建设也以无可辩驳的事实生动展示着社会主义核心价值观的生机活力。改革开放以来，我们坚持走中国特色社会主义道路，在复杂的国内外形势下，抓住和用好了我国发展的战略机遇期，我国的综合国力、人民的生活水平、国际竞争力和国际影响力都迈上了新台阶，彰显了中国特色社会主义的巨大优越性和强大生命力。许多国家沿袭反映资本主义核心价值观的西方模式，"被动学习""邯郸学步"，非但没有呈现所谓的"民主盛景""发展盛景""繁荣盛景"，甚至党争纷起、社会动荡、民不聊生，至今都难以稳定。相反，中国改革开放以来探索出的中国特色社会主义道路却让中国发展成为人类发展史上的奇迹。中国特色社会主义不是从天上掉下来的，也不是什么复制品、舶来品，而是有其自身的独特品质，中国特色的价值理念就是其中的内核。中国特色社会主义建设的成功经验，是对社会主义核心价

第二章 市场经济发展与弘扬核心价值观

值观正确性、可信性的检验。同时，中国特色社会主义建设的新推进，也不断为社会主义核心价值观注入丰富而鲜活的时代内涵，提出弘扬和践行社会主义核心价值观的新任务、新要求，并为社会主义核心价值观的弘扬和践行创造提供了广阔空间及有力的物质基础、制度保障和相应条件。社会主义核心价值观之所以彰显出强大的生命力、吸引力和感召力，正因其深深地扎根于中国特色社会主义建设的生动实践之中。

社会主义核心价值观的道义力量决定了在新时代社会主义市场经济发展和完善过程中处理好经济发展与思想文化建设的关系，就要培育和践行社会主义核心价值观。真理的力量加上道义的力量，才能行之久远。社会主义核心价值观以其先进性、人民性和真实性而居于人类社会的价值制高点，具有强大的道义力量。社会主义核心价值观的先进性，体现在它是社会主义制度所坚持和追求的核心价值理念。社会主义制度建立在生产资料公有制的基础之上，消灭了剥削制度，劳动人民成为国家的真正主人，是人类社会迄今为止最先进的社会制度。中国特色社会主义制度是科学社会主义原则与中国实际的创造性结合，至今仍在不断地改革、完善和发展之中。中国特色社会主义所取得的开创性成就使得科学社会主义在 21 世纪的中国焕发出强大生机活力，为人类探索更加美好的社会制度提供了宝贵的中国智慧和中国方案。社会主义核心价值观反映着我国社会主义基本制度的本质要求，渗透于经济、政治、文化、社会、生态建设的各个方面，是我国社会主义制度的内在精神之魂。作为人类社会最为先进社会制度的本质规定在价值层面的集中反映，社会主义核心价值观代表着当今时代人类社会的价值制高点。社会主义核心价值观的人民性体现在它代表最广大人民的根本利益，反映最广大人民的价值诉求，引导着最广大人民为实现美好社会理想而奋斗。马克思主义最根本的政治立场，就是始终站在广大劳动人民的立场上，以广大劳动人民的解放为旨归，竭尽全力为人民求福利、谋利益。《共产党宣言》庄严指出："过去的一切运动都是少数人的，或者为少数人谋利益的运动。无产阶级的运动是绝大多数人的，为绝大多数人谋利益的独立的运动。"❶ 与

---

❶ 马克思恩格斯文集：第 2 卷［M］.北京：人民出版社，2009：42.

此相应，人民性也是以马克思主义为理论基础、以社会主义运动为实践根据的社会主义核心价值观的根本特性。在引导中国特色社会主义建设的进程中，中国共产党也反复强调，人民是历史的创造者，要践行全心全意为人民服务的根本宗旨，坚持以人民为中心、坚持人民当家作主，把人民对美好生活的向往作为奋斗目标；强调中国共产党人的初心和使命，就是为中国人民谋幸福，为中华民族谋复兴；强调中国共产党是为中国人民谋幸福的政党，也是为人类进步事业而奋斗的政党，始终把为人类作出新的更大贡献作为自己的使命。鲜明的人民性，使得社会主义核心价值观具有强大的道义感召力。社会主义核心价值观的道义力量还源于它的真实性。"名非天造，必从其实。"在人类社会发展进程中，许多统治阶级都曾提出了不少看上去非常美好的价值理念，其中有些在历史上也发挥了很大的积极作用，但由于其阶级和历史局限性，这些美好的价值理念并未能彻底地、真正地实现。民主、自由、博爱等便是资产阶级时刻挂在嘴边的价值主张。但正如列宁所指出的那样："资产阶级民主同中世纪制度比较起来，在历史上是一大进步，但它始终是而且在资本主义制度下不能不是狭隘的、残缺不全的、虚伪的、骗人的民主，对富人是天堂，对被剥削者、对穷人是陷阱和骗局。"❶人民当家作主的社会主义制度，则为社会主义核心价值观的真正实现奠定了根本的制度前提和制度保障，使得自由、民主、公正等价值观"不是装饰品，不是用来做摆设的，而是要用来解决人民要解决的问题的"，成为真切、具体、广泛的现实。

需要指出的是，社会主义核心价值观和社会主义核心价值体系，两者是紧密联系、互为依存、相辅相成的。社会主义核心价值体系主要包括马克思主义指导思想、中国特色社会主义共同理想、以爱国主义为核心的民族精神和以改革创新为核心的时代精神、社会主义荣辱观。社会主义核心价值观是社会主义核心价值体系的精神内核，它体现了社会主义核心价值体系的根本性质和基本特征，反映了社会主义核心价值体系的丰富内涵和实践要求，是社会主义核心价值体系的高度凝练和集中表

❶ 列宁全集：第 35 卷［M］.北京：人民出版社，1985：461.

第二章 市场经济发展与弘扬核心价值观

033

达。同时，社会主义核心价值观与社会主义核心价值体系具有内在的一致性，都体现了社会主义意识形态的本质要求，体现了社会主义制度在思想和精神层面的质的规定性，是建设中国特色社会主义现代化强国、实现中华民族伟大复兴中国梦的价值引领。推进社会主义核心价值观与社会主义核心价值体系建设，就是要弘扬共同理想、凝聚精神力量、引领道德风尚，形成全民族奋发向上、团结和睦的精神纽带，使我们的国家、民族、人民在思想上和精神上强大起来，更好地坚持中国道路、弘扬中国精神、凝聚中国力量。这是在新时代社会主义市场经济发展和完善过程中弘扬社会主义核心价值观必须明确的内容，也是必须正确处理好的问题。在新时代社会主义市场经济条件下培育和践行社会主义核心价值观，并不是仅仅培育和践行社会主义核心价值观，而是应该站在社会主义核心价值体系与社会主义核心价值观本质关联的角度来深入培育和践行社会主义核心价值观，同时也应该坚持社会主义核心价值体系，特别是坚持马克思主义指导思想、中国特色社会主义共同理想、以爱国主义为核心的民族精神和以改革创新为核心的时代精神、社会主义荣辱观，来进一步净化社会风气，为社会主义市场经济的健康发展提供方向引领和价值导向。

第二节　全面深入推动社会主义 核心价值观的入法入规

在新时代社会主义市场经济发展和完善过程中大力弘扬社会主义核心价值观，就应该首先全面深入推动社会主义核心价值观入法入规，将社会主义核心价值观转化成为人们基本的价值遵循和行为规范。这是在新时代大力弘扬社会主义核心价值观必须高度重视的着力点，也是关键环节。当然，推动社会主义核心价值观入法入规是一个复杂的系统工程。这里主要涉及两个层面的问题，一个是前提性问题，即对社会主义核心价值观的科学把握；另一个是核心性问题，即如何具体推进社会主义核心价值观入法入规。

一、推动社会主义核心价值观的入法入规必须科学把握社会主义核心价值观

党的十八大报告明确提出："倡导富强、民主、文明、和谐，倡导自由、平等、公正、法治，倡导爱国、敬业、诚信、友善，积极培育社会主义核心价值观。"❶ 这也被人们简称为"三个倡导"。之后，中共中央办公厅印发《关于培育和践行社会主义核心价值观的意见》，正式确认这12个词的表述。"三个倡导"是对社会主义核心价值观的最新概括与提炼，广泛地凝聚了各界意见，集中地体现了社会共识，为培育社会主义核心价值观提供了基本遵循。其实，"三个倡导"是全国各族人民的"最大公约数"。其一，"三个倡导"作为一种价值理想，体现了全国各族人民的根本利益和共同追求，承载了中华民族伟大复兴中国梦，反映了人们普遍的愿望和共同的追求。它凝结了我们对于共产主义远大理想、中国特色社会主义共同理想的不懈追寻，既是指引我们继续前行、努力建设中国特色社会主义的精神旗帜，也是激励我们顽强拼搏、奋力实现中国梦的精神食粮，还是我们对外展现中华民族价值理念、传播中华文明、提升综合国力的文化名片，它为我们培育和践行社会主义核心价值观提供了价值遵循和精神动力。其二，"三个倡导"作为一种道德规范，体现了中国特色社会主义的本质要求，展现了中国精神和中华传统美德，反映了国家、社会、个人所遵循的共同价值，并渗透于经济、政治、文化、社会、生态等各个领域。它在核心价值观的层面上将国家、社会、个人紧密联系在一起，涉及人们生产生活的方方面面，是统一思想、凝心聚力、约束行为的前提和保证。它对我们培育和践行社会主义核心价值观提出了明确要求，也为调动和整合中国力量、发挥社会合力，推进核心价值观建设提供了必要的前提和准备。其三，"三个倡导"作为一种理论形态，凝聚了社会共识，是我们党广泛征求意见，综合各方面认识，经过反复讨论，凝聚全党全社会价值共识而作出的重要论断。同时，这一论断在表述上又留有余地，为人们后续的讨论和思想预留了空间，为理

❶ 胡锦涛.坚定不移沿着中国特色社会主义道路前进　为全面建成小康社会而奋斗——在中国共产党第十八次全国代表大会上的报告[N].人民日报，2012-11-18.

论的研究提供了基本的思路，体现了社会主义核心价值观自身发展以及人们认识不断发展的要求。它与中华优秀传统文化和人类文明优秀成果相承接，是马克思主义中国化的新成果，是中国特色社会主义理论的重要内容。它适应我国当前意识形态工作发展和核心价值观宣传的需要，为社会主义核心价值观的培育和践行奠定了思想理论基础。

深层次看，"三个倡导"分别对应国家、社会、公民这三个层面，这三个层面紧密联系、有机统一，共同构成了社会主义核心价值观的基本内容。具体来说，倡导富强、民主、文明、和谐，是社会主义核心价值观的题中之义，真实地反映了夺取中国特色社会主义新胜利的应然要求。"富强、民主、文明、和谐"分别从经济、政治、文化、社会等角度与中国特色社会主义"五位一体"格局相对应，符合现阶段我国的基本国情与人们的共同愿景，是社会主义核心价值观在国家层面的本质规定，明确了在国家这个层面上，社会主义核心价值观的内容与目标。倡导自由、平等、公正、法治，反映了社会主义社会的基本属性，是社会主义核心价值观的价值本质和最高理想。其中，自由是目标指向，平等是内在要求，公正是根本保证，法治是现实途径。"自由、平等、公正、法治"既反映了现实发展的要求，也体现了未来发展的目标，是社会主义核心价值观的内容在社会这个层面的反映。倡导爱国、敬业、诚信、友善，涵盖了社会主义公民道德行为各个环节，贯穿了社会公德、职业道德、家庭美德、个人品德各个方面，是个人应当遵循的根本道德准则，是公民基本道德规范的核心要求。"爱国、敬业、诚信、友善"，有着现实的针对性，是在公民个人层面上，核心价值观构建内容的基本体现。可见，"三个倡导"分别立足于国家、社会、公民个人，赋予社会主义核心价值观紧密联系的三个层次的内容。其中，国家层面的富强、民主、文明、和谐位于最高层次，是个人与社会价值追求的目标指引和自觉践行的保证，失去这一目标与保障，位于以下层次的价值实现就会迷失方向、弱化力量。社会层面的自由、平等、公正、法治位于中间层次，是连接国家和个人这两个层次的桥梁，中断了这一桥梁，这两个层次的内容就无法契合与统一。公民个人层面的爱国、敬业、诚信、友善位于最低层次，是其他两个层次的价值实现的基础。这三个层次相互联系、相互促进，实现了政治理想、社会导向、行为准则的统一，实现了国家、集体、个人在价值目标上的统一，丰富了社会主义核心价值观的内涵，完整了社会主义核心价值观的内容体系。

二、具体推进社会主义核心价值观入法入规

社会主义核心价值观是最高层次的价值遵循，它应该体现在国家和社会的基本制度和体制机制中，体现在国家大政方针的制度和实施中，特别是对国家制度和大政方针的规约和要求。

融入法律法规是培育和践行社会主义核心价值观的重要保证。要坚持依法治国与以德治国相结合，把社会主义核心价值观融入法治国家、法治政府、法治社会建设全过程，贯穿立法、执法、司法、守法各方面，用法律的权威来增强人们培育和践行社会主义核心价值观的自觉性，形成有利于培育和践行社会主义核心价值观的良好法治环境。例如，制定实施《中华人民共和国英雄烈士保护法》就是典型案例，值得借鉴。近年来，一些人以"学术自由""还原历史""探究细节"等为名，通过网络、书刊等歪曲历史特别是党史、国史和军史，丑化、诋毁、贬损、质疑英雄烈士，造成恶劣社会影响，引起社会各界关注。在 2017 年全国"两会"上，有 251 人次全国人大代表、全国政协委员和一些群众来信提出，建议通过立法加强英雄烈士保护。2017 年 4 月，习近平总书记对英雄烈士保护立法作出重要批示。制定英雄烈士保护法，是巩固中国共产党执政地位和中国特色社会主义制度的内在要求，是弘扬社会主义核心价值观和爱国主义精神，崇尚捍卫英雄烈士，维护社会公共利益的必要措施。2018 年 4 月 27 日，十三届全国人大常委会第二次会议全票表决通过了《中华人民共和国英雄烈士保护法》，英雄烈士的姓名、肖像、名誉、荣誉受法律保护，禁止歪曲、丑化、否定英雄烈士的事迹和精神；宣扬、美化侵略战争和侵略行为，将依法惩处直至追究刑责。2018 年 5 月 1 日，《中华人民共和国英雄烈士保护法》开始正式施行。因此，在新时代社会主义市场经济条件下大力弘扬社会主义核心价值观，就应该推动社会主义核心价值观融入法治建设，以法治建设的力量来推进社会主

义核心价值观的培育和践行，要把社会主义核心价值观贯彻到依法治国、依法执政、依法行政的实践中，落实到立法、执法、司法、普法和依法治理各个方面，用法律的权威来增强人们培育和践行社会主义核心价值观的自觉性，特别是注重把社会主义核心价值观相关要求上升为具体法律规定，充分发挥法律的规范、引导、保障、促进作用，形成有利于培育和践行社会主义核心价值观的良好法治环境。

推动社会主义核心价值观融入法治建设必须系统规划、有序进行。推动社会主义核心价值观全面融入中国特色社会主义法律体系，筑牢全国各族人民团结奋斗的共同思想道德基础，为决胜全面建成小康社会、夺取新时代中国特色社会主义伟大胜利、实现中华民族伟大复兴的中国梦、实现人民对美好生活的向往，提供坚实制度保障。推动社会主义核心价值观入法入规，必须遵循的原则是坚持党的领导，坚持价值引领，坚持立法为民，坚持问题导向，坚持统筹推进。推动社会主义核心价值观融入法治建设要以保护产权、维护契约、统一市场、平等交换、公平竞争等为基本导向，完善社会主义市场经济法律制度。健全以公平为核心原则的产权保护制度，推进产权保护法治化。加快推进民法典各分编的编纂工作，用社会主义核心价值观塑造民法典的精神灵魂，推动民事主体自觉践行社会主义核心价值观。特别是要加强道德领域突出问题专项立法，把一些基本道德要求及时上升为法律规范。制定英雄烈士保护方面的法律，形成崇尚、捍卫、学习、关爱英雄烈士的良好社会风尚。探索完善社会信用体系相关法律制度，研究制定信用方面的法律，健全守法诚信褒奖机制和违法失信行为联合惩戒机制。探索制定公民文明行为促进方面法律制度，引导和推动全民树立文明观念，推进移风易俗，倡导文明新风。

当然，推动社会主义核心价值观融入法律法规是一项艰巨繁重的任务，要采取有效措施，认真组织实施，使法律法规更好体现国家的价值目标、社会的价值取向、公民的价值准则。各级党委要高度重视社会主义核心价值观融入法治建设工作，支持立法机关把社会主义核心价值观融入法律法规。国家相关部门要深入分析社会主义核心价值观的立法需求，完善立法项目征集和论证制度，制订好立法规划计划，加快重点领域立法修法步伐。要加强对社会主义核心价值观融入法治建设立法修法工作进展情况的宣传，及时对出台的法律法规进行宣讲阐释，同时要加强舆论引导，报道典型案例，弘扬法治精神，树立社会正气，鞭挞丑恶行为，引导人们自觉践行社会主义核心价值观。

在新时代社会主义市场经济发展和完善过程中，大力弘扬社会主义核心价值观，不仅要将培育和践行社会主义核心价值观与法治建设结合起来，实现社会主义核心价值观"入法"，同时还应该在更广的范围内将社会主义核心价值观的培育和践行落实到经济发展实践和社会治理中，完善相关经济发展和社会治理的制度创新，实现社会主义核心价值观在更大的层面"入规"。具体来说，可以做好如下几个方面工作。

其一，用制度形式把培育和践行社会主义核心价值观落实到经济发展实践中，实现经济社会发展与弘扬社会主义核心价值观良性互动。确立经济社会发展目标和发展规划，出台经济社会政策和重大改革措施，开展生产经营活动，都要遵循社会主义核心价值观要求，做到讲社会责任、讲社会效益、讲守法经营、讲公平竞争、讲诚信守约，形成有利于弘扬社会主义核心价值观的良好政策导向、利益机制和社会环境。与人们生产生活和现实利益密切相关的具体政策措施，要注重经济行为和价值导向有机统一，经济效益和社会效益有机统一，实现市场经济和道德建设良性互动。建立完善相应的政策评估和纠偏机制，防止出现具体政策措施与社会主义核心价值观相背离的现象。

其二，用制度形式把培育和践行社会主义核心价值观落实到社会治理中。把践行社会主义核心价值观作为社会治理的重要内容，融入制度建设和治理工作中，形成科学有效的诉求表达机制、利益协调机制、矛盾调处机制、权益保障机制，最大限度增进社会和谐。创新社会治理，完善激励机制，褒奖善行义举，实现治理效能与道德提升相互促进，形成好人好报、恩将德报的正向效应。完善市民公约、村规民约、学生守则、行业规范，强化规章制度实施力度，在日常治理中鲜明彰显社会主流价值，使正确行为得到鼓励，错误行为受到谴责。

其三，建立社会主义核心价值观的宣传教育制度。加强新闻媒体的制度化管理，充分发挥其传播社会主流价值的主渠道作用，坚决杜绝为错误观点提供传播渠道的做法。依法加强网络社会管理，加强对网络新技术、新应用的管理，推进网络法制建设，使网络成为培育和践行社会主义核心价值观的新型平台。通过建立相应的制度加强对新型文化业态、文化样式的引导，让不同类型文化产品都成为弘扬社会主流价值的生动载体。

其四，建立科学合理的领导制度，加强对培育和践行社会主义核心价值观的组织领导。各级党委和政府要充分认识培育和践行社会主义核心价值观的重要性，把这项任务摆上重要位置，把握方向，制定政策，营造环境，切实负起政治责任和领导责任。把社会主义核心价值观要求体现到经济社会发展各领域，推动培育和践行社会主义核心价值观同实际工作融为一体、相互促进。建立健全培育和践行社会主义核心价值观的领导体制和工作机制，加强统筹协调，加强组织实施，加强督促落实，提高工作科学化水平，把培育和践行社会主义核心价值观同各领域的行政管理、行业管理和社会管理结合起来，形成齐抓共管的工作格局。

第三节　把社会主义核心价值观
融入国民教育全过程

在新时代发展和完善社会主义市场经济，为社会主义市场经济的发展和完善提供坚实的方向保障和价值遵循，不仅要实现社会主义核心价值观培育和践行的入法入规，还应该将社会主义核心价值观融入国民教育全过程。学校里各级各类学生的价值取向，既关系着学生们自己的健康成长成才，又决定着未来整个社会的价值取向。在全社会培育和弘扬社会主义核心价值观，需要使各级各类学生尤其是广大青年学生始终走在时代前列，成为社会主义核心价值观的坚定信仰者、积极传播者、模范践行者。

一、扣好人生第一粒扣子

社会主义核心价值观的培育和践行要从娃娃抓起、从学校抓起。广大少年儿童要从小学习做人，扣好人生第一粒扣子。学校里的各级各类学生尤其是青年学生正处在人生成长的关键时期，知识体系搭建尚未完成，价值观塑造尚未成型，情感心理尚未成熟，需要加以正确引导。这好比小麦的灌浆期，这个时候阳光水分跟不上，就会耽误一季的庄稼。学校里的各级各类学生尤其是青年学生的价值取向决定了未来整个社会的价值取向，而他们又处在价值观形成和确立的时期，抓好这一时期的价值观养成十分重要。正如习近平指出："这就像穿衣服扣扣子一样，如果第一粒扣子扣错了，剩余的扣子都会扣错。人生的扣子从一开始就要扣好。"❶学校里的各级各类学生尤其是青年学生成长成才和全面发展，离不开正确价值观的引领。当今世界和当代中国都处于大变革之中。这种变革反映到人们的思想观念中，自然会产生多种多样的思想理论和价值理念。面对世界范围内各种思想文化交流、交融、交锋的新形势，面对整个社会思想价值观念呈现多元多样、复杂多变的新特点，学校里的各级各类学生尤其是青年学生健康成长成才更加需要正确价值观的引领。正确的价值观能够引导学校里的各级各类学生尤其是青年学生把人生价值追求融入国家和民族事业，始终站在人民大众立场，同人民一道拼搏、同祖国一道前进，服务人民、奉献社会，努力成为中国特色社会主义事业的合格建设者和可靠接班人。社会主义核心价值观的养成绝非一日之功。学校里的各级各类学生尤其是青年学生要坚持由易到难、由近及远，从现在做起，从自己做起，努力把核心价值观的要求变成日常的行为准则，形成自觉奉行的信念理念，并身体力行大力将其推广到全社会去，为实现国家富强、民族振兴、人民幸福的中国梦凝聚强大的青春能量。

社会主义核心价值观的培育和践行要从娃娃抓起、从学校抓起，扣好人生第一粒扣子，就要将社会主义核心价值观的基本内容、要求和精神贯穿学校教育教学的始终，生动体现在学校日常管理的方方面面，切实做到进教材、进课堂、进头脑，使社会主义核心价值观的种子在祖国下一代心中生根发芽。新时代培育和践行社会主义核心价值观要从小抓起、从学校抓起。坚持育人为本、德育为先，围绕立德树人的根本任务，把社会主义核心价值观纳入国民教育总体规划，贯穿于基础教育、高等教育、职业技术教育、成人教育各领域，落实到教育教学和管理服务各环节，覆盖到所有学校和受教育者，形成课堂教学、社会实践、校园文化多位一体的育人平台，不断完善中华优秀传统文化教育，形成爱学习、爱劳动、爱祖国活动的有效形式和长效机制，努力培养德智体美全面发展的社会主义建设者和接班人。同时，要适应青少年身心特点和成长规律，深化未成年人思想道德建设和大学生思想政治教育，构建大中小学有效衔接的德育课程体系和教材体系，创新中小学德育课和高校思想政治理论课教育教学，推动社会主义核心价值观进教材、进课堂、进学生头脑。另外，将社会主义核心价值观融入国民教育全过程也要完善学校、家庭、社会三结合的教育网络，引导广大家庭和社会各方面主动配合学校教育，以良好的家庭氛围和社会风气巩固学校教育成果，形成家庭、社会与学校携手育人的强大合力。

二、勤学修德明辨笃实

习近平总书记指出："一种价值观要真正发挥作用，必须融入社会生活，让人们在实践中感知它、领悟它。"❶这就要求在培育和弘扬的过程中，下好落细、落小、落实的功夫，切实做到勤学、修德、明辨、笃实，使社会主义核心价值观成为一言一行的基本遵循。培育和践行社会主义核心价值观，既要目标高远，保持定力、不懈奋进，又要脚踏实地，严于律己、精益求精，将社会主义核心价值观转化为人生的价值准则，勤学以增智、修德以立身、明辨以正心、笃实以为功。

培育和践行社会主义核心价值观，要引导学生坚持勤学。知识是树立社会主义核心价值观的重要基础。学校里的各级各类学生尤其是青年学生正处于学习科学知识的黄金时期，要下得苦功夫，求得真学问，把学习作为一种精神追求、一种生活方式，以韦编三绝、悬梁刺股的毅力，

---

❶ 把核心价值观融入社会生活贵在"知行互动"［N］.人民日报，2014-02-26.

以凿壁借光、囊萤映雪的劲头，努力扩大知识半径，既读有字之书，也读无字之书，疵砺道德品质，掌握真才实学，练就过硬本领。要努力掌握马克思主义理论，形成正确的世界观和科学的方法论，深化对社会主义核心价值观的认知认同。学校里的各级各类学生尤其是青年学生要注重把所学知识内化于心，形成自己的见解，专攻博览，努力掌握为祖国、为人民服务的真才实学，让勤于学习、敏于求知成为青春远航的动力。

培育和践行社会主义核心价值观，要引导学生注重修德。"德者，本也。"蔡元培曾经说过："若无德，则虽体魄智力发达，适足助其为恶。"道德之于个人、之于社会，都具有基础性意义，做人做事第一位的是崇德修身。"核心价值观，其实就是一种德，既是个人的德，也是一种大德，就是国家的德、社会的德。国无德不兴，人无德不立。"一个人只有明大德、守公德、严私德，其才方能用得其所。修德，既要立意高远，又要立足平实。要立志报效祖国、服务人民，这是大德，养大德者方可成大业。同时，还得从做好小事、管好小节开始起步，"见善则迁，有过则改"，踏踏实实修好公德、私德，学会劳动、学会勤俭，学会感恩、学会助人，学会谦让、学会宽容，学会自省、学会自律。

培育和践行社会主义核心价值观，要引导学生学会明辨。培育和践行社会主义核心价值观，要增强自己的价值判断力和道德责任感，辨别什么是真善美、什么是假恶丑，自觉做到常修善德、常怀善念、常做善举。当前，在一些领域和一些人当中，价值判断没有了界限、丧失了底线，甚至以假乱真、以丑为美、以耻为荣。学校里的各级各类学生尤其是青年学生一定要正视价值观选择和道德责任感，强化判断，善于明辨是非，善于决断选择，旗帜鲜明地弘扬真善美、贬斥假恶丑，树立正确导向，澄清模糊认识，匡正失范行为，形成激浊扬清、抑恶扬善的思想道德舆论，自觉做良好道德风尚的建设者、社会文明进步的推动者。

培育和践行社会主义核心价值观，要引导学生践行笃实。道不可坐论，德不能空谈。于实处用力，从知行合一上下功夫，核心价值观才能内化为人们的精神追求，外化为人们的自觉行动。《礼记》中说："博学之，审问之，慎思之，明辨之，笃行之。"有人说："圣人是肯做工夫的庸人，庸人是不肯做工夫的圣人。"青年有着大好机遇，关键是要迈稳步子、夯实根基、久久为功。心浮气躁，朝三暮四，学一门丢一门，干一行弃一行，无论为学还是创业，都是最忌讳的。"天下难事，必作于易；天下大事，必作于细。"成功的背后，永远是艰辛努力。青年要把艰苦环境作为磨炼自己的机遇，把小事当作大事干，一步一个脚印往前走。滴水可以穿石。只要坚忍不拔、百折不挠，成功就一定在前方等你。

三、培养担当民族复兴大任的时代新人

党的十九大提出"培养担当民族复兴大任的时代新人"这一重大命题，把"培育什么样的价值观"同"培养什么样的人"更加紧密地结合起来，抓住了价值观建设的根本，体现了我们党对社会主义核心价值观建设认识的深化和拓展。社会主义核心价值观建设，说到底是人的世界观、人生观、价值观建设，是马克思主义立场、观点、方法建设。社会是由人组成的共同体。无论社会关系还是社会活动，其主体都只能是人。没有了人，社会关系、社会活动就失去了实际意义。同时，人从来就是社会动物，无论个人还是群体，都只能在社会关系中存在，在社会活动中发展。简言之，人是社会的人，社会是人的社会。建设什么样的国家和社会、实现什么样的发展目标，人是决定性因素。人类的历史发展表明，如果一个民族和一个国家没有共同的核心价值观，莫衷一是，行无依归，那么这个民族、这个国家就无法前进。这样的情形，在我国历史上，在当今世界上，都屡见不鲜。推进中国特色社会主义建设事业，也不例外。有了这样共同的核心价值观，社会各界和各族人民才可能在一个共同的奋斗目标下紧密团结起来，才可能激发人民群众为共同价值追求而奋斗的强大精神力量，才可能培养和造就担当民族复兴大任的时代新人。通过教育培养，使广大人民群众成为社会主义核心价值观的坚定信仰者、积极传播者、模范践行者，激发出推进中国特色社会主义建设事业的无穷力量，对培育担当民族复兴大任的时代新人具有重大的意义，那么什么样的人，才能够担当起民族复兴大任呢？担当民族复兴大任的时代新人应该具有哪些基本要求呢？这是值得深入思考的问题，也是培育能够担当民族复兴大任时代新人必须清楚的问题。也正是从这个意义

上说，"培养什么样的人"是培育和践行社会主义核心价值观的着眼点。培养有理想、有本领、有担当的时代新人主要体现为以下内容。

时代新人要有坚定的理想信念。没有理想信念，理想信念不坚定，精神上就会"缺钙"，就会得"软骨病"。时代新人要有崇高的理想信念，牢记使命，自信自励。"功崇惟志，业广惟勤。"理想指引人生方向，信念决定事业成败。崇高的理想信念是事业和人生的灯塔，决定我们的方向和立场，也决定我们的精神状态和实际行动，直接关系着人生目标的选择、人生价值的实现。没有崇高的理想信念，就会导致精神上的"软骨病"，人生勇气、意志与毅力都会出现严重问题，从而极易受到各种不良思想行为的诱惑、误导、传染，难以在时代洪流中成为砥柱新人，甚至被时代洪流所淘汰。中国梦是全国各族人民的共同理想，中国特色社会主义是党带领人民历经千辛万苦找到的实现中国梦的正确道路。从全面建成小康社会到基本实现现代化，再到全面建成社会主义现代化强国，是新时代中国特色社会主义发展的战略安排。建设社会主义现代化强国的任务书、时间表、路线图，为广大青年清晰指明了历史使命、奋斗目标和前进方向。因此，树立坚定的理想信念应该是将自己的人生理想与国家的前途命运紧紧联系起来的理想，是与民族的兴衰荣辱牢牢结合起来的理想。对共产党员来讲，就是要牢固树立共产主义远大理想和中国特色社会主义共同理想；对普通群众来说，就是要有正确的世界观、价值观、人生观，有着对美好生活的向往和追求，相信未来会更好、祖国会更好。要全面掌握辩证唯物主义和历史唯物主义的世界观和方法论，坚定理想信念，在历史发展纵轴中找准定位，明确自身承担的时代责任和历史使命，将个人的发展和国家、民族的前途命运紧密相连，将个人理想和国家富强、世界发展融为一体，肩负起实现中华民族伟大复兴的时代重任。学校里的各级各类学生尤其是青年学生要有作为中华儿女的骄傲和自豪，爱党、爱国、爱社会主义，树立坚定的政治方向和远大的人生志向，坚定中国特色社会主义的道路自信、理论自信、制度自信、文化自信，把理想信念建立在对科学理论的理性认同上，建立在对历史规律的正确认识上，建立在对基本国情的准确把握上。在培育和践行社会主义核心价值观的过程中，要引导学校里的各级各类学生尤其是青年学生保持对理想信念的激情和执着，将实现"两个一百年"奋斗目标、实现中华民族伟大复兴中国梦的历史使命内化为担当的自觉，外化为实际的行动，从容自信、坚定自励。

时代新人要有真本领。面对各种风险和挑战，面对各种新情况、新问题，都存在着"本领恐慌"现象。党的十九大提出：增强学习本领、政治领导本领、改革创新本领、科学发展本领、依法执政本领、群众工作本领、狠抓落实本领、驾驭风险本领，勇于战胜前进道路上的各种艰难险阻，牢牢把握工作主动权。❶ 在培育和践行社会主义核心价值观的过程中，引导学校里的各级各类学生尤其是青年学生要有高强的本领才干，勤奋学习，全面发展。不断增强的本领才干，是青春焕发光彩的重要源泉。学校里的各级各类学生尤其是青年学生素质和本领的强弱，直接影响着民族复兴的进程。身处日新月异的新时代，面对国内外环境发生深刻变化，知识更新周期大大缩短，学校里的各级各类学生尤其是青年学生要有本领不够、才干不足的紧迫感，自觉加强学习、勤奋探索，在社会实践中全面发展。"学如弓弩，才如箭镞，识以领之，方能中鹄。"学校里的各级各类学生尤其是青年学生既要惜时如金、孜孜不倦，下一番心无旁骛、静谧自怡的功夫，又要突出主干、择其精要，做到又博又专、愈博愈专；既打牢扎实基础，又及时更新知识；既刻苦钻研理论知识，又积极掌握实践技能；既向书本学，又向实践学、向群众学；既向传统学，又向现代学，努力成为兼收并蓄、融会贯通、本领高强、全面发展的优秀人才。概言之，在培育和践行社会主义核心价值观的过程中，要引导学校里的各级各类学生尤其是青年学生把学习作为首要任务，树立梦想从学习开始、事业靠本领成就的观念，让勤奋学习成为青春远航的动力，让增长本领成为青春搏击的能量。

时代新人更要有担当精神。常言道："大事难事看担当，顺境逆境看胸怀。"有多大担当才能干多大事，尽多大责任才会有多大成就。在培育和践行社会主义核心价值观的过程中，要引导学校里的各级各类学生尤

---

❶ 习近平.决胜全面建成小康社会　夺取新时代中国特色社会主义伟大胜利——在中国共产党第十九次全国代表大会上的报告[N].人民日报，2017–10–28.

其是青年学生有天下兴亡、匹夫有责的担当精神，讲求奉献，实干进取。青春至美是担当，青年的担当是决定人生价值的最大砝码，是影响时代发展进程的重要力量。"历尽天华成此景，人间万事出艰辛。"我们越是接近中华民族的伟大复兴，越是需要付出更为艰巨、更为艰苦的努力。这种担当是一种现实的担当，扛起一代人应当扛起的责任，不能当过客、当看客，遇着问题绕着走；这种担当是一种无私的担当，不能做"精致的利己主义者"，"洪水滔天、与我无关"，只要管好自己的一亩三分地就行了；这种担当是无畏的担当，为了党和人民利益，把个人名利置之度外，正如林则徐讲的"苟利国家生死以，岂因祸福避趋之"。这种担当不是靠豪言壮语、牛气冲天，而是要做到平常兢兢业业，在关键时刻能够挺身而出。在培育和践行社会主义核心价值观的过程中，要引导学校里的各级各类学生尤其是青年学生具有担当精神，体现为奉献祖国、奉献人民、尽心尽力、勇于担责，必须讲求奉献，实干进取，自觉树立国家意识、民族意识、责任意识，把个人前途命运与国家、民族的前途命运紧紧地联系在一起，在尽责集体、服务社会、贡献国家中实现人生理想和人生价值；应坚持实践第一、知行合一，求真务实、有为善为，勇于面对实际生活中的各种挫折考验，勤奋刻苦、磨砺意志、脚踏实地；应始终保持昂扬向上的精神状态，富有求新求变的朝气锐气，敢于站在变革前沿，引领潮流之先，以新的实践创造更大成就。

需要指出的是，把培育和践行社会主义核心价值观融入国民教育全过程是一个系统工程，需要多维发力、全面推进，特别是拓展青少年培育和践行社会主义核心价值观的有效途径。注重发挥社会实践的养成作用，完善实践教育教学体系，开发实践课程和活动课程，加强实践育人基地建设，打造大学生校外实践教育基地、高职实训基地、青少年社会实践活动基地，组织青少年参加力所能及的生产劳动和爱心公益活动、益德益智的科研发明和创新创造活动、形式多样的志愿服务和勤工俭学活动。注重发挥校园文化的熏陶作用，加强学校报刊、广播电视、网络建设，完善校园文化活动设施，重视校园人文环境培育和周边环境整治，建设体现社会主义特点、时代特征、学校特色的校园文化。通过制度安排，积极推动社会主义核心价值观进教材、进课堂、进学生头脑；建立各项规章制度，拓展青少年培育和践行社会主义核心价值观的有效途径。

同时，将社会主义核心价值观融入国民教育全过程也应该坚持师德为上，完善教师职业道德规范，形成师德师风建设长效机制，建设师德高尚、业务精湛的高素质教师队伍。2018年5月2日，在"五四"青年节和北京大学建校120周年校庆日来临之际，习近平总书记到北京大学考察时指出："建设政治素质过硬、业务能力精湛、育人水平高超的高素质教师队伍是大学建设的基础性工作。要从培养社会主义建设者和接班人的高度，考虑大学师资队伍的素质要求、人员构成、培训体系等。要坚持教育者先受教育，让教师更好担当起学生健康成长指导者和引路人的责任。要抓好师德师风建设，引导教师把教书育人和自我修养结合起来，做到以德立身、以德立学、以德施教。"❶ 因此，将社会主义核心价值观融入国民教育全过程也应该坚持师德为上，要特别注重实施师德师风建设工程，坚持师德为上，完善教师职业道德规范，健全教师任职资格准入制度，将师德表现作为教师考核、聘任和评价的首要内容，形成师德师风建设长效机制。同时，也应该着重抓好学校党政干部和共青团干部，思想品德课、思想政治理论课和哲学社会科学课教师，辅导员和班主任队伍建设，最后引导广大教师自觉增强教书育人的荣誉感和责任感，学为人师、行为世范，成为党执政的坚定支持者，成为社会主义核心价值观的坚定信仰者、积极传播者、模范践行者，自觉成为学生健康成长的指导者和引路人。

第四节　把培育社会主义核心价值观作为全社会共同责任

在新时代社会主义市场经济发展和完善的过程中大力弘扬社会主义核心价值观，不仅要将社会主义核心价值观入法入规和将社会主义核心价值观融入国民教育全过程，还应该把培育和践行社会主义核心价值观

---

❶ 习近平.抓住培养社会主义建设者和接班人根本任务　努力建设中国特色世界一流大学[N].人民日报，2018-05-03.

作为全社会的共同责任。任何一种价值观在全社会的确立，都是一个思想教育与社会孕育相互促进的过程，都是一个内化与外化相辅相成的过程。更何况，社会主义核心价值观是全国各族人民价值观的最大公约数。因而，培育和践行社会主义核心价值观，就要注重全方位贯穿、深层次融入，形成全社会共同推进核心价值观培育和践行的良好局面。

把培育和践行社会主义核心价值观作为全社会的共同责任，坚强有力的领导是培育和践行社会主义核心价值观的关键。对此，各级党委和政府负有重要的政治责任和领导责任。各级党委和政府要充分认识培育和践行社会主义核心价值观的重要性，把握方向，制定政策、营造环境，切实负起政治责任和领导责任。培育和践行社会主义核心价值观工作做得好不好，有没有实际成效，既是领导干部工作能力的体现，也是政治意识、责任意识的体现。在实际工作中存在一种倾向，强调以经济建设为中心，往往就只重视经济建设、民生建设，而忽视思想文化和意识形态建设，对社会道德风尚的改善与提高重视不够。一些领导干部嘴上说，要高度重视社会主义核心价值观的培育和建设，但在实际工作中，常常是想起来就抓一抓，忙起来就放一放，缺乏长期规划和科学组织。培育和践行社会主义核心价值观是在人的思想意识领域搞建设，其长期性、艰巨性、复杂性不亚于经济建设等其他工作，没有抓铁有痕、踏石留印的刚性和持之以恒、常抓不懈的韧性，就难见其功。培育和践行社会主义核心价值观既是一项独立的工作，也是一项与其他工作密切相关、彼此影响的工作。要把社会主义核心价值观要求体现到经济建设、政治建设、文化建设、社会建设、生态文明建设和党的建设各领域，推动培育和践行社会主义核心价值观同实际工作融为一体、互相促进。因此，各级党委和政府要增强对培育和践行社会主义核心价值观重要性的认识，把这项任务摆上重要位置，加强统筹协调，加强组织实施，加强督促落实。最后，各级党委和政府要切实负起政治责任和领导责任，还要建立健全培育和践行社会主义核心价值观的领导体制和工作机制，加强统筹协调，加强组织实施，加强督促落实，提高工作科学化水平。党的基层组织要在推动社会主义核心价值观培育和践行方面，发挥政治核心作用和战斗堡垒作用，筑牢社会和谐的精神纽带。

把培育和践行社会主义核心价值观作为全社会的共同责任，应该充分利用和高度重视网络这个重中之重的社会空间。随着人类社会信息化进程的推进，网络作为现实社会空间的延伸已经成为人们生产生活、工作学习等特别重要的生活领域。习近平总书记指出："互联网是一个社会信息大平台，亿万网民在上面获得信息、交流信息，这会对他们的求知途径、思维方式、价值观念产生重要影响，特别是会对他们对国家、对社会、对工作、对人生的看法产生重要影响。"❶ 因此，把培育和践行社会主义核心价值观作为全社会的共同责任，就应该高度重视网络空间，在网络空间中弘扬正能量，使网络空间中的管理群体和经营群体乃至普通网民担负好培育和践行社会主义核心价值观的责任。特别是要加强社会主义核心价值观的网上传播阵地建设，运用网络传播规律，把社会主义核心价值观生动体现到网络宣传、网络文化、网络服务之中，用正面声音和先进文化占领网络阵地。做大做强重点新闻网站，发挥主要商业网站建设性作用，形成良好的网上舆论环境，集聚网上舆论引导合力。善于运用网络了解社情民意、开展工作，建立经常性联系渠道，加强线上互动、线下沟通，走网络群众路线。各级党政机关和领导干部要学会通过网络走群众路线，经常上网看看，潜潜水、聊聊天、发发声，了解群众所思所愿，收集好的想法和建议，积极回应网民关切、解疑释惑。网民大多数是普通群众，来自四面八方，各自经历不同，观点和想法各异，不能要求他们对所有问题都看得准说得对，为此要多一些包容和耐心，对建设性意见要及时吸纳，对困难要及时帮助，对不了解情况的要及时宣介，对模糊认识要及时廓清，对怨气怨言要及时化解，对错误看法要及时引导和纠正，让互联网成为党员领导干部和群众交流沟通的新平台，成为了解群众、贴近群众、为群众排忧解难的新途径，成为发扬人民民主、接受人民监督的新渠道。当然，网络空间也是非常复杂的，特别是一些不稳定、不成型的价值观念，一些嘲讽、玩弄、批判、围攻主流意识形态的黄段子、黑段子和假信息，借助网络载体广泛流传，在思想内容和话语体系上构成了对主流意识形态和核心价值观的消解力量。

---

❶ 习近平治国理政：第 2 卷［M］．北京：外文出版社，2017：355.

网络文化这种复杂的现实一定程度上消解马克思主义在我国的指导地位，加之西方意识形态的渗透与入侵，给我国网络意识形态安全的维护带来严峻挑战。习近平总书记指出："网络空间是亿万民众共同的精神家园。网络空间天朗气清、生态良好，符合人民利益。网络空间乌烟瘴气、生态恶化，不符合人民利益。" ❶ 在这种情况下，将社会主义核心价值观融入网络空间并发挥其对网络文化的引领作用，有利于弘扬主旋律，有效防范各种诋毁主流意识形态的杂音和西方敌对意识形态的渗透，提高网民的自我鉴别能力，壮大主流网络文化声音，促进网络主流文化的发展，引导网民积极培育和践行社会主义核心价值观，赢得网络意识形态斗争的主动权，维护网络意识形态安全。

把培育和践行社会主义核心价值观作为全社会的共同责任，还应该加强广大精神文化产品创作者的责任，使广大精神文化产品创作者做到春风化雨，润物无声，发挥精神文化产品潜移默化的作用，用栩栩如生的作品形象地告诉人们什么是应该肯定和赞扬的，什么是必须反对和否定的。值得注意的是，一些文化产品鱼龙混杂，质量参差不齐，更有许多品味低俗的文化产品夹在其中，甚至"黄赌毒"等沉渣泛起，极大地消解了社会主义核心价值观对网络文化作品的质量要求。这些粗俗或庸俗的文化作品，借助于便捷的媒体通道得以广泛传播，对于民众尤其是青少年产生了极为严重的消极影响，阻碍了社会主义核心价值观对我国民众精神生活引领作用的发挥。同时，值得高度警惕和防范的是，一些碎片化、快餐化、表面化的文化产品大量吞噬和挤压意识形态文化产品，减缩了主流文化的数量和范围，并通过改变主流文化作品的意义，误导大众对主流意识形态的理解，对社会主义核心价值观构成了极大冲击。因此，针对这些情况，要强化精神文化产品生产者的责任，运用各类文化形式，生动具体地表现社会主义核心价值观，高扬爱国主义主旋律，用生动的文学语言和光彩夺目的艺术形象，装点祖国的秀美河山，描绘中华民族的卓越风华，激发每个中国人的民族自豪感和国家荣誉感。对

❶ 习近平主持召开网络安全和信息化工作座谈会强调 在践行新发展理念上先行一步，让互联网更好造福国家和人民［N］.人民日报，2016-04-26.

第二章 市场经济发展与弘扬核心价值观

中华民族的英雄要心怀崇敬，浓墨重彩记录英雄、塑造英雄，让英雄在文艺作品中得到传扬，引导人民树立正确的历史观、民族观、国家观、文化观，绝不做亵渎祖先、亵渎经典、亵渎英雄的事情。因此，强化精神文化产品生产者的责任是要多抒写改革开放和社会主义现代化建设的蓬勃实践，激励全国各族人民朝气蓬勃迈向未来。

把培育和践行社会主义核心价值观作为全社会的共同责任，要深化群众性精神文明创建活动，把培育和践行社会主义核心价值观作为精神文明创建的根本任务。各类精神文明创建活动要在突出社会主义核心价值观的思想内涵上求实效。推进文明城市、文明村镇、文明单位、文明家庭等创建活动，开展全民阅读活动，不断提升公民文明素质和社会文明程度。广泛开展美丽中国建设宣传教育。开展礼节礼仪教育，在重要场所和重要活动中升挂国旗、奏唱国歌，在学校开学、学生毕业时举行庄重简朴的典礼，完善重大灾难哀悼纪念活动，使礼节礼仪成为培育社会主流价值的重要方式。加强对公民文明旅游的宣传教育、规范约束和社会监督，增强公民旅游的文明意识。特别是培育和践行社会主义核心价值观要从家庭做起，大力加强家庭文明建设，深入开展文明家庭创建，发扬光大中华民族传统美德，重视做好家庭教育，传承良好家风家训，形成爱国爱家、相亲相爱、崇德向善、共建共享的社会主义家庭文明新风尚。教育引导广大青少年树立远大志向、培育美好心灵，勤学、修德、明辨、笃实，扣好人生第一粒扣子，打牢思想之基、价值观之基。同时，深化学雷锋志愿服务活动。大力弘扬雷锋精神，广泛开展形式多样的学雷锋实践活动，采取措施推动学雷锋活动常态化。以城乡社区为重点，以相互关爱、服务社会为主题，围绕扶贫济困、应急救援、大型活动、环境保护等方面，围绕空巢老人、留守妇女儿童、困难职工、残疾人等群体，组织开展各类形式的志愿服务活动，形成我为人人、人人为我的社会风气。把学雷锋和志愿服务结合起来，建立健全志愿服务制度，完善激励机制和政策法规保障机制，把学雷锋志愿服务活动做到基层、做到社区、做进家庭。最后，除了做到如上几点，要特别注重广泛开展各种道德实践活动。培育和践行社会主义核心价值观，道德养成是目的。"知者行之始，行者知之成。"因而，必须使社会主义核心价值观融入社会生活，让它的影响像空气一样无所不在、无时不有，把社会主义核心价值观与人们日常生活紧密联系起来，在落细、落小、落实上下功夫，使人们在实践中感知它、领悟它，达到"百姓日用而不知"的程度。按照社会主义核心价值观的基本要求，健全各行各业规章制度、行为准则，使社会主义核心价值观成为人们日常工作生活的基本遵循。建立和规范礼仪制度，组织开展形式多样的纪念庆典活动，传播主流价值，增强人们的认同感和归属感。把社会主义核心价值观的要求融入各种精神文明创建活动之中，利用各种时机和场合，形成有利于培育和弘扬社会主义核心价值观的生活情景和社会氛围。大力宣传先进典型，评选表彰道德模范，形成学习先进、争当先进的浓厚风气。道德模范是有形的正能量，是鲜活的价值观，是道德实践的榜样。要深入开展道德模范宣传学习活动，创新形式，注重实效，把道德模范的榜样力量转化为亿万群众的生动实践，在全社会形成崇德向善、见贤思齐、德行天下的浓厚氛围。深化公民道德宣传日活动，组织道德论坛、道德讲堂、道德修身等活动。加强政务诚信、商务诚信、社会诚信和司法公信建设，开展道德领域突出问题专项教育和治理，完善企业和个人信用记录，健全覆盖全社会的征信系统，加大对失信行为的约束和惩戒力度，在全社会广泛形成守信光荣、失信可耻的氛围。同时，把开展道德实践活动与培育廉洁价值理念相结合，营造崇尚廉洁、鄙弃贪腐的良好社会风尚。

把培育和践行社会主义核心价值观作为全社会的共同责任，要特别注重凝聚社会共识。深入开展中国特色社会主义和中国梦宣传教育，不断增强人们的道路自信、理论自信、制度自信、文化自信。深入研究社会主义核心价值观的理论和实际问题，深刻解读社会主义核心价值观的丰富内涵和实践要求，为实践发展提供学理支撑。加强社会思潮动态分析，强化社会热点难点问题的正面引导，尊重差异中扩大社会认同，在包容多样中形成思想共识。要强化教育引导、实践养成、制度保障，把社会主义核心价值观融入社会发展各方面，引导全体人民自觉践行。培育和践行社会主义核心价值观，要在全社会深入开展理想信念教育，开展习近平新时代中国特色社会主义思想宣传教育，认清并引导各种社会思潮，理直气壮地批判和抵制西方宣扬的普世价值，不断增强道路自信、理论自信、制度自信、文化自信，把全国各族人民紧紧团结和凝聚在习近平新时代中国特色社会主义思想伟大旗帜之下。特别是在历史虚无主义思潮猖狂的情况下，要发挥重要节庆日传播社会主义核心价值观的独特优势，发掘各种重要节庆日、纪念日蕴藏的丰富教育资源，利用"五四""七一""八一""十一"等政治性节日，"三八""五一""六一"等国际性节日，党史国史上重大事件、重要人物纪念日等，举办庄严庄重、内涵丰富的群众性庆祝和纪念活动，用党和国家成功举办大事、妥善应对难事的时机，因势利导地开展各类教育活动。要开展革命传统教育，加强对革命传统文化时代价值的阐发，发扬党领导人民在革命、建设、改革中形成的优良传统，弘扬民族精神和时代精神。同时，凝聚社会共识，把培育和践行社会主义核心价值观的任务落实到基层。城乡基层是培育和践行社会主流价值的重要依托，农村、企业、社区、机关、学校等基层单位要重视社会主义核心价值观的培育和践行，使之融入基层党组织建设、基层政权建设中，融入城乡居民自治中，融入人们生产生活和工作学习中，努力实现全覆盖，推动社会主义核心价值观不断转化为社会群体意识和人们自觉行动。同时，也要充分发挥工人、农民、知识分子的主力军作用，发挥党员、干部的模范带头作用，发挥青少年的生力军作用，发挥社会公众人物的示范作用，发挥非公有制经济组织和新社会组织从业人员的积极作用，形成人人践行社会主义核心价值观的生动景象。

需要特别强调的是，把培育和践行社会主义核心价值观作为全社会的共同责任，要形成一种全党动手、全社会参与，把培育和践行社会主义核心价值观同各领域的行政管理、行业管理和社会管理结合起来，齐抓共管的工作格局。党员、干部特别是领导干部要在培育和践行社会主义核心价值观方面带好头，以身作则、率先垂范，讲党性、重品行、作表率，为民、务实、清廉，以人格力量感召群众、引领风尚。加强理想信念教育，引导党员、干部着力增强走中国特色社会主义道路、为党和人民事业不懈奋斗的自觉性和坚定性，做共产主义远大理想和中国特色社会主义共同理想的坚定信仰者。加强党性教育，引导党员、干部贯彻党的群众路线，弘扬党的优良传统和作风，以优良党风促政风带民风。

加强道德建设，引导党员、干部始终保持高洁生活情趣，坚守共产党人精神追求。党政各部门，工会、共青团、妇联等人民团体，要在党委统一领导下，加强沟通、密切配合，形成共同推进社会主义核心价值观培育和践行的良好局面。各地区、各部门、各单位要制订实施方案，落实工作责任制，明确任务分工，完善工作措施。重视发挥民主党派和工商联的重要作用，支持民主党派和工商联开展培育和践行社会主义核心价值观的各项工作。加强同知识界的联系，引导知识分子用正确观点阐释和传播社会主义核心价值观。党委宣传部门要切实担负起组织指导、协调推进的重要职责，积极会同有关部门采取有力措施，推动各项任务落到实处，而党员、干部要做培育和践行社会主义核心价值观的模范。

总而言之，在新时代发展社会主义市场经济过程中，面对世界范围思想文化交流、交融、交锋形势下价值观较量的新态势，面对改革开放和发展社会主义市场经济条件下思想意识多元、多样、多变的新特点，积极培育和践行社会主义核心价值观，对于巩固马克思主义在意识形态领域的指导地位、巩固全党全国人民团结奋斗的共同思想基础，对于促进人的全面发展、引领社会全面进步，对于集聚全面建成小康社会、实现中华民族伟大复兴中国梦的强大正能量，具有重要现实意义和深远历史意义。社会主义核心价值观深刻回答了我们要建设什么样的国家、建设什么样的社会、培育什么样的公民等重大问题，指明了先进文化的前进方向。我们应该在深入把握其丰富内涵和鲜明特征的基础上，把培养担当民族复兴大任的时代新人作为工作的着眼点，在全社会大力培育和践行社会主义核心价值观，使它转化为人们的情感认同，转化为人民群众的自觉行动，转化为实现中华民族伟大复兴的强大精神动力。党的十九大报告提出："要强化教育引导、实践养成、制度保障，发挥社会主义核心价值观对国民教育、精神文明创建、精神文化产品创作生产传播的引领作用，把社会主义核心价值观融入社会发展各方面，转化为人们的情感认同和行为习惯。" ❶ 培育和践行社会主义核心价值观是一个潜移默化

❶ 习近平.决胜全面建成小康社会　夺取新时代中国特色社会主义伟大胜利——在中国共产党第十九次全国代表大会上的报告［N］.人民日报，2017-10-28.

的过程，也是全社会的共同责任，不能急于求成，要切实把社会主义核心价值观贯穿于社会生活方方面面，要通过教育引导、舆论宣传、文化熏陶、实践养成、制度保障等，在各个层面、各个领域去努力培育和践行社会主义核心价值观。这样才能使社会主义核心价值观内化为人们的精神追求，外化为人们的自觉行动。

市场经济发展与坚定文化自信

深入思考新时代社会主义市场经济发展的文化向度及其建设，还应该深入把握坚定文化自信在新时代市场经济发展中的战略地位及建设策略。文化自信是指一个民族、一个国家、一个政党对自身文化价值的充分肯定和积极践行，是指对自身文化的生命力有坚定的信心。文化是一个国家、一个民族的灵魂。文化自信是一个国家、一个民族发展中更基本、更深沉、更持久的力量，更是新时代社会主义市场经济发展的深层支撑。文化兴国运兴，文化强民族强。在发展社会主义市场经济过程中没有高度的文化自信，就没有社会主义市场经济的持续健康发展，更不可能实现社会主义强国建设的战略目标。对此，在发展市场经济过程中必须充分坚定文化自信的必要性，必须坚持中国特色社会主义文化前进方向，必须坚持中国特色社会主义文化发展道路，必须以高度文化自信助力社会主义文化强国。

第一节 发展市场经济过程中要坚定文化自信

在新时代社会主义市场经济发展和完善过程中正确处理经济发展与思想文化建设的关系，就要高度重视和做好坚定文化自信的工作。新时代坚定文化自信，既是由社会主义市场经济发展的现实决定的，也是由文化自信的重要性决定的，更是由当前我国文化建设面临的境遇决定的，同时也是我国发展取得辉煌成就的必然要求。

社会主义市场经济的发展现实，特别是随着社会主义市场经济发展过程中产生的一些不良思想文化现象，决定了在发展市场经济过程中要坚定文化自信，自觉抵制各种不良社会思潮对主流思想文化的冲击，使人们形成良好的思想风貌，坚定对主流思想文化的信心、对优秀传统文化的坚守，对西方腐朽思想文化的防范。随着中国特色社会主义进入新时代，我国社会主要矛盾已经转化为人民日益增长的美好生活需要和不平衡不充分的发展之间的矛盾。在新的发展阶段，人民对美好生活的需要日益广泛，对文化生活和文化产品的质量、品位、风格等提出了更高的要求，更加期待好看的电影、电视剧、图书、戏曲，更加要求讲道德、尊道德、守道德的生活，更加盼望社会风气和文明风尚的提升。然而与这种期待和要求形成鲜明对比的是，社会主义市场经济的发展现实，由于社会主义市场经济发展的复杂性，产生了一些不良思想文化现象，特别是在社会深刻变革和对外开放不断扩大的条件下，各种社会矛盾和问题相互叠加集中呈现，人们思想观念的独立性、差异性、多样性、多变性日益加强，马克思主义一元化指导思想面临多样化社会思潮的挑战日益凸显，社会主义核心价值观面临市场逐利性的挑战日益凸显，传统的宣传管理方式面临迅猛发展的新媒体的挑战日益凸显，我国在走近世界舞台中央过程中面临各种敌对势力的遏制和渗透的挑战日益凸显。尤其在社会主义市场经济发展过程中，思想道德领域出现了一些不容忽视的现象，如一些人理想信念不坚定，一些腐朽落后的思想文化沉渣泛起，拜金主义、享乐主义、极端个人主义有所滋长，等等。特别是要看到，西方反华势力利用其掌握的网络资源和技术优势，鼓吹所谓"网络自由"，加紧通过互联网对我国进行意识形态渗透，妄图以此扳倒中国。境内外敌对势力在网上相互呼应，制造大量混淆视听的负面舆论，恶意抹黑中国的国家形象、政府形象和社会基本面。尽管他们打着种种冠冕堂皇的旗号，但其目的就是要同我们党争夺阵地、争夺人心、争夺群众，最终推翻中国共产党的领导和中国特色社会主义制度。如果听任这些言论大行其道，势必搞乱党心民心，危及社会和谐稳定和国家政权安全，决不能掉以轻心。在如上这些情况下，在新时代进一步推动社会主义市场经济的发展和完善，自觉抵制在发展社会主义市场经济过程中产生的一些不良思想文化现象，坚定对主流思想文化的信心、增强对优秀传统文化的坚守，加强对西方腐朽思想文化的防范，就应该进一步坚定民众对我国主流思想文化的自信，更好满足人民群众的文化需求，才能有效应对各种复杂局面和风险考验，更好服务党和国家工作大局，增强党、国家和民族的凝聚力、向心力。

文化自信对一个国家、民族的重要性，也决定了在新时代社会主义市场经济发展和完善过程中要坚定人们的文化自信。人无精神不立，国无精神不强。精神是一个民族赖以长久生存的灵魂，唯有在精神上达到一定的高度，这个民族才能在历史的洪流中屹立不倒、奋勇向前。自信，是一种发自内心的自我肯定，是一种促成目标达成、理想实现、梦想成真的精神力量。文化自信，是一个政党、民族、国家对自己文化价值的充分肯定和对自身文化生命力的坚定信心。一个国家、一个民族、一个政党如果没有文化自信，就会失去基础和灵魂。党的十八大以来，习近平总书记在不同的场合多次讲到文化自信。特别是 2016 年 7 月 1 日，在庆祝中国共产党成立 95 周年大会的讲话中，习近平总书记指出："全党要坚定道路自信、理论自信、制度自信、文化自信。""文化自信，是更基础、更广泛、更深厚的自信。在 5000 多年文明发展中孕育的中华优秀传统文化，在党和人民伟大斗争中孕育的革命文化和社会主义先进文化，积淀着中华民族最深层的精神追求，代表着中华民族独特的精神标识。"❶ 文化自信是更基础、更广泛、更深厚的自信。这三个"更"，凸显了"文化自信"在"四个自信"中的地位，而让国人"自信"的"文化"至少包括三个层面：中华优秀传统文化、革命文化、社会主义先进文化。坚定文化自信，是事关国运兴衰、事关文化安全、事关民族精神独立性的大问题。历史和现实都表明，无论哪一个国家、哪个民族，如果没有自己的精神独立性，如果丢掉了思想文化这个灵魂，那政治、思想、制度等方面的独立性就会被釜底抽薪，这个国家、这个民族不仅不可能发展起来，而且很可能上演一幕幕历史悲剧。中华民族素有文化自

❶ 习近平在庆祝中国共产党成立 95 周年大会上的讲话［N］. 人民日报，2016-07-02.

信的气度，不论经历多少战乱、苦难，中国人从来没有失掉过自信。正是有了对民族文化的自信心和自豪感，中华民族才能在漫长的历史长河中保持自己、吸纳外来，形成了独具特色、辉煌灿烂的中华文明，并长期走在世界前列。文化的核心和灵魂是价值理念，而发展道路、发展模式则是价值理念的集中体现。因而，只有引导人们对自己的文化保持坚定的信心，才能获得坚持坚守的从容，鼓起奋发进取的勇气，焕发创新创造的活力。

当前我国文化建设面临的境遇，决定了在新时代社会主义市场经济发展和完善过程中要坚定人们的文化自信。随着中国特色社会主义进入新时代，我们从来没有像今天这样更接近、更有信心和能力实现中华民族伟大复兴，然而实现中华民族的伟大复兴绝不可能是轻轻松松、敲锣打鼓就能实现的，而是需要在发展社会主义市场经济的过程中，进一步加强思想文化建设，巩固全国各族人民团结奋斗的共同思想基础，坚定人们对主流思想文化的自信。就当前看，加强思想文化建设在前进道路上不可能一帆风顺，肯定会遇到这样那样的困难。从国际看，围绕发展模式和价值观的竞争日益凸显，各种思想文化交流、交融、交锋日趋频繁，意识形态领域渗透与反渗透的斗争尖锐复杂。伴随着中国举世瞩目的发展进步，中国发展模式的影响也日益扩大，尽管国际社会对中国发展道路和发展模式的理性认识逐步加深，但西方一些势力虽然不得不承认中国的经济成就，但从来没有也不可能认可中国的政治制度，他们仍然在"唱衰"中国，"中国威胁论""中国崩溃论"等论调不绝于耳。这些不良言论影响到民众对中国社会发展的信心，特别是影响到我们对自己的发展道路、发展理念和发展方式的坚守。随着我国经济社会的持续发展，中国特色社会主义制度的优越性不断彰显。但我们也要清醒地认识到，意识形态领域斗争依然复杂。特别是近年来，伴随经济全球化的不断推进和信息化的不断发展，意识形态领域斗争的环境与条件发生了明显变化，传统的信息传播方式受到新媒体的挑战，社会主义意识形态的主导地位受到各种社会思潮的挑战，如何掌握意识形态工作领导权日益成为摆在我们面前的重大时代课题。站在新的历史方位上，我们要深入学习贯彻习近平总书记关于文化自信的重要论述，深化马克思主义理论研究和建设，旗帜鲜明反对和抵制各种错误观点，树立坚定的文化自信，不断加强思想文化建设。特别是国际舆论格局仍然是西强我弱，西方主要媒体左右着国际舆论，我们往往还处于有理说不出、说了传不开的境地，存在着信息流进流出的"逆差"、中国真实形象和西方主观印象的"反差"、软实力和硬实力的"落差"，我国将长期面对西方遏制、促变的压力，因而也决定了我们应该坚定文化自信，坚守住我们自己的发展理念、发展模式，特别是坚守住我们的中国特色社会主义文化。在当代社会舆论已经形成的巨大场域，各种意识形态纷纷在这场域中展开竞争，争取舆论力量对自己的支持。各种各样的舆论时起时伏，一些明显错误的舆论导向也在影响少部分人。面对这些思想文化境遇，只有科学分析形势，深入研究问题，坚定人们的文化自信，才能有效破解文化发展道路上遇到的各种难题。特别是在发展社会主义市场经济过程中，一些西方新自由主义思潮的盛行，夹杂着西方的价值观念在不断对民众进行渗透，必须引起我们的警惕。新自由主义思潮以个人主义为理论基础，在经济上主张市场万能、彻底私有化、全球自由化和福利个人化，在政治上反对社会主义制度、鼓吹多党制。特别是一些文化工作者把作品在国外获奖作为最高追求，跟在别人后面亦步亦趋、东施效颦，热衷于"去思想化""去价值化""去历史化""去中国化""去主流化"，是没有前途的。在这种情况下，就要认清新自由主义思潮等西方错误思潮的真面目，大力加强思想文化建设，在新时代社会主义市场经济发展和完善过程中要坚定人们的文化自信，自觉坚决抵制以新自由主义思潮为代表的西方错误思潮，巩固马克思主义在意识形态领域的主导地位。

在新时代社会主义市场经济发展和完善过程中要坚定文化自信，源于党领导人民进行的伟大革命、建设和改革实践，源于我国经济社会发展取得的辉煌成就。我们党在革命、建设和改革各个时期，都坚持从中国国情出发，结合时代条件，注重总结我们党自身的文化实践活动的经验，并高度自觉地把这些经验用以指导不断发展的实践。经过长期的艰苦奋斗，形成了中国特色社会主义文化发展道路，这是我们党探索建设先进文化实践中取得的最重要成果。早在革命年代，我们党就把荡涤封建文化、建设民族的科学的大众的新民主主义文化作为自己的文化纲领，并创造出以延安革命文化为代表的根据地文化。在那一时期，毛泽东同志特别重视发挥文化文艺战线的重要作用，提出了许多关于文化建设的重要观点，如"任何社会没有文化就建设不起来"，文化建设的目标就是要建立"民族的科学的大众的文化""中华民族的新文化""反帝反封建的新民主主义文化"等。以这些观点为指导，中国共产党人展开了卓有成效的文化活动，为中国革命的胜利发挥了重要作用，也为中国特色社会主义文化道路的探索创造了条件。中华人民共和国成立后，我们党对文化建设进行了深入探索。在领导社会主义文化建设的过程中，党明确了坚持马克思主义辩证唯物史观的指导思想，先后提出了社会主义文化为工农兵服务、为社会主义服务的根本方向和百花齐放、百家争鸣的"双百"方针，提出了科技革命和文化革命的要求，提出了"古为今用"和"洋为中用"等基本方针，兴起了文化建设的高潮。改革开放以来，我们党在文化战线和知识分子政策上实现了拨乱反正，迎来了社会主义文化繁荣发展的春天。党的十一届六中全会通过的《关于建国以来党的若干历史问题的决议》中就高度强调社会主义必须有高度的精神文明。党的十二大进一步把建设高度的社会主义精神文明确定为我国社会主义现代化建设的一个战略方针。党的十五大提出建设有中国特色社会主义文化的新命题，并把它作为党在社会主义初级阶段基本纲领的重要组成部分。党的十七届六中全会通过的《中共中央关于深化文化体制改革推动社会主义文化大发展大繁荣若干重大问题的决定》，提出了坚持中国特色社会主义文化发展道路、努力建设社会主义文化强国的战略任务，明确了新形势下推进文化改革发展的指导思想、重要方针、目标任务、政策举措，标志着中国特色社会主义文化发展道路的形成。从"五讲四美三热爱"活动、"创建文明城市"和军民共建文明村镇、文明街道等活动，到"五个一工程"奖评选活动、培育"四有"社会主义公民，再到推进社会主义核心价值体系建设、推动文化体制改革，在党中央的重视和领导下，社会主义文化建设取得丰硕成果，为城乡亿万人民提供了丰富多彩的精神食粮，为坚持和发展中国特色社会主义提供了强大精神力量。党的十八大以来，以习近平同志为核心的党中央高度重视文化建设工作，反复强调一刻也不能放松和削弱意识形态工作。习近平总书记就意识形态领域的方向性、根本性、全局性重大问题作出一系列重要论述和重大部署，指导和推动意识形态工作开创了崭新局面，主旋律更加响亮，正能量更加强劲，"四个意识"不断增强、"四个自信"更加坚定，党中央的权威地位更加巩固，习近平总书记作为全党的核心和党中央的核心得到全党全国人民的一致拥护和爱戴，全党全国人民奋斗的精神、革命的精神、干事创业的激情得到极大激发，马克思主义在意识形态领域的指导地位更加鲜明，全党全国人民思想上更加团结统一。习近平新时代中国特色社会主义思想作为党和国家必须长期坚持的指导思想，写入党章，载入宪法，为党、国家和人民提供了最强大的思想力量。回顾我国思想文化建设取得的辉煌成就，可以清晰地看到：中国特色社会主义文化发展道路，深刻揭示了我国文化发展规律，集中反映了党和国家发展对文化建设的新要求，对促进改革开放和社会进步发挥了不可替代的作用，符合我国基本国情，顺应时代发展潮流。这条道路来之不易、弥足珍贵，必须倍加珍惜、始终坚持、不断发展。因而坚定文化自信，我们有着充足的理由和底气。我们的文化自信，源于党领导人民进行的伟大革命、建设和改革实践，源于我们在思想文化建设取得的辉煌成就。特别是改革开放 40 多年来，我国经济社会快速发展，用几十年的时间走过了西方发达国家上百年历程，跃升为世界第二大经济体，创造了人类社会发展史上惊天动地的奇迹。尤其是党的十八大以来，在以习近平同志为核心的党中央坚强领导下，党和国家事业取得历史性成就、发生历史性变革，中华民族迎来了从站起来、富起来到强起来的伟大飞跃。同改旗易帜而导致社会主义制度消亡的一些国家相比，同深陷金融危机、债务危机而难以自拔的一些西方发达国家相比，同陷入发展陷阱和动乱危机的一些发展中国家相比，中国的发展道路越来越显示出"风景这边独好"。正如习近平总书记在建党 95 周年的讲话中指出的："当今世界，要说哪个政党、哪个国家、哪个民族能够自信的话，那中国共产党、中华人民共和国、中华民族是最有理由自信的。"❶ 因此，在新时代社会主义市场经济发展和完善过程中之所以要坚定人们的文化自信，源于党领

———————————

❶ 习近平在庆祝中国共产党成立 95 周年大会上的讲话［N］. 人民日报，2016-07-02.

导人民进行的伟大革命、建设和改革实践，源于我国思想文化建设取得的辉煌成就。

总而言之，在新时代社会主义市场经济发展和完善过程中，不论是为社会主义市场经济发展提供坚实的文化底气和信心，还是解决当前思想文化建设的现实境遇，抑或来自我国改革、发展和建设取得的伟大成就，都决定了要坚定文化自信，把坚定文化自信放在新时代发展社会主义市场经济的重要位置，放在中国特色社会主义文化建设的关键位置。也正是基于此，党的十八大以来，以习近平同志为核心的党中央高度重视社会主义文化建设，大力加强党对意识形态工作的领导，党的理论创新全面推进，马克思主义在意识形态领域的指导地位更加鲜明，中国特色社会主义和中国梦深入人心，社会主义核心价值观和中华优秀传统文化广泛弘扬，进一步深化文化体制改革，文艺创作持续繁荣，文化事业和文化产业蓬勃发展，互联网建设管理运用不断完善，人民群众精神文化生活更加丰富多彩。尤其是习近平总书记站在新时代坚持和发展中国特色社会主义的高度，围绕新时代以什么样的立场和态度对待文化、用什么样的思路和举措发展文化、朝着什么样的方向和目标推进文化建设以及什么是文化自信、怎样坚定文化自信等重大问题，作出一系列重要论述和重大部署。这些重要论述和部署，全面深刻地回答了我们党文化建设的地位作用、思想基础、价值内核、性质方向、科学内涵、根本保证等问题，使社会主义文化理论和当代的认识上升到了新境界。特别是把对中国特色社会主义道路、理论和制度的"三个自信"提升为包括文化在内的"四个自信"，进一步凸显了文化自信的重要性，把中国特色社会主义内涵从"三位一体"提升为"四位一体"，彰显了坚定文化自信对中国特色社会主义新胜利的重大作用，标志着我们党对中国特色社会主义认识的深化。坚定中国特色社会主义道路自信、理论自信、制度自信，说到底是坚定文化自信。文化体现的是深层次的精神追求和坚守。中国特色社会主义是实现中华民族伟大复兴的必由之路，不但要有坚定的道路、理论、制度自信，而且要有坚定的文化自信。坚定文化自信对于巩固全党全国人民团结奋斗的共同思想基础，实现"两个一百年"奋斗目标、实现中华民族伟大复兴的中国梦，具有极为深远的意义。

第二节　坚持中国特色社会主义文化前进方向

在新时代社会主义市场经济发展和完善过程中加强思想文化建设，坚定文化自信，首先要坚持正确的文化前进方向。这个文化方向，对于当代中国来说，就是中国特色社会主义文化前进方向。从历史发展的角度看，我们党一登上历史舞台，就高举马克思主义旗帜，高度重视运用先进文化引领前进方向、凝聚奋斗力量。在新民主主义革命时期，党提出了建设民族的科学的大众的新民主主义文化；中华人民共和国成立后，党提出了坚持"为人民服务、为社会主义服务"和"百花齐放、百家争鸣"等基本方针；改革开放以来，我们党不断深化对文化发展规律的认识，进一步回答了坚持什么样的文化方向、朝着什么样的目标迈进等重大问题，指明了我国文化建设的前进方向和发展路径，提出要建设面向现代化、面向世界、面向未来的，民族的科学的大众的社会主义文化。特别是江泽民在党的十五大报告中指出："建设有中国特色社会主义的文化，就是以马克思主义为指导，以培育有理想、有道德、有文化、有纪律的公民为目标，发展面向现代化、面向世界、面向未来的，民族的科学的大众的社会主义文化。"❶这条文化发展方向，是我们党长期领导文化建设实践经验的集中体现，是对我国文化发展规律的深刻揭示，符合我国基本国情，顺应时代发展潮流，反映了新形势下党和国家事业发展对文化建设的新要求。换言之，我们要建设的中国特色社会主义文化是怎样的一种文化？中国特色社会主义文化是什么性质的文化？简单地说，就是面向现代化、面向世界、面向未来的，民族的科学的大众的社会主义文化。党的十九大报告强调："结合当今时代条件，发展面向现代化、面向世界、面向未来的，民族的科学的大众的社会主义文化。"❷因此，在新时代发展社会主义市场经济过程中，以坚定正确的文化发展方向来为文化自信提供支撑，确保文化自信沿着正确的发展方向前进，从

❶　江泽民.高举邓小平理论伟大旗帜　把建设有中国特色社会主义事业全面推向二十一世纪［N］.人民日报，1997-09-19.

❷　习近平.决胜全面建成小康社会　夺取新时代中国特色社会主义伟大胜利——在中国共产党第十九次全国代表大会上的报告［N］.人民日报，2017-10-28.

主要的层面看，就是要坚持面向现代化、面向世界、面向未来的，民族的科学的大众的社会主义文化的前进方向。

一、坚持面向现代化面向世界面向未来的社会主义文化发展方向

坚定文化自信要坚持面向现代化的社会主义文化方向。面向现代化，就是文化建设要立足中国实际、为社会主义现代化建设服务。特别是中国特色社会主义进入新时代的情况下，我们从来没有像今天这样更接近、更有信心和能力实现中华民族伟大复兴。因而从这种意义上看，坚持面向现代化的社会主义文化前进方向，就应该面向中华民族实现伟大复兴的现实，为实现中华民族伟大复兴服务。邓小平同志曾经讲过："四个现代化就是中国最大的政治。"这是对历史和现实的深刻总结。从洋务运动起，中国就开始了对现代化的不懈探索。中华人民共和国成立后，党中央提出了"四个现代化"目标；改革开放以来，从"三步走"的战略目标，到"五位一体"的现代化建设总布局，再到"四个全面"战略布局，我们党团结带领人民不断谱写社会主义现代化建设的新篇章。党的十九大提出到2035年基本实现现代化，到21世纪中叶全面建成社会主义现代化强国。实现这一宏伟目标，需要充分发挥文化的作用，因为文化既是现代化强国建设的重要内容，又对经济发展和社会进步具有能动的反作用，可以提供强大的智力支持和精神力量。新时代，我们要立足现代化强国建设实践，在人民群众的伟大创造中进行文化的创造，在历史的进步中实现文化的进步。因而，从这种意义上看，坚定文化自信，就应该始终坚持面向现代化的社会主义文化，为社会主义现代化建设，全面建设社会主义现代化强国和实现中华民族伟大复兴，提供坚强的文化支撑。

坚定文化自信要坚持面向世界的社会主义文化方向。在当今人类社会发展中能否以开放的胸怀站在人类社会历史发展的前沿，能否吸纳世界各民族优秀的文化资源，这将决定着一个民族和国家的文化发展的未来。纵观人类文明史，任何一个国家、一个民族都是在承先启后、继往开来中走到今天的，世界是在人类各种文明交流交融中成为今天这个样子的。中华文化之所以生生不息、经久不衰，就在于具有博采众长、兼

收并蓄的传统。历史上，虽然我们也有过封闭时期，有过闭关锁国、抱残守缺的教训，但开放包容、兼收并蓄始终是中华文化发展的主流。例如，一些文化研究者普遍认为，战国时期，汉族与周边少数民族文化的融合带来了中华文化的第一次繁荣；从隋唐至宋明，佛教文化与儒家、道家文化的融合造成了中华文化的第二次昌盛。其实，通过历史我们也会发现，丝绸之路的开辟，遣隋遣唐使大批来华，法显、玄奘西行取经，郑和七下远洋，等等，都是中外文明交流互鉴的生动事例。今天，对人类社会创造的各种文明，我们都应该学习借鉴，积极吸纳其中的有益成分，使人类创造的一切文明中的优秀文化基因与当代文化相适应、与现代社会相协调，把跨越时空、超越国度、富有永恒魅力、具有当代价值的优秀文化精神弘扬起来。这种学习借鉴，关键是立足于本国本民族实际，以我为主、为我所用，取长补短、择善而从，而不是囫囵吞枣、莫衷一是。因而，从这种意义上看，坚定文化自信，就是应该始终坚持面向世界的眼光，积极吸收和学习借鉴世界各民族的优秀文化。

坚定文化自信要坚持面向未来的社会主义文化方向。社会主义文化不仅应该立足中国社会主义现代化建设实践和吸收借鉴人类优秀的文明成果，同时还应该是面向未来的文化。面向未来，就是要求文化建设与时俱进、不断创新，对自身的生命力和前景充满信心。改革开放以来，我们成功开创了中国特色社会主义事业，为文化建设提供了坚实基础。随着经济发展和社会进步，我国文化正迎来一个繁荣兴盛的黄金期。面向未来，我们要把握好世界发展大势，把握好经济社会发展对文化建设的新要求，把握好人民群众对文化生活的新期待，汇聚各个方面文化创造的积极性，努力实现文化发展的新跨越。同时还要看到，当今时代，网络技术孕育了具有信息时代特征的文化形态、文化样式，极大提高了文化产品创作生产的效率，极大地丰富了文化产品和服务的领域、内容。必须顺应网络化信息化时代潮流，抓住难得机遇，把互联网作为传播先进文化、提供公共文化服务、丰富精神文化生活的新阵地新平台，努力建设中国特色网络文化，为我国文化发展注入新动力、开辟新领域。因而，从这种意义上看，坚定文化自信，就应该立足人类社会发展乃至中国特色社会主义事业发展的客观要求，不断地推进文化的发展创新，发展面向未来的社会主义文化。

二、坚持民族的科学的大众的社会主义文化发展方向

在新时代发展社会主义市场经济过程中，坚定文化自信，不仅要有从文化发展的姿态上坚持面向现代化、面向世界、面向未来的社会主义文化，还应该从文化发展的样态上坚持民族的科学的大众的社会主义文化。这是坚持先进文化前进方向最为根本的要求，也是坚定文化自信的必然要求。

坚定文化自信应该坚持民族的社会主义文化方向。任何一个民族的文化既有共性，也有个性。共性即人性，个性即民族性。每一个国家和民族的文明都扎根于本国本民族的土壤之中，都有自己的本色、长处、优点。苏格拉底曾说，"每个人身上都有太阳"，孟子也说过，"物之不齐，物之情也"。正因为不同文明各有千秋、各具特色，才使得这个世界姹紫嫣红，中华文明五千多年来一脉相承、从未中断，一直延续到今天，不仅为中华民族生生不息、发展壮大提供了丰厚滋养，也为人类文明进步作出了独特贡献。中国特色社会主义文化，就是绵延至今的中华文化的"接续"和提升，具有鲜明的民族性。这是我们发展社会主义文化的深厚底蕴和独特优势，任何时候都不能丢。历史和现实告诉我们，国家要独立，不仅政治上、经济上要独立，思想文化上也要独立。如果丧失文化的民族特色，结果只能是亦步亦趋，变成别人的附庸。特别是在经济全球化和我国对外开放不断扩大的情况下，坚定文化自信，我们更应该保持中华文化的特色，更应该体现中华民族精神。

坚定文化自信应该坚持科学的社会主义文化方向。科学性是社会主义文化的鲜明特征，它揭示的是社会主义文化的先进性，体现于中国特色社会主义文化的方方面面。中国社会主义文化的科学性，源于它反映了先进生产力发展的客观要求，反映了人民大众的需求，代表了先进文化的前进方向；源于它遵循文化自身发展规律，坚持实事求是、与时俱进、不断创新，以科学的态度对待传统文化和外来文化；源于马克思主义的真理性，这是社会主义文化科学性的根本所在。新时代坚定文化自信，就要把握文化建设的内在规律，构建科学合理的文化发展格局，转

变发展方式、提高文化发展质量和效益；就要把握文化发展的阶段性、多样性和长期性，坚持弘扬主旋律和提倡多样化相统一，在多元中立主导，在多样中谋共识；就要用习近平新时代中国特色社会主义思想武装全党、指导实践、推动工作，不断赋予当代中国马克思主义更加鲜明的时代特色、实践特色、理论特色、民族特色。

坚定文化自信就应该坚持大众的社会主义文化方向。人民立场是马克思主义政党最根本的政治立场。我们党的根基在人民、力量在人民，党的一切奋斗都是为了人民。人民群众需要文化，文化更需要人民群众。人民群众是推动历史进步的主体，不仅是物质财富的创造者，也是精神文化的创造者。追溯文化的起源，无论是作为观念形态的价值理念、道德情操，还是作为艺术形式的音乐舞蹈、书法绘画、诗词歌赋，文化都源自人民群众的生产生活，人民群众才是历史的真正英雄。中国特色社会主义文化，就是"以人民为中心"的文化，人民群众共建共享是最鲜明的特征。进入新时代，人民群众对实现自身文化权益的要求越来越高，对丰富精神文化生活的期待越来越热切。特别是党的十九大报告作出"中国特色社会主义进入新时代，我国社会主要矛盾已经转化为人民日益增长的美好生活需要和不平衡不充分的发展之间的矛盾"的重大政治判断，并强调"创造更多物质财富和精神财富以满足人民日益增长的美好生活需要"。❶ 文化既是凝聚人心的精神纽带，又是增进民生福祉的关键因素。如果没有精神文化生活的充实，就不可能有真正幸福的人生和美好的生活。可以说，衡量美好生活，文化是一个重要尺度，是一个显著标志。改革开放以来，我国人民生活显著改善，从温饱到总体小康，不久将实现全面小康。随着生活水平不断迈上新台阶，人民对美好生活的向往越来越强烈，对精神文化生活需求也越来越突出。这就要求我们始终牢牢坚持以人民为中心的工作导向，把实现好维护好发展好人民群众根本利益作为文化建设的出发点和落脚点，更加准确地把握群众需求，更加精准、更高质量地提高精神文化产品供给水平。坚定文化自信，就

第三章　市场经济发展与坚定文化自信

---

❶ 习近平.决胜全面建成小康社会　夺取新时代中国特色社会主义伟大胜利——在中国共产党第十九次全国代表大会上的报告［N］.人民日报，2017-10-28.

要更好地适应人民日益增长的美好生活需要，促进国民素质和社会文明程度达到新的高度，让人民精神文化生活更丰富，基本文化权益保障更充分，文化获得感、幸福感更充实。

总而言之，在新时代社会主义市场经济发展和完善过程中处理好经济发展与思想文化建设之间的关系，特别是把坚定文化自信放在突出位置，就应该坚持正确的文化前进方向。坚持什么样的方向，建设什么样的文化，这决定文化的性质，也决定着文化发展的前途。随着中国特色社会主义进入新时代，在新时代发展社会主义市场经济过程中坚定文化自信，我们要时刻注视国内外形势的变化，紧密结合我国社会生产力的最新发展和经济体制的深刻变革的实际，紧密结合人民群众对物质文化生活提出的新的发展要求，紧密结合我们党员干部队伍发生的重大变化，来深入思考如何坚持什么样的文化前进方向和如何坚持文化前进方向的重大问题。对于当代中国来说，我们要建设的文化是社会主义的文化，在这个最为根本的方向的基础上，从具体方向来说，面向现代化、面向世界、面向未来的，民族的科学的大众的社会主义文化，这是在新时代社会主义市场经济条件下坚定文化自信必须坚持的文化方向。

第三节　坚持中国特色社会主义文化发展道路

在新时代发展社会主义市场经济过程中，坚定文化自信，不仅要坚持社会主义文化的前进方向，也必须坚持正确的文化发展道路。道路决定命运。这个正确的文化发展道路就是中国特色社会主义文化发展道路。马克思主义告诉我们，经济基础决定上层建筑，文化是特定社会政治经济状况的反映，总是在特定的社会条件下存在和发展的。独特的制度、独特的传统、独特的国情，决定了我们必须走中国特色社会主义文化发展道路，而不是其他什么道路。以坚持中国特色社会主义文化发展道路来支撑文化自信具有坚实的实践基础和客观的必然性。

坚定文化自信之所以要坚持中国特色社会主义文化发展道路是由我

国社会制度、发展道路和党的性质宗旨决定的。"履不必同，期于适足；治不必同，期于利民。"一个国家走什么道路，是由这个国家的历史文化传统、经济社会发展水平等因素综合决定的。正像我们不能要求所有花朵都变成紫罗兰这一种花，不同文化传统、历史遭遇、现实国情的国家也不可能都采用同一种发展模式。我们党在团结带领人民进行革命、建设和改革的伟大进程中，成功开辟了中国特色社会主义道路，实现了经济社会的历史性进步，创造了生机勃勃的崭新文化。实践证明，中国特色社会主义道路，既是一条实现社会主义现代化、创造人民美好生活的正确道路，也是一条不断孕育先进思想文化的正确道路；中国共产党既是政治的先锋队，也是文化的先锋队。新时期我国文化发展方向和路径的选择、文化纲领和政策的制定，都是由我国社会主义制度、发展道路和党的性质、宗旨决定的。只有坚持中国特色社会主义文化发展道路，才能确保文化建设沿着正确方向前进，更好地推动社会主义文化发展，进而为坚定文化自信提供坚实支撑。

坚定文化自信之所以坚持中国特色社会主义文化发展道路是由中华民族的优秀历史文化传统决定的。中华优秀传统文化积淀着中华民族最深层次的精神追求，代表着中华民族最独特的精神标识，深刻影响着我国文化的未来发展。我们党始终是民族优秀传统文化的忠实传承者和弘扬者，在发展中国先进文化的过程中，坚持汲取优秀传统文化的精华，同时适应时代和实践的新发展，不断赋予中华文化以时代的青春活力。中国特色社会主义文化发展道路，就是高扬社会主义先进文化与传承民族优秀传统文化相结合的发展道路，就是植根民族历史文化沃土而又面向现代化、面向世界、面向未来的发展道路。只有坚持中国特色社会主义文化发展道路，才能把坚持和发展、继承和创新统一起来，使优秀传统文化成为发展先进文化的深厚基础，努力发展具有中国特色、中国风格、中国气派的社会主义先进文化。

坚定文化自信之所以坚持中国特色社会主义文化发展道路是由我国文化发展规律和人民群众根本意愿决定的。世界文化丰富多彩，每个民族和国家的文化都有自身的特性，从而形成了世界文化的多样性。只有认识文化的演进逻辑，把握其内在规律，才能开拓文化发展的广阔道路。党和国家事业属于人民、为了人民的根本方向，我们的基本国情和所处的发展阶段，决定了我国文化建设需要解决的矛盾和问题不同于其他国家，面临的任务和要求也不同于其他国家。中国特色社会主义进入新时代，我国社会主要矛盾已经转化，人民美好生活需要日益广泛，对精神文化生活有了新期待。这就要求我们，坚持中国特色社会主义文化发展道路，科学把握我国文化发展规律，以更加开阔的视野、更加前瞻的思路、更加有力的举措推进文化改革发展，进而坚定文化自信。

可见，坚持中国特色社会主义文化发展道路来支撑文化自信具有坚实的实践基础和客观的必然性。坚定文化自信，必须坚定不移地走中国特色社会主义文化发展道路，着力推动社会主义先进文化更加深入人心。只有这样，才能推动社会主义精神文明和物质文明全面发展，不断开创全民族文化创造活力持续迸发、社会文化生活更加丰富多彩、人民基本文化权益得到更好保障、人民思想道德素质和科学文化素质全面提高的新局面。从具体方面看，在坚定文化自信过程中坚定不移地走中国特色社会主义文化发展道路，还必须做到如下几个方面。

一、必须坚持马克思主义的思想指导

坚定文化自信过程中坚定不移地走中国特色社会主义文化发展道路，必须首先坚持马克思主义的思想指导。思想文化是文化的灵魂，决定着文化的性质和方向。马克思主义是人类思想文化发展的伟大成果，它揭示了人类社会历史发展的一般规律，指明了实现全人类解放的内在逻辑和基本途径，代表了世界文明发展和人类社会进步的正确方向。它以实现全人类彻底解放为最终的理想追求，符合最广大人民群众的根本利益，具有其他思想文化无可比拟的先进性和持久强大的生命力。中国共产党是马克思主义政党，因此，以马克思主义为指导是中国特色社会主义文化的根本特征。习近平总书记在庆祝中国共产党成立95周年大会上强调："在坚持马克思主义指导地位这一根本问题上，我们必须坚定不移，任何时候任何情况下都不能有丝毫动摇。"● 如果放弃了马克思主义的指导，中国共产党人就失去了政治灵魂和精神支柱，中国共产党领导中国人民进行的中国特色社会主义各项事业也就会失去指引。

马克思主义在与时俱进的过程中，形成了内涵丰富的中国化的马克思主义，这是文化自信的根本依靠。改革开放以来，中国共产党结合中国国情不断推进理论创新，形成了中国特色社会主义理论体系，包括邓小平理论、"三个代表"重要思想、科学发展观和习近平新时代中国特色社会主义思想。历史与现实证明，只有马克思主义理论，才能指引中国特色社会主义文化前进的方向，才能成为文化自信的根本依靠。马克思主义连同马克思主义中国化的所有理论成果一起，是中国共产党的立身之本，更是我们开展包括文化建设在内的一切工作和实践的行动指南。从现实看，当代中国主流与非主流思想相互激荡，正确与错误的思想互相交织，马克思主义在现实中有被边缘化的危险。社会主义苏联的一夜解体给出了深刻的教训；文化建设决不能离开马克思主义的指导，否则就会走向改旗易帜的邪路，社会主义现代化建设事业也会被葬送掉。因此，要不断发展马克思主义的当代理论与话语体系，持续推动马克思主义的传播和影响，用马克思主义占领意识形态阵地。尤其在新形势下，只有坚持以马克思主义为指导，用中国化的马克思主义引领文化建设，才能在纷繁复杂的社会意识和社会文化生态中，辨析主流和支流、区分先进与落后，有效引领各种社会思潮、抵御腐朽文化影响，不断巩固全党全国人民共同奋斗的共同思想基础。

因此，坚定文化自信过程中坚定不移地走中国特色社会主义文化发展道路，就要坚持以马克思主义为思想指导。这是中国特色社会主义文化的最鲜明特征，也是事关文化改革发展全局的根本性问题。特别是当前，我国社会思想更加多样、社会价值更加多元、社会思潮更加多变，凸显了以马克思主义为指导、以社会主义先进文化为引领的重要性和紧迫性。对此，坚定文化自信过程中坚定不移地走中国特色社会主义文化发展道路，坚持以马克思主义为思想指导，要坚持党对文化建设的领导，

● 习近平在庆祝中国共产党成立 95 周年大会上的讲话［N］. 人民日报，2016-07-02.

巩固马克思主义的指导地位。在党的坚强领导下，坚持用马克思主义中国化最新成果武装全党、教育人民，使中国特色社会主义理论体系深入人心，打牢社会主义先进文化的思想基础。我们只有坚持马克思主义的指导地位，为文化建设提供正确的理论指导，才能有效引领社会思潮，有力抵制各种错误和腐朽思想影响，不断巩固和壮大社会主义主流思想文化，确保文化改革发展始终沿着中国特色社会主义道路前进，才能更好地坚定我们的文化自信。

二、必须坚持为人民服务、为社会主义服务

坚定文化自信过程中坚定不移地走中国特色社会主义文化发展道路，除了要坚持马克思主义的思想指导这个根本的要求外，还应该坚持为人民服务、为社会主义服务。坚持为人民服务、为社会主义服务的方向，是我国社会主义制度对文化建设提出的本质要求，是中国特色社会主义文化必须担负的社会责任，更是社会主义市场经济健康发展的根本价值诉求。党的十九大报告提出："社会主义文艺是人民的文艺，必须坚持以人民为中心的创作导向，在深入生活、扎根人民中进行无愧于时代的文艺创造。"❶ 我国哲学社会科学要有所作为，同样必须坚持以人民为中心的研究导向，脱离了人民，哲学社会科学就不会有吸引力、感染力、影响力、生命力。要把满足人民精神文化需求作为文化建设的出发点和落脚点，把人民作为文化建设的主体，把为人民服务作为文化工作者的天职。坚持"二为"方向要做到文化发展为了人民。习近平总书记指出，文艺工作者要想有成就，就必须自觉与人民同呼吸、共命运、心连心。从人民的生活实际出发，反映人民群众的生活现状和现实情况，表达人民群众的理想、愿望和喜怒哀乐，这样的文化产品才会受到人民群众的欢迎，才有现实价值和生命力。相反，文艺一旦离开人民，就会变成无根的浮萍、无病的呻吟、无魂的躯壳。文化产品一旦离开人民的阅读、人民的收听、人民的观看，就没有了欣赏的对象、评鉴的主体、检验的

❶ 习近平.决胜全面建成小康社会　夺取新时代中国特色社会主义伟大胜利——在中国共产党第十九次全国代表大会上的报告［N］.人民日报，2017-10-28.

尺度，也就失去存在的意义。

　　坚持"二为"方向要做到文化发展依靠人民。人民生活是文学艺术的源头活水，是文学艺术取之不尽、用之不竭的创作源泉。文化工作者只有扎根人民，从人民群众建设中国特色社会主义伟大实践和丰富多彩的日常生活中汲取营养，发掘素材，获得灵感，才有可能创造出受到人民群众欢迎的精品佳作。人民是文化建设的主体力量，人民群众中蕴含着文化创造的巨大能量，要促进文化发展，就要努力为人民群众构建文化创造的机会，调动人民群众投身文化创造的热情，激发人民群众创造文化的伟力。只有这样才能真正实现新时代社会主义文化的繁荣兴盛。

　　坚持"二为"方向要做到文化发展成果由人民共享。党的十九大报告指出："满足人民过上美好生活的新期待，必须提供丰富的精神食粮。"[1]文化建设的基本任务和根本目的就是提供更多健康向上的文化产品和服务，满足人民的精神文化需求，促进人的全面发展。随着物质生活的逐步改善，丰富精神文化生活越来越成为人民的热切愿望，文化越来越成为改善民生不可或缺的内容，成为提高生活质量的显著标志。推进文化发展繁荣的根本目的就在于不断满足人民日益增长的文化需求，让人民共享文化发展的成果。

　　需要指出的是，坚持为社会主义服务是中国特色社会主义文化建设的性质。为社会主义服务，在今天就是为新时代中国特色社会主义服务，为实现"两个一百年"奋斗目标、实现中华民族伟大复兴的中国梦服务。社会主义事业是人民群众的事业，我国现阶段人民的根本利益和要求是建设中国特色的社会主义，因此，为人民服务和为社会主义服务的"二为"方向是统一的，两者紧密结合、相互补充，为中国特色社会主义文化繁荣兴盛提供了基本遵循。

　　因此，坚定文化自信过程中坚定不移地走中国特色社会主义文化发展道路，坚持为人民服务、为社会主义服务，就要坚持以人为本，充分发挥人民在文化建设中的主体作用，坚持文化发展为了人民、文化发展

---

　　[1] 习近平.决胜全面建成小康社会　夺取新时代中国特色社会主义伟大胜利——在中国共产党第十九次全国代表大会上的报告［N］.人民日报，2017-10-28.

依靠人民、文化发展成果由人民共享。中国特色社会主义文化是人民共建共享的文化，人民是推动社会主义文化大发展大繁荣最深厚的力量源泉。在推动文化发展繁荣中坚持以人为本，是我国社会主义制度的本质要求，也是我们党立党为公、执政为民理念的重要体现。我们要以满足人民精神文化需求、促进人的全面发展为根本目的，把满足人民基本文化需求作为社会主义文化建设的基本任务，鼓励创作生产更多人民群众欢迎的文化产品，让全社会文化创造活力竞相迸发，让文化发展成果惠及全体人民。

三、必须坚持百花齐放、百家争鸣

坚定文化自信过程中坚定不移地走中国特色社会主义文化发展道路，还必须坚持百花齐放、百家争鸣。这是坚持中国特色社会主义文化发展道路的必然要求，更是坚定文化自信的深层要求。"百花齐放、百家争鸣"的"双百"方针是以毛泽东同志为核心的第一代党的领导集体在尊重科学文化发展规律的基础上，对科学文化发展理论和机制的重要探索，确立的科学文化发展的重要原则。当代中国正经历着广泛而深刻的社会变革，正在进行着中华民族历史上最为宏大的实践创新，为社会主义文化繁荣兴盛提供了广阔空间。时代境遇使"双百"方针焕发出更加旺盛的生命力，成为新时代发展社会主义文化的强大动力。"双百"方针所蕴含的自由、民主与开放意识，对于发展中国特色社会主义的思想自由、文化民主，有着极大的促进作用。之所以要提倡"百花齐放、百家争鸣"，就是要从根本上保护中国文化的多样性，以及各种文化之间的相对独立性，尊重文化的自由发展与平等对话，使各种文化交相辉映，共同成为中国社会主义文化的基本元素。

落实"双百"方针，我们必须坚持和发扬学术民主、艺术民主，尊重差异，包容多样，营造积极健康、宽松和谐的氛围，提倡不同学术观点、不同风格学派平等讨论，提倡体裁、题材、形式、手段充分发展，推动观念、内容、风格、流派切磋互鉴。习近平总书记在文艺工作座谈会上指出："优秀作品并不拘于一格、不形于一态、不定于一尊，既要有阳春白雪、也要有下里巴人，既要顶天立地、也要铺天盖地。只要有正能量、有感染力，能够温润心灵、启迪心智，传得开、留得下，为人民群众所喜爱，这就是优秀作品。"❶ "双百"方针是促进团结的方针。文艺具有团结人民、教育人民的作用。文艺队伍自身也需要团结。只有百花齐放、百家争鸣，文艺工作者心情舒畅，直抒胸臆，自由选择适合个人风格、适合内容需要的表现手法，才能做到真正的团结。在各门类、各流派的文艺工作者之间，在文艺家与广大读者、观众、听众和评论家之间，都要提倡平等的、友好的讨论，提倡摆事实、讲道理，坚持真理，修正错误。在学术研究方面，要促进理论创新和知识创新，形成大胆探索、平等客观的学术争鸣，活跃学术空气，同时也要注意正确区分学术问题和政治问题，促进学术研究健康发展。

"双百"方针具有允许多样、鼓励竞争、体现包容的特点，而这些特点正是新时代文化创新必需的基本要素。只有形成导向正确、积极健康的文化环境，才能成就文化理想、实现文化价值；只有营造生动活泼、宽松和谐的文化氛围，才能焕发文化生命力、创造力。要提倡理论创新、文化创新、知识创新，提倡不同观点、不同风格、不同流派相互切磋、平等讨论，鼓励解放思想、大胆探索，尊重差异、包容多样，让文化创新精神竞相迸发、持续涌流。当然，我们讲尊重差异、包容多样，并不是无原则的尊重、无底线的包容，决不能让错误的东西、腐朽的东西、落后的东西滋生蔓延。要注意研究纷繁复杂的文化现象，辨析主流与支流、区分先进与落后、划清积极与消极，营造风清气正的文化生态。知识分子是文化建设的重要力量，要认真贯彻党的知识分子政策，加强团结、加强引导，最大限度发挥他们文化创造的积极性，最大限度把他们凝聚在党的周围。

因此，坚定文化自信过程中坚定不移地走中国特色社会主义文化发展道路，必须坚持百花齐放、百家争鸣。坚持"双百"方针，一方面能激发并充分发挥人民群众在社会主义文化建设中的主动性和创造性，有利于思想的碰撞与解放，为中华民族的伟大复兴提供更多的智力支持；

❶ 习近平．习近平在文艺工作座谈会上的讲话［N］．人民日报，2015-10-14.

第三章　市场经济发展与坚定文化自信

另一方面能使中国特色社会主义文化博采众长，保持中国文化的原创性、特殊性，使其在世界文化之林中独树一帜，为人类先进文明注入中国元素，进而更好地坚定文化自信。

四、必须坚持创造性转化、创新性发展

党的十九大报告提出要坚持中华文化的创造性转化、创新性发展。明确把坚持"两创"作为繁荣发展新时代中国特色社会主义文化的重要方针，与党长期坚持的"二为"方向、"双百"方针相衔接，是改革开放特别是党的十八大以来文化建设实践的理论概括和总结，进一步丰富了我们党推动社会主义文化繁荣兴盛的政策体系。2014年2月，习近平总书记在主持中共中央政治局第十三次集体学习时指出，弘扬中华优秀传统文化"要处理好继承和创造性发展的关系，重点做好创造性转化和创新性发展" ❶。创造性转化，就是要按照时代特点和要求，对那些至今仍有借鉴价值的内涵和陈旧的表现形式加以改造，赋予其新的时代内涵和现代表达形式，激活其生命力。创新性发展，就是要按照时代的新进步新进展，对中华优秀传统文化的内涵加以补充、拓展、完善，增强其影响力和感召力。实现传统文化的创造性转化，要使中华民族最基本的文化基因与当代文化相适应、与现代社会相协调，以人们喜闻乐见、有广泛参与性的方式推广开来；实现传统文化的创新性发展，必须把跨越时空、超越国度、富有永恒魅力、具有当代价值的文化精神弘扬起来，把继承优秀传统文化又弘扬时代精神、立足本国又面向世界的当代中国文化创新成果传播出去，让收藏在博物馆里的文物、陈列在广阔大地上的遗产、书写在古籍里的文字都活起来，让中华文明同世界各国人民创造的丰富多彩的文明一道为人类提供正确的精神指引和强大的精神动力。"两创"方针是传承中华优秀传统文化、推动当前文化繁荣发展的指南，充分反映了我们党的文化自觉、文化自信和文化担当。

坚持创造性转化、创新性发展，必须充分继承创新中华优秀传统文

❶ 习近平在中共中央政治局第十三次集体学习时强调　把培育和弘扬社会主义核心价值观作为凝魂聚气强基固本的基础工程[N].人民日报，2014-02-25.

化。文化自信必有其根源，任何文化都有其固有的根源。我们的文化自信，源于深厚的文化根脉和独特的文化优势。中华优秀传统文化是中华民族的文化根脉。在漫长的历史发展中，中华文化形成了独具特色、博大精深的价值观念和文明体系，形成了自己的独特风格和特有概念体系、表达方式，其中最核心的内容已经成为中华民族最基本的文化基因，成为有别于其他民族的独特标识。"求木之长者，必固其根本；欲流之远者，必浚其泉源。"抛弃传统、丢掉根本，就等于割断了自己的精神命脉。中华文明绵延数千年，有其独特的价值体系。中华文明为人类文明进步作出了不可磨灭的贡献。五千多年连绵不断、博大精深的中华文化，积淀着中华民族最深沉的精神追求，代表着中华民族独特的精神标识，是中华民族生生不息、发展壮大的丰厚滋养。包括儒家思想在内的中华传统思想文化中的优秀成分，对中华文明形成并延续发展几千年而从未中断，对形成和维护中国团结统一的政治局面，对形成和巩固中国多民族和合一体的大家庭，对形成和丰富中华民族精神，对激励中华儿女维护民族独立、反抗外来侵略，对推动中国社会发展进步、促进中国社会利益和社会关系平衡，都发挥了十分重要的作用。同时，中华优秀传统文化的丰富哲学思想、人文精神、教化思想、道德理念等，也蕴藏着解决当代人类面临的难题的重要启示，可以为人们认识和改造世界提供有益启迪，可以为治国理政提供有益启示，也可以为道德建设提供有益启发。可以说，中华优秀传统文化植根在中国人内心，潜移默化地影响着中国人的思想方式和行为方式。因而要以客观、科学、礼敬的态度对待中华优秀传统文化。第一，把握优秀传统文化的永恒价值，反对文化虚无主义。中华传统文化源远流长、博大精深，中华民族形成和发展过程中产生的各种思想文化，记载了中华民族在长期奋斗中开展的精神活动、进行的理性思维、创造的文化成果，反映了中华民族的精神追求，其中最核心的内容已经成为中华民族最基本的文化基因。中华优秀传统文化中很多思想理念和道德规范，不论过去还是现在，都有其永不褪色的价值。近代以来的一些思潮中，往往不加区分地把与传统文化有关的一切思想、一切事物都贴上落后、愚昧的标签。对于这种心态，我们固然应该认识到其中包含着的渴望国家富强和民族进步的迫切与焦虑，但事实上，如果从根本上割裂传统，也就斩断了我们自己的精神命脉。我们有必要认真整理中华传统文化这份厚重而复杂的遗产，以客观、科学、礼敬之心发现中华优秀传统文化中蕴含着的永恒价值。第二，坚持古为今用，反对简单复古。传承中华文化，绝不是简单复古，也不是盲目排外，而是古为今用、洋为中用，辩证取舍、推陈出新，摒弃消极因素，继承积极思想，"以古人之规矩，开自己之生面"，实现中华文化的创造性转化和创新性发展。要弄清中华优秀传统文化的源与流，把握文化发展的客观规律，继承好前人创造的一切优秀文化成果。第三，坚持继承弘扬与创新发展的协调统一，不忘历史才能开辟未来，善于继承才能善于创新。优秀传统文化是一个国家、一个民族传承和发展的根本，如果丢掉了，就割断了精神命脉。我们要善于把弘扬优秀传统文化和发展现实文化有机统一起来，紧密结合起来，在继承中发展，在发展中继承。如果没有继承，所谓的发展难免偏离理性的、历史规律的轨道，成为无本之木、空中楼阁；如果没有发展，所谓的继承难免流于孤芳自赏而裹足不前。

中华优秀传统文化是中华民族的突出优势。但必须看到，中华传统文化既有精华，也有糟粕。中华传统文化的历史局限性，中华传统文化中的落后、消极的因素同样不容忽视，如等级观念、重义轻利、男尊女卑、三从四德、愚忠愚孝等观念，就是束缚和阻碍中国社会进步的封建思想。即使中华传统文化中有些曾经推动了中国社会进步的优秀文化，随着时移世易，也可能与今天中国的社会主义市场经济、民主政治、先进文化、社会治理等不相适应，与当代人民群众的审美需求、生活方式等不相适应，需要调整、转化和完善。这就需要推动中华传统文化的创造性转化和创新性发展，而不能机械地移花接木，一股脑儿照搬过来。因此，要讲清楚中华优秀传统文化的历史渊源、发展脉络、基本走向，讲清楚中华文化的独特创造、价值理念、鲜明特色，增强文化自信和价值观自信。系统梳理传统文化资源，让收藏在禁宫里的文物、陈列在广阔大地上的遗产、书写在古籍里的文字都活起来。认真汲取中华优秀传统文化的思想精华，深入挖掘和阐发其讲仁爱、重民本、守诚信、崇正义、尚和合、求大同的时代价值。大力宣传中国人民和中华民族的优秀文化和光荣历史，通过学校教育、理论研究、历史研究、影视作品、文学作品等多种方式，加强爱国主义、集体主义、社会主义教育，引导人们树立和坚持正确的历史观、民族观、国家观、文化观，增强做中国人的骨气和底气。弘扬中华优秀传统文化，要处理好继承和创造性发展的关系，重点做好创造性转化和创新性发展。要继承创新传统文化，就要睁开眼睛看世界，坚持不忘本来、吸收外来、面向未来。中华民族是一个兼容并蓄、海纳百川的民族，在漫长历史进程中，不断学习他人的好东西，把他人的好东西化为我们自己的东西，这才形成我们的民族特色。文明因交流而多彩，文明因互鉴而丰富，对各国人民创造的优秀文明成果，我们当然要学习借鉴，而且要认真学习借鉴，在不断汲取各种文明养分中丰富和发展中华文化。总而言之，在中华优秀传统文化中，追求人文与天文的协调统一，这对于今天推动社会主义精神文明和物质文明协调发展，促进物质文明、政治文明、精神文明、社会文明、生态文明全面提升，无疑具有启发意义。激活传统文化，有必要将包括儒家思想在内的诸子百家思想观念进行比较阐释，取其精华，去其糟粕，才能更好地坚定文化自信。

因此，坚定文化自信过程中坚定不移地走中国特色社会主义文化发展道路，就要贯彻落实"两创"要求，传承和弘扬中华民族的文化基因、精神标识，并赋予其新的时代内涵和现代表达形式，使中华民族文化焕发新活力，使之成为实现中国梦的强大精神力量。继承和发扬中华优秀文化传统，大力弘扬中华文化，建设中华民族共有精神家园，是新时代文化建设的重要使命，也是新时代坚定文化自信的必然要求。源远流长、博大精深的中华文化，为发展中国特色社会主义文化奠定了深厚的基础。文化是民族的血脉和灵魂，是民族的精神记忆和人民的精神家园，也是国家发展、民族振兴的重要支撑。我国五千多年文明发展历程中，各族人民共同创造出源远流长、博大精深的中华文化，这一文化维系了中华民族的绵延发展。从精神层面上讲，文化发挥着整合社会、凝聚力量、塑造行为的三大作用。坚定文化自信，加强文化建设，塑造民族之魂，对坚持和发展中国特色社会主义具有特殊重要的意义。坚定文化自信就要推动社会主义文化大发展大繁荣，而推动社会主义文化大发展大繁荣必须大力弘扬中华优秀文化传统，大力弘扬改革开放以来文化领域形成的一系列新思想新观念新风尚，立足中国特色社会主义伟大实践，发展社会主义先进文化，这样才能更好地为坚定文化自信提供精神支撑。

第四节　以文化自信来建设社会主义文化强国

在新时代发展社会主义市场经济过程中，坚定文化自信，坚持中国社会主义文化先进方向，坚持中国特色社会主义文化发展道路，最为根本的旨归是建设社会主义文化强国，即以坚定的文化自信来助推社会主义文化强国建设。党的十九大报告以"坚定文化自信，推动社会主义文化繁荣兴盛"为题，对新时代社会主义文化建设进行了全面深刻的阐述，提出了许多新理念、新思路、新要求，明确了新时代文化建设的指导思想、基本内涵和主要任务，为实现新时代文化繁荣兴盛指明了方向，并指出"没有高度的文化自信，没有文化的繁荣兴盛，就没有中华民族伟大复兴"。[1]坚定文化自信，事关国运兴衰，事关文化安全，事关民族精神的独立性。我国有着悠久的历史传统和深厚的文化资源，已经具备了相对雄厚的物质基础，人民群众对文化的需求快速增长，我国的文化发展面临着难得的机遇。同时，也要清醒认识我国文化发展的历史和现状，增强文化自觉，坚定文化自信，更好地把握文化发展的规律，以主动担当的精神加快文化发展步伐，在传承中华优秀传统文化的基础上发展社会主义先进文化，加快建设社会主义文化强国。中华民族悠久的文化传统、深厚的文化底蕴和丰富的文化资源是我们进行文化建设取之不尽、用之不竭的"富矿"，是文化自信的泉源。党的十九大报告指出："中国特色社会主义文化，源自于中华民族五千多年文明历史所孕育的中华优秀传统文化，熔铸于党领导人民在革命、建设、改革中创造的革命文化

---

[1]　习近平.决胜全面建成小康社会　夺取新时代中国特色社会主义伟大胜利——在中国共产党第十九次全国代表大会上的报告[N].人民日报，2017-10-28.

和社会主义先进文化，植根于中国特色社会主义伟大实践。"❶ 这三大文化支撑着中华民族的文化自信，共同构筑了中国精神、中国价值、中国力量。

一、发挥三大文化优势支撑文化自信

从中华民族五千多年文明历史所孕育的中华优秀传统文化坚定文化自信。中华民族绵延五千多年，形成了博大精深的中华优秀传统文化，它构成了中华民族共同的生存方式和核心价值体系，如同纵横人体的血脉，使中华民族成为一个源远流长、自强不息、精诚团结的民族共同体，自立于世界民族之林。"自强不息、厚德载物"的道德追求，"先天下之忧而忧，后天下之乐而乐"的政治抱负，"位卑未敢忘忧国""苟利国家生死以，岂因祸福避趋之"的报国情怀，"富贵不能淫，贫贱不能移，威武不能屈"的浩然正气，"人生自古谁无死，留取丹心照汗青""鞠躬尽瘁，死而后已"的献身精神，蕴育了中华民族的宝贵精神品格，培育了中国人民的崇高价值追求，形成了中华民族崇德重德的优良传统。中华优秀传统文化中蕴含的"讲仁爱、重民本、守诚信、崇正义、尚和合、求大同"等极具历史意义与时代价值的思想理念，不仅生动反映了中华儿女孜孜不倦的精神追求，为中华民族的生生不息提供了生存底蕴，而且还为人类文明作出了独特贡献，至今闪耀着智慧光芒。中华文化源远流长、博大精深。我们应该取其精华、去其糟粕，赋予中华传统文化以新的时代内涵，使之成为我们的精神追求和行为准则。在如何对待中华传统文化问题上，习近平总书记在 2013 年全国宣传思想工作会议讲话中指出要做到两个讲清楚：一是讲清楚中华民族在五千多年的文明发展进程中创造了博大精深的中华文化，代表着中华民族独特的精神标识，是中华民族生生不息、发展壮大的丰厚滋养；二是讲清楚中华优秀传统文

第三章 市场经济发展与坚定文化自信

---

❶ 习近平.决胜全面建成小康社会 夺取新时代中国特色社会主义伟大胜利——在中国共产党第十九次全国代表大会上的报告[N].人民日报，2017–10–28.

化是中华民族的突出优势，是我们最深厚的文化软实力。❶第一个讲清楚是对中华传统文化的历史价值进行了深刻总结；第二个讲清楚是对传统文化的现代性作了基本判断。这为我们把握中华文化提供了全面准确的坐标和定位。需要指出的是，中华民族五千多年文明历史所孕育的中华优秀传统文化既包括儒家文化，也包括汉民族其他优秀传统文化，以及中华 56 个民族所有的优秀传统文化。中华 56 个民族的优秀传统文化都是新时代经济发展和社会进步的精神滋养。因此，在新时代要从中华民族五千多年文明历史所孕育的中华优秀传统文化中坚定文化自信。

从党领导人民在革命、建设、改革中创造的革命文化中积聚文化自信的能量。革命文化是中国共产党在团结和带领全国人民追求民族解放与实现民族富强的历史征程中，创造的内涵丰富、特色鲜明的文化形态。中国共产党近百年奋斗史就是一部革命文化的塑造史。一方面，它彰显了中华儿女克服万难、不屈不挠的精神品质，展示出中华民族奋发图强的精神风貌，是我们取得中国革命与现代化建设事业伟大胜利的思想引领和精神支撑；另一方面，它以马克思主义为指导，坚持实事求是，崇尚集体主义精神，服务人民，时刻坚持一切为了人民的作风。革命文化深深植根于中华优秀传统文化，又是社会主义先进文化发展的直接来源和基础，它重塑了中华民族的民族精神，赋予了民族文化以崭新的时代性、革命性，使中华民族在世界之林具有了独特的精气神。弘扬中国革命文化，发扬党的优良传统，更好地构筑当代中国文化自信的关键是要把握革命文化的核心理念——红色精神。红色精神是民族精神在革命历史条件下的再现、创新与升华，是革命文化的精髓，最能体现其本质特征和独特内涵。习近平总书记十分重视对红色精神的提炼和总结，他提出"红船精神"，展现了新形势下红色精神的新风貌与新品质。同时，习近平总书记高度重视"井冈山精神""苏区精神""长征精神"等红色精神的继承与发扬，要求我们在新的历史条件下不忘初心，继续高扬革命文化的理想信念，彰显红色精神的时代光芒。因此，这就要求我们从党

❶ 习近平在全国宣传思想工作会议上强调 胸怀大局把握大势着眼大事 努力把宣传思想工作做得更好[N].人民日报，2013-08-21.

领导人民在革命、建设、改革中创造的革命文化中积聚文化自信的能量。

从改革开放以来的社会主义先进文化中汲取文化自信的力量。社会主义先进文化是社会主义本质与时代精神相结合，是以马克思主义为指导，以社会主义核心价值观为灵魂，面向现代化、面向世界、面向未来的，民族的科学的大众的文化，代表着人类社会文化发展的前进方向。中国共产党对中华民族最伟大的贡献就在于开辟了中国特色社会主义道路，使中国大踏步赶上时代，使中华民族伟大复兴具有了现实路径。正是中国共产党领导中国人民开展的丰富多彩、波澜壮阔、日新月异的社会主义伟大实践，激发了突破陈规、改革创新的思想观念，孕育了海纳百川、开放包容的胸襟气度，催生了奋勇争先、追求进步的先进文化。社会主义先进文化是历史发展的需要，更代表了时代发展的潮流，是当代中国的新文化，是我们党始终走在时代前列、保持先进性的根本体现和根本要求。社会主义先进文化为坚持与发展中国特色社会主义提供了精神支撑，也为国际社会提供了中国方案，贡献了中国智慧。坚持社会主义先进文化的前进方向，是构建当代中国文化自信的必然要求。我们必须旗帜鲜明、毫不动摇地坚持马克思主义的指导，既不走封闭僵化的老路，也不走改旗易帜的邪路，始终坚持和发展中国特色社会主义先进文化。因此，在新时代坚定文化自信，就要从改革开放以来的社会主义先进文化中汲取文化自信的力量。

二、以文化自信建设社会主义文化强国

一个民族的复兴需要强大的物质力量，也需要强大的精神力量。没有高度自信文化的积极引领，没有人民精神世界的极大丰富，没有民族精神力量的不断增强，一个国家、一个民族不可能屹立于世界民族之林。在坚持和发展中国特色社会主义、实现中华民族伟大复兴中国梦的新时代，坚定文化自信对建设社会主义文化强国具有重大意义。

通过文化自信以先进思想理论来指导社会主义文化强国建设。一种文化的生命力是否强大，关键取决于其指导思想的生命力。马克思主义揭示了人类社会发展的一般规律，揭示了资本主义运行的特殊规律，为

人类指明了从必然王国向自由王国飞跃的途径，为人民指明了实现自由和解放的道路，是我们立党立国的根本指导思想。马克思主义为中国革命、建设、改革提供了强大思想武器，使中国这个古老的东方大国创造了人类历史上前所未有的发展奇迹。实践证明，历史和人民选择马克思主义是完全正确的，中国共产党把马克思主义写在自己的旗帜上是完全正确的，坚持马克思主义基本原理同中国具体实际相结合、不断推进马克思主义中国化时代化大众化是完全正确的。今天，习近平新时代中国特色社会主义思想，以一系列具有原创性的新思想、新观点、新论断，写出了马克思主义新的时代篇章，以全新视野深化了对共产党执政规律、社会主义建设规律、人类社会发展规律的认识，是推动新时代中国特色社会主义文化发展的思想旗帜。这里有党领导人民创造的激昂向上的革命文化和生机勃勃的社会主义先进文化，有以爱国主义为核心的民族精神和以改革创新为核心的时代精神。这些宝贵文化资源，铸就文化自信的核心和灵魂，也是社会主义文化强国建设的根本支撑。

通过文化自信以深厚的文化根脉和独特的文化优势，来滋养社会主义文化强国建设。中华优秀传统文化是中华民族的文化根脉。在漫长的历史发展中，中华文化形成了独具特色、博大精深的价值观念和文明体系，形成了自己的独特风格和特有概念体系、表达方式，其中最核心的内容已经成为中华民族最基本的文化基因，成为有别于其他民族的独特标识。例如，天人合一的宇宙观、革故鼎新的发展观、自强不息的人生观、知行合一的知行观、社会和谐的理想观，等等。中华文化优势，在于有生生不息、博大精深的中华优秀传统文化。可以说，在每一个历史时期，中华民族都留下了无数不朽作品。中华民族创造的成就是如此辉煌，中华民族素有文化自信的气度，我们应该为此感到无比自豪，也应该为此感到无比自信。在五千多年文明发展中孕育的中华优秀传统文化，在党和人民伟大斗争中孕育的革命文化和社会主义先进文化，积淀着中华民族最深沉的精神追求，代表着中华民族独特的精神标识。因此，中国特色社会主义植根于中华文化沃土，只有坚定文化自信，增强对中华文化的认同，才能更好地滋养社会主义文化强国建设。

通过文化自信激发全民族文化创新创造活力，汇聚社会主义文化强国的建设力量。党的十九大报告指出："激发全民族文化创新创造活力，建设社会主义文化强国。"❶ 通过文化自信激发全民族文化创新创造活力是建设社会主义文化强国的关键。一个民族的文化不是凝固的存在，而是一个不断生成和建构的过程，是不断改革、不断创新，兼容并蓄、吐故纳新，构成新的文化"基因"的过程。创新是时代发展的关键和历史进步的动力。"创新发展"位居"创新、协调、绿色、开放、共享"五大发展理念之首，在国家发展全局中居于核心位置。文化创新创造是创新发展的题中之义，也是新时代中国特色社会主义文化发展的关键和根本动力，是文化自信的活力之源和重要表现。中华文化的深厚底蕴得益于中华儿女敢于革新的魄力和强大的文化创造力，中华民族伟大复兴同样需要文化创造活力提供源源不断的动力和滋养。我们必须从新时代历史方位出发，进一步厘清激发文化创新创造的路径，让全民族的文化创新创造活力尽情涌流，不断满足人民对美好生活的新期待，满足人民对精神文化生活的新需求。要创新理论武装手段，使新时代中国特色社会主义思想深入人心；创新传播手段，提高新闻舆论传播力、引导力、影响力、公信力；推动文艺创新，提升文艺原创力；创新生产经营机制，完善文化经济政策，培育新型文化业态等，进而推动社会主义文化繁荣兴盛。总之，在无比广阔的新时代舞台上，只有充满创新创造活力的社会主义文化，才能始终保证中国特色社会主义文化发展既保持深厚的历史底蕴，又具有强大的前进动力与定力。

第三章　市场经济发展与坚定文化自信

❶ 习近平.决胜全面建成小康社会　夺取新时代中国特色社会主义伟大胜利——在中国共产党第十九次全国代表大会上的报告［N］.人民日报，2017-10-28.

第四章

市场经济发展与提高文化软实力

　　深入把握新时代社会主义市场经济发展的文化向度及其建设，也要高度重视文化软实力建设。新时代社会主义市场经济的健康发展离不开文化软实力的坚实支撑。文化软实力集中体现了这个国家基于文化而具有的凝聚力和生命力以及由此产生的吸引力和影响力。文化软实力是国家软实力的核心因素，是指国家或地区文化的影响力、凝聚力和感召力。古往今来，任何具有世界影响国家的发展进程，既是经济总量、军事力量等硬实力提高的进程，也是价值观念、思想文化等软实力提高的进程。提高国家文化软实力，不仅关系我国在世界文化格局中的定位，而且关系我国国际地位和国际影响力，关系到新时代社会主义市场经济的健康发展，关系"两个一百年"奋斗目标和中华民族伟大复兴中国梦的实现。在我国日益走近世界舞台的中央、不断对人类作出更大贡献的新时代，必须不断提高国家文化软实力。在发展社会主义市场经济过程中提高文化软实力，必须充分认识提高文化软实力的必要性，持续提升中华文化的软实力，加强对外文化的传播交流，努力提高国际舆论话语权。

第一节　发展市场经济过程中要提高文化软实力

　　在新时代社会主义市场经济的发展和完善过程中处理好经济发展与文化建设的关系，特别是着力加强思想文化建设，就应该高度重视文化软实力建设。提高文化软实力是社会主义市场经济发展的客观要求，是我国文化建设现状的现实需要，更是由文化软实力的重要性及其作用决定的，还是由我国日益接近世界舞台中央决定的。

社会主义市场经济发展的客观要求，决定了在新时代发展社会主义市场经济的过程中要提高文化软实力。也就是说，在新时代发展社会主义市场经济过程中高度重视文化软实力建设是社会主义市场经济健康发展的必然要求。在发展社会主义市场经济过程中要高度重视文化软实力，首先，是我国的社会主义市场经济获得国际社会的广泛认可和接受的内在要求。在伟大的改革开放的历史进程中，我们成功地实现从计划经济向市场经济的转变，认识到了任何一个国家都可以也应该根据自己实际的社会生产力发展状况，实际的国民经济发展状况，来选择发展经济的手段和途径。特别是在这个过程中克服了我们国家一直把计划经济看作社会主义的，把市场经济看作资本主义的，为了坚持社会主义必须排斥市场经济，最终建立了同社会主义基本社会制度结合在一起的市场经济，体现社会主义的根本性质，使市场在社会主义国家宏观调控下对资源配置起决定性作用。社会主义市场经济体制极大地解放了中国社会的生产力，使我国的经济建设取得了举世瞩目的成就，尤其我们在经过艰难谈判之后，成功加入了世界贸易组织，获得了国际市场的准入，使我们的社会主义市场经济获得了国际社会的普遍认可和接受。但在这个过程中乃至当前，同样不可否认的事实是，一些国际社会组织和个别国家依然对我们的社会主义市场经济是不是一种市场经济存在顾虑甚至质疑，他们认为中国现在施行的经济体制不是市场经济而是一种中央集权控制模式，不符合市场经济的规律，没法按照市场经济的客观要求来进行运转。长期以来，不论是一些国际政治家还是学者，都把市场经济看成资本主义特有的经济形式，强调市场经济只能与私有财产制度相联系，认为市场经济与社会主义是根本对立的，从而否定市场经济在社会主义制度下存在与发展的可能性。在国际社会中尽管这些杂音是少数，但它的存在一定程度上也影响到中国的社会发展。面对这样一种现实，就需要提高我们的文化软实力，特别是让国际社会更好地理解和认识社会主义市场经济的发展理念和发展模式，更好地认识到我们的社会主义市场经济符合市场经济的一般规律，同时我国的社会主义市场经济是符合中国国情和制度实际的市场经济，特别是充分展示我国社会主义市场经济取得的重大成就。因此，这些客观现实要求我们在发展社会主义市场经济过程中要通过提升我国文化软实力，来增强社会主义市场经济发展理念和模式的吸引力。尽管我国社会主义市场经济已经获得国际社会普遍认可和理解，但为了更好地参与世界经济发展进程，我们也应该提高文化软实力，提高我们的发展理念、发展模式和发展道路的国际吸引力和感染力。其次，在发展外向型经济的过程中为了更好地参与国际社会竞争，我们也特别需要提高文化软实力。我国的社会主义市场经济是一种外向型经济，特别是在经济全球化深入发展的背景下，当今不同国家之间的竞争越来越激烈，而在这种日益复杂的竞争中相关的政策措施能否获得国际社会的认可和接受，将直接决定着一个国家的国际地位和发展空间。军事实力和国际政治地位在相当程度上取决于一国的经济实力，而经济发展往往受到外部认可和接受程度的影响。例如，美国一直对社会主义中国心存防范，中国企业在美国的收购行动时常受到阻挠或者严格审查。如中海油收购优尼科受到美国政府的阻挠，并终告失败；联想收购 IBM 的 PC 业务则受到了严格的审查。中国向苏丹出售武器，受到西方国家的片面指责。除此之外，一国的实际行业标准和劳工权利保障情况也影响到国家经济利益，不重视环保的产品将被某些国家拒之门外。如上这些问题均显示出国际认可对于国家经济发展特别是我国社会主义市场经济发展的制约作用。因而，在发展外向型经济的过程中为了更好地参与国际社会竞争，我们也需要提高文化软实力，提高我们的发展理念、发展模式和发展道路的国际吸引力和感染力。

我国文化建设现状的现实需要，决定了在新时代发展社会主义市场经济的过程中要提高文化软实力。就当前看，我国文化软实力建设与理想状态还有一定差距。对于当代中国来说，中国早已摆脱因落后、落伍而被奴役的命运，中华民族早已获得了精神上的自主自立。然而，高度的文化软实力问题仍然没有得到根本解决。特别是一些人认为西方是富裕之邦，也"必是真理之地"；还有一些人不自觉地用西方标准来看待中国问题。在"西强我弱"的世界舆论格局中我们还处于被动和防御的位置上，还存在思维的惰性和认识的滞后，缺乏积极建构的意识，缺乏整体对外文化发展战略。例如，过去一些年，中国在国际话语权问题上吃了不少亏，被抹黑、被挤压，尤其是中国的媒体缺乏与中国崛起相适应的国际影响力，在与全球媒体打交道的过程中还有待提高。这些都需要我们积极地构建对外话语体系，明确树立话语权意识，掌握更多的话语权手段，大力加强我国文化的软实力建设。其实，深层次看，长期以来，国际传播话语体系是由西方主导的，西方发达国家既是世界话语的"生产者"，又是传播渠道的"控制者"，这种双重操控塑造了国际传播中的西方主导地位。随着中国崛起成为一种普遍认知的世界现象，我们面临构建融通中外的话语体系并进而突破西方话语霸权的历史性机遇。因为，在过去几百年中建立起来的资本主义文明经验体系无法解释独特的中国现象，中国经验超越了西方知识体系的认知和反映能力。只要中国崛起持续下去，中国故事就会不断改写世界的历史经验。只要中国在各种"唱衰"或"捧杀"中不断发展下去，世界就需要一种新的理论框架和概念体系来回应这种新体验。曾经之所以存在"言必称希腊"的问题，原因在于从资产阶级革命到科技革命和产业革命，资本主义文明始终引领着世界的发展，并在世界范围的现代化浪潮中，形成了从自然到社会的完备的现代科学知识体系。"西方中心主义"得以盛行几百年，既是结果也是原因。不可否认的事实是，近年来，随着我国经济社会发展和国际地位的提高，国际社会对中国的关注度越来越高。国外很多人对中国发生的奇迹有着浓厚兴趣，对我国发展道路和发展模式的理性认识逐步加深。同时，国际社会对我们的误解也不少，"中国威胁论""中国崩溃论"的论调不绝于耳。一些西方媒体仍然在"唱衰"中国。在这样复杂的形势下要集中讲好中国故事，传播好中国声音，向全世界展现一个真实的中国、立体的中国、全面的中国，让国际社会更好地了解和接受我们，就要主动把我们的想法说清楚，让正确的声音先入为主，盖过种种负面言论和奇谈怪论，增强我国文化软实力。如果任由别人乱说我们一通，而我们又不及时加以澄清和纠正，就会以讹传讹，反倒让世人觉得我们输了理似的。因此，在这些客观形势下，我们要大力加强文化软实力建设，主动发声，让正确的声音先入为主。比如，针对美国前总统奥巴马接受《纽约时报》专访时称"中国搭30年便车"的论点，习近平总书记在蒙古国访问发表演讲时幽默地予以回应："中国愿意为包括蒙古国在内的周边国家提供共同发展的机遇和空间，欢迎大家搭乘中国发展的列车，搭快车也好，搭便车也好，我们都欢迎。"❶由此可见，对别有用心的人散布的政治谣言和奇谈怪论，我们耳根子不要软，不要听风就是雨，要有主见、有定力。我们不能默不作声，要及时反驳，让正确的声音盖过他们，这就要加强我国的文化软实力建设，牢牢掌握国际舆论斗争主动权。因此，在新时代发展社会主义市场经济的过程中提升中国的"文化软实力"，解决"挨骂"问题，必须成为我们的重大文化发展战略。特别是在经济全球化的影响下，各国的文化也呈现出交流与交锋、合作与较量的新格局，文化已经成为西方国家颠覆和控制别国、实现自身战略意图的重要工具，文化领域已经成为政治斗争和意识形态较量的重要领域。所以，大力提升文化的软实力已成为我国文化建设现状的现实需要。

文化软实力的重要性及其作用，决定了在新时代发展社会主义市场经济的过程中要提高文化软实力。提高国家文化软实力，是我们党和国家的一项重大战略任务，是习近平新时代中国特色社会主义思想的重要内容。习近平总书记多次在不同场合就国家文化软实力阐发了一系列重要论述。2013年12月，中共中央政治局专门就提高国家文化软实力研究进行第十二次集体学习，习近平总书记在主持学习时强调："提高国家文化软实力，关系'两个一百年'奋斗目标和中华民族伟大复兴中国梦的实现。"❷这表明我们党和国家已经把提升国家文化软实力作为实现中华民族伟大复兴的新的战略着眼点，文化软实力作为现代社会发展的精神动力、智力支持和思想保证，越来越成为民族凝聚力和创造力的重要源泉，越来越成为综合国力竞争的重要因素。一个民族的复兴，必须有文

---

❶　习近平.守望相助　共创中蒙关系发展新时代——在蒙古国国家大呼拉尔的演讲［N］.人民日报，2014-08-22.

❷　习近平在中共中央政治局第十二次集体学习时强调：建设社会主义文化强国，着力提高国家文化软实力［N］.人民日报，2013-12-30.

化的复兴做支撑。实现中华民族的伟大复兴必然伴随中华文化的繁荣兴盛。而繁荣兴盛中华文化，必然以提升我国文化软实力为根本途径。可见，面对当今世界大国间综合国力竞争的新态势，把握新时代我国经济、社会和文化发展的新特征，以习近平同志为核心的党中央把增强国家文化软实力放到更加突出重要的位置，反映了我们党高度的文化自觉和文化自信，也明确了国家文化软实力的全局意义和发展路径。因此，在中国特色社会主义进入新时代的历史背景下，大力增强文化软实力，加强国际传播能力建设，是由我国文化软实力的重要性及其作用决定的。在这种情况下，我们有必要针对外界关注的某些涉华重要问题提出新的概念、新的表述，准确反映中国在这些方面的发展进步。诸如，我国的民主人权、新闻管理、民族宗教、司法体制等问题长期受到外界关注，其中不乏误解和偏见。对此，要根据我国的实践，概括和提出新的概念、新的表述，把我们的国情说明好，把我们的主张阐释好，把我们的进步介绍好，引导国际社会客观、公正地认识和看待这些问题，特别是围绕国际社会普遍关注的重大课题提出中国观点、表明中国立场。再如，当前气候变化、金融安全、全球治理网络安全等越来越成为世界各国共同关注的话题，解决好这些问题需要国际社会共同努力。中国作为一个负责任的国家，要在这些问题上提出主张、表明立场，与国际社会广泛开展对话和合作，为推动解决这些问题作出更大贡献。正是基于以上这些客观形势，《中共中央关于全面深化改革若干重大问题的决定》对国际传播能力予以高度关注。党的十九大报告更是明确指出要"推进国际传播能力建设"。这是我党历史上在党代会报告中首次提出"推进国际传播能力建设"这一重要议题。因此，在中华民族迎来了从站起来、富起来到强起来的伟大飞跃的历史进程中，我们要自觉担当起加强国际传播能力建设的历史使命，大力提升国家文化软实力，就成为现实而紧迫的重要课题。

我国日益接近世界舞台中央，决定了在新时代发展社会主义市场经济的过程中要提高文化软实力。对于当代中国来说，从政治经济强国逐步走向国际传播强国，是历史发展的必然规律。虽然我国仍处于并将长期处于社会主义初级阶段的基本国情没有变，我国是世界最大发展中国家的国际地位没有变，但同时，我们比历史上任何时期都更接近于中华民族伟大复兴的目标，并前所未有地走近世界舞台的中央。不可否认的事实是，我们越是走近世界舞台中央，就越深切感受到西方话语霸权的困扰，也就越是发现社会科学研究创新大大落后于我们现代化实践的创新。我们必须以总结和提炼中国经验为基础，以形成富于科学精神的时代话语，讲述好当代中国的发展实践，进而在认识当代世界中进一步形成中国范畴，以中国视角展开世界叙事。其实，一些世界大国对话语权的争夺和维护是全方位的，无论是传统媒体，还是新兴媒体，抑或是流行文化，都在相当程度上丰富着对外话语权的内涵。随着经济全球化的快速发展，世界各国在政治、经济、文化上的相互影响越来越密切，事关本国长远利益和眼前利益的国际传播能力也受到各国的空前重视。因而，提高文化软实力是适应我国不断发展成为全球性大国的必然要求。尽管已经成功走向世界舞台中心的我们积累了丰富的国际传播经验，但我们必须清醒地认识到我们的文化软实力，特别是国际传播能力越来越与我国在国际上的政治、经济地位不相适应，与国际社会渴望了解中国发展状况的需要不相适应，与新媒体对世界各国受众不断加剧的影响不相适应；与西方通讯社的影响力相比存在一定差距。这些差距已经在一定程度上制约了我们的发展，影响了我们在国际舞台上的表现和日趋丰富的发展利益。深层次看，当今世界，中华民族是最有理由自信的。过去几十年中，中国创造了世界现代化历史上的发展奇迹。"中国奇迹"是"中国故事"的客观基础，做好了"中国事情"，我们没有理由讲不好"中国故事"。我们有本事做好中国的事情，还没有本事讲好中国的故事，我们应该有这个信心。其实，这个信心首先来自事实依据，我们既然做了，就要让世人知道我们做了什么。习近平总书记在庆祝改革开放 40 周年的讲话中指出："我国国内生产总值由 3679 亿元增长到 2017 年的 82.7 万亿元，年均实际增长 9.5%，远高于同期世界经济 2.9% 左右的年均增速。我国国内生产总值占世界生产总值的比重由改革开放之初的 1.8% 上升到 15.2%，多年来对世界经济增长贡献率超过 30%。我国货物进出口总额从 206 亿美元增长到超过 4 万亿美元，累计使用外商直接投资超过 2 万亿美元，对外投资总额达到 1.9 万亿美元。我国主要农产品产量跃居世界前列，建立了全世界最完整的现代工业体系，科技创新和重大工程捷报频传。我国基础设施建设成就显著，信息畅通，公路成网，铁路密布，高坝矗立，西气东输，南水北调，高铁飞驰，巨轮远航，飞机翱翔，天堑变通途。现在，我国是世界第二大经济体、制造业第一大国、货物贸易第一大国、商品消费第二大国、外资流入第二大国，我国外汇储备连续多年位居世界第一，中国人民在富起来、强起来的征程上迈出了决定性的步伐！"❶同时，中华文化独一无二的理念、智慧、气度、神韵，增添了中国人民和中华民族内心深处的自信和自豪。我们的文化自信和文化软实力来自五千多年文明发展中孕育的中华优秀传统文化，来自党和人民伟大斗争中孕育的革命文化和社会主义先进文化，它们积淀着中华民族最深层的精神追求，代表着中华民族独特的精神标识。五千年中华文明，是人类文化河流中唯一没有干涸、没有断流的文明；从历史传承中走出来的中国特色社会主义道路，是适合中国国情、符合中国特点、顺应时代发展要求的必由之路。只有坚持从历史走向未来，从延续民族文化血脉中开拓前进，才能构筑起中国特色、中国风格、中国气派的传播体系，真正提升我们的文化软实力，从中华民族的辉煌历史和国家发展的伟大成就中汲取精神力量，增强讲好中国故事的底气和底色。文化是国家的根脉，面对激烈的国际竞争，只有认识文化的价值，重视文化建设，才能大力发展、大有可为；只有形成与我国经济社会发展和国际地位相适应的文化优势，我们才能在各种思想文化的相互激荡和碰撞中掌握主动权，有效应对来自各方面的挑战。正如习近平总书记在省部级主要领导干部专题研讨班上发表重要讲话指出："中国特色社会主义不断取得的重大成就，意味着近代以来久经磨难的中华民族实现了从站起来、富起来到强起来的历史性飞跃，意味着社会主义在中国焕发出强大生机活力并不断开辟发展新境界，意味着中国特色社会主义拓展了发展中国家走向现代化的途径，为解决人类问题贡献了中国智慧、提供了中国方案。"❷为此，随着中国特色社会主义进入新时代必须从战略上思考和谋划文化软实力的提升。

---

❶ 习近平.在庆祝改革开放40周年的大会上的讲话[N].人民日报，2018-12-19.

❷ 习近平"7·26"重要讲话精神系列解读之五　从站起来、富起来到强起来的历史性飞跃[N].人民日报，2017-09-06.

第二节　持续提升中华文化影响力

在新时代社会主义市场经济发展和完善过程中增强文化软实力建设，首先要直面我们自己的文化，提升中华文化的影响力。习近平总书记指出："提高国家文化软实力，要努力展示中华文化独特魅力。"❶只有民族的，才是世界的。因而我们要掌握民族文化的灵魂和核心要素，立足本国、本民族的文化，保持本国民族特色，提升中华文化的影响力，才可能借助独特的民族文化使世界认识自己，从而走向世界。如何在对外文化传播和交往中既体现中国文化的民族特色和精神，又符合世界的视角，成为中华文化走向世界所面临的必须解决的问题。在发展社会主义市场经济的过程中高度重视国家文化软实力建设，就要通过努力弘扬中华优秀传统文化，传播当代中国价值观念，展示中华文化独特魅力，以塑造我国的国家形象，努力提高国际话语权，增强国家核心竞争力，提升国际影响力，营造和平发展的良好国际环境。

一、弘扬中华优秀传统文化

在发展社会主义市场经济的过程中，提升中华文化的影响力，就要用好国内文化资源，要弘扬中华文化，建设中华民族共有精神家园。这是新时代加强文化软实力建设的重要维度。一个国家和民族的文化软实力首先要表现为这种文化的内在凝聚力，没有内在凝聚力的文化更谈不上对外的吸引力。而这种文化的内在凝聚力，要通过弘扬中华优秀传统文化的精华即中华民族精神来获得最深层的实现。中华优秀传统文化是中华民族生生不息、团结奋进的不竭动力。值得重视的是，一个民族的复兴，关键在精神。中国人民的特质、禀赋不仅铸就了绵延几千年发展至今的中华文明，而且深刻影响着当代中国发展进步，深刻影响着当代中国人的精神世界。中华民族精神是凝心聚力的兴国之魂、强国之魂。

---

❶ 习近平在中共中央政治局第十二次集体学习时强调：建设社会主义文化强国，着力提高国家文化软实力［N］.人民日报，2013-12-30.

中华民族精神是中国人民在长期奋斗中培育、继承、发展起来的，概括起来就是以爱国主义为核心的民族精神和以改革创新为核心的时代精神。爱国主义始终是把中华民族坚强团结在一起的精神力量，改革创新始终是鞭策我们在伟大改革开放进程中与时俱进的精神力量。大力弘扬中国精神，要始终发扬以爱国主义为核心的民族精神。在五千多年的发展中，中华民族形成了以爱国主义为核心，团结统一、爱好和平、勤劳勇敢、自强不息的伟大民族精神。习近平总书记在十三届全国人大一次会议闭幕会上概括了"四个伟大精神"，即"伟大创造精神、伟大奋斗精神、伟大团结精神、伟大梦想精神"。❶在几千年历史长河中，中国人民始终辛勤劳作、发明创造，始终革故鼎新、自强不息，始终团结一致、同舟共济，始终心怀梦想、不懈追求，推动我国不断向前发展，走在世界前列。因此，提高国家文化软实力，必须始终保持对民族文化的自信心，坚持以中华优秀文化传统为根基，不断增强中华文化的魅力和生命力。

需要明确的是，在发展社会主义市场经济过程中大力加强思想文化建设，特别是以中华优秀传统文化来增强文化软实力，必须注意到中华民族在历史发展过程中虽然有雄厚的文化资源和文化潜力，但它并不一定必然会转化为当代中国文化软实力。这就需要有一种文化自觉，有一种文化新思维，有一番创新创造。目前，我国出现了一定程度的传统文化热，表现为国学热、读经热等，孔子学院办到了国外。传统文化热的出现，有着深刻的社会背景。我们必须充分认识传统文化的历史意义和现实价值，以礼敬自豪的态度对待优秀传统文化，努力在继承优秀传统文化的基础上铸造中华文化的新辉煌。当然，国学热也要理性对待，不能刮风，不可搞狭隘民族主义，要古为今用，使其成为打造文化软实力的动力和根基。而更重要的，是着眼于我国现实的文化资源，深入推进文化发展，努力形成良好的人文环境和文化生态。优秀传统道德建设是文化建设的基础工作，要大力倡导爱国、敬业、诚信、友善等优秀道德资源。文化软实力根植在每一位公民的文明素质和社会文明程度之中。

---

❶ 习近平.在第十三届全国人民代表大会第一次会议上的讲话[N].人民日报，2018-03-21.

只有着眼于增强公民社会责任意识，才能筑起人心的长城，形成强大的民族凝聚力，才能为提升文化软实力提供强有力的支撑。

可以说，中华民族文化博大精深、源远流长，是我国文化软实力的首要资源和重要基础。习近平总书记指出："在5000多年文明发展进程中，中华民族创造了博大精深的灿烂文化，要使中华民族最基本的文化基因与当代文化相适应、与现代社会相协调，以人们喜闻乐见、具有广泛参与性的方式推广开来，把跨越时空、超越国度、富有永恒魅力、具有当代价值的文化精神弘扬起来，把继承传统优秀文化又弘扬时代精神、立足本国又面向世界的当代中国文化创新成果传播出去。"❶ 因此，要充分发掘中华传统文化的优势，全面认识祖国的传统文化，取其精华，去其糟粕，使其与时代特征相适应，与现代文明相协调，与人民的生活和国家的行为相联系，自觉实现民族文化现代化的转换。要大力推进民族文化创新工作，加大制度创新力度，加快构建文化传播体系，要系统梳理传统文化资源，让收藏在禁宫里的文物、陈列在广阔大地上的遗产、书写在古籍里的文字都活起来。要以理服人，以文服人，以德服人，提高对外文化交流水平，完善人文交流机制，创新人文交流方式，综合运用大众传播、群体传播、人际传播等多种方式展示中华文化魅力，使我国悠久的历史、灿烂的文化通过各种媒体传递到世界各地。值得注意的是，在全球化的背景下提升中华文化的影响力，必须用好国际国内两种文化资源。文化是多元的，世界上各个民族、国家、地区都有自己的传统文化，都为人类社会的文化发展作出了自己的贡献。因此，我们必须以开放的姿态，开拓的视野，兼容并蓄的博大胸怀，学习、借鉴、吸收世界上一切优秀先进文化。同时，要在借鉴吸收中有所创新，不断丰富发展我国民族文化，使我国的民族文化在增强内在凝聚力的同时，更好地走向世界，融入世界。从如上意义上看，增强我国文化的软实力，就要首先继承和弘扬中华优秀传统文化。

❶ 习近平在中共中央政治局第十二次集体学习时强调：建设社会主义文化强国　着力提高国家文化软实力[N].人民日报，2013-12-30.

XinShiDai ShiChang Jingji FaZhan De WenHua XiangDu Ji Qi JianShe YanJiu

二、传播当代中国价值观念

世界上越来越多的人开始对当代中国价值观念感兴趣，越来越多的人开始客观看待当代中国价值观念。这就要求我们提高国家文化软实力，除了要弘扬中华优秀传统文化，还必须使当代中国价值观念走向世界。文化的影响力，核心是价值观念的影响力。这种影响力支配着人们的文化实践和文化生活，既构成了文化的核心和灵魂，又在文化中得到滋养。经过长期努力，我国成功走出了中国特色社会主义道路，取得了举世瞩目的辉煌成就，实践证明我们的道路、理论、制度、文化是成功的。当代中国价值观念在我们的道路、理论、制度、文化中得到充分彰显。习近平总书记指出："要加强提炼和阐释，拓展对外传播平台和载体，把当代中国价值观念贯穿于国际交流和传播方方面面。"❶ 这要求我们要精心谋划，科学设计，有针对性地对外阐释和传播好当代中国价值观念。

当代中国价值观念，就是中国特色社会主义价值观念，代表了中国先进文化的前进方向。我国成功走出了一条中国特色社会主义道路，实践证明我们的道路、理论体系、制度是成功的。要加强提炼和阐释，拓展对外传播平台和载体，把当代中国价值观念贯穿于国际交流和传播的方方面面。提升国家文化软实力，需要我们将当代中国核心价值观的对内培育践行与对外介绍阐释结合起来。例如，以中国梦的宣介为例，要把中国梦的宣传和阐释与当代中国价值观念紧密结合起来，注重从哲理、历史、文化、社会、生活等方面深入阐释中国梦，不要空喊口号，不能庸俗化。注重从历史层面、国家层面、个人层面、全球层面等方面说清楚、讲明白，中国梦意味着中国人民和中华民族的价值体认和价值追求，意味着全面建成小康社会、实现中华民族伟大复兴，意味着每一个人都能在为中国梦的奋斗中实现自己的梦想，意味着中华民族团结奋斗的最大公约数，意味着中华民族为人类和平与发展作出更大贡献的真诚意愿，从而使世界更好地认知理解我们的价值主张和发展理念，赢得道义力量和广泛认同。

传播当代中国价值观念，要大力宣传和弘扬社会主义核心价值观。

❶ 习近平在中共中央政治局第十二次集体学习时强调：建设社会主义文化强国，着力提高国家文化软实力[N].人民日报，2013-12-30.

社会主义核心价值观是当代中国精神的集中体现，凝结着全体人民共同的价值追求，也是对外展示中国形象、诠释中国精神的重要价值理念。无论是官方交流还是民间往来，人人都有传播能力和传播空间，更有传播义务，都是推动社会主义核心价值观的传播者。通过建立国际友好城市，结好国际友好组织、加强与公民社会组织合作等政府外交与公共外交活动来加强国际间的往来与交流，扩大国际合作网络，宣传社会主义核心价值观。例如，借助文明出境游，让中国游客成为本国文化价值观的良好展示者。再如，通过境外在华留学生真实的学习生活经验以及境外旅游者来华旅游的体验，凸显独具中国特色的形象，提高社会主义核心价值观在国外民众中的众口相传。

需要指出的是，传播当代中国价值观念必须以"美人之美、美美与共"的开放包容姿态，积极反映中国对人类共同命运和全球事务的认识、思考和担当，多反映中国与外部世界的话语共同点、利益交汇点，多贴近外国受众的思维习惯和语言习惯。同时，要解放思想、拓宽视野、海纳百川、兼收并蓄，积极学习借鉴国外有益的文明成果，不断丰富我们的概念范畴表述，使中外话语体系更好地相融相通。特别是要讲清楚每个国家和民族的历史传统、文化积淀、基本国情不同，其发展道路必然有着自己的特色；讲清楚中华文化积淀着中华民族最深沉的精神追求，是中华民族生生不息、发展壮大的丰厚滋养；讲清楚中华优秀传统文化是中华民族的突出优势，是我们最深厚的文化软实力；讲清楚中国特色社会主义植根于中华文化沃土、反映中国人民意愿、适应中国和时代发展进步要求，有着深厚历史渊源和广泛现实基础。我们要从理论与实践、历史与现实、国内与国际的联系上，宣传阐释好中国特色社会主义道路是由中国独特的文化传统、独特的历史命运、独特的基本国情决定的，宣传阐释好这条道路创造的举世瞩目的中国奇迹、开创的独具特色的制度文明，增进国际社会对我国发展道路的理解认同。

三、传播当代中国文化创新成果

在发展社会主义市场经济的过程中提升中华文化的影响力，还要积极传播当代中国文化创新成果，这是提升文化影响力的必然要求。要坚持不忘本来、吸收外来、面向未来，在传承中转化，在学习中超越，传播更多体现中华文化精髓、反映中国人审美追求、传播当代中国价值观念、又符合世界进步潮流的优秀成果，让当代中国文化以鲜明的中国特色、中国风格、中国气派屹立于世。传播当代中国文化创新成果，要把优秀传统文化的精神标识提炼出来、展示出来，把优秀传统文化中具有当代价值、世界意义的文化精髓提炼出来、展示出来。中华优秀传统文化是中华民族的文化根脉，其蕴含的思想观念、人文精神、道德规范，不仅是我们中国人思想和精神的内核，对解决人类问题也有重要价值。把思想深刻、艺术性强、具有鲜明中华传统文化特色的优秀产品推向世界，全方位展现一个古老而又年轻、传统而又开放的当代中国。

传播当代中国文化创新成果，要集中展示当代中国的最新思想理论成果。当代中国最新思想理论成果，就是习近平新时代中国特色社会主义思想。习近平新时代中国特色社会主义思想立足中国、引领时代、面向世界，是中国精神的时代精华，是人类精神财富的重要成果，具有强大真理力量和独特思想魅力，是外界认知当代中国的最基本、最权威、最有效的成果。例如，《习近平谈治国理政》的出版发行，受到国外读者的广泛关注和高度评价，成为国际社会认识中国的重要窗口，许多人将其视为了解当代中国发展的"密钥"。因此，把以习近平同志为核心的中央领导集体治国理政的新理念新成就新经验介绍好、阐释好、传播好，将其作为对外话语体系建设的重点，形成完整的、准确的表达和阐述方式。特别是要阐释好中国梦和改革开放的新举措、经济发展的新思路、对外交往的新理念等。这些都是传播当代中国文化创新成果重中之重的内容，也是必须进一步加强的关键内容。

传播当代中国文化创新成果，要善于运用艺术化形象化的载体。艺术是一种世界语言，直指心灵，是最好的交流方式，能给外国人了解中国提供一个独特的视角。要向世界大力宣传推介京剧、民乐，书法、国画等我国优秀传统文化艺术，让国外民众在审美过程中获得愉悦、感受魅力。当代优秀文化作品可以讲述当代中国的精彩故事，表达中华文化的核心理念，承载着当代中国价值观念。要推动当代中国优秀文化产品走出去，让外国民众通过欣赏中国作家艺术家的作品，来深化对中国的认识、增进对中国的了解。只有让世界各个角落的人们都来分享我们的文明成果与智慧，让世界真正了解中国，让世界听到中国较为全面客观的声音，才能使中国真正走向世界，我们的软实力也才能真正强大起来。我们所做的，就是要把更多体现中华文化精髓、反映中国人审美追求、传播当代中国价值观念、符合世界进步潮流的优秀作品奉献给伟大的时代。

需要指出的是，在发展社会主义市场经济的过程中提升中华文化的影响力，随着中国融入世界程度日益深化以及国际传播的全面推进，传播当代中华文化创新成果需要特别注意培育和提升跨文化交流能力。这大致主要包括理解异质文化和本土文化两个方面的能力。首先，在传播当代中华文化创新成果的过程中，我们不仅仅是意识到其他文化的存在，更为重要的是以积极开放的心态尊重、包容和接纳文化差异，形成一种跨文化意识和机制。其次，展现传播当代中华文化创新成果要以服务海外或异质文化对象为中心，在充分理解自己文化的特质以及不同文化间的差异性和多样性的基础上，不断消除跨文化传播当代中华文化创新成果中的困惑和冲突，进而不断提升面对多元文化的变通能力。传播当代中华文化创新成果过程中必须深入思考海外读者的语言思维习惯有怎样的特点，甚至他们最想了解中国的哪些方面，如何让我们想传递的信息、理念转化成他们的认同。找准传播当代中华文化创新成果的本土化和切入点，是我们迫切需要解决的问题。因此，传播当代中华文化创新成果的过程中，不仅在内容层面需要有所考量，也需要看到传播对象国际受众的复杂性和多元化存在，在传播中要区分不同文化背景、价值习惯和行为方式的传播对象，进而进行包含贴近性与针对性的传播，以及贯彻当代中华文化创新成果中的本土化理念。

第三节　加强对外文化的传播交流

在新时代社会主义市场经济发展和完善的过程中提升文化的软实力，

除了要直面我们自己的文化，弘扬中华优秀传统文化、传播当代中国价值观念、传播当代中国文化创新成果，持续提高中华文化对内的凝聚力和对外的吸引力外，在当今这样一个时代，还有一项必须高度重视的工作，那就是要加强对外文化传播交流。这是在发展社会主义市场经济的过程中提高文化的软实力最为关键的环节。不可否认的是，文化软实力是在相互交流尤其是对外传播交流过程中形成的，只有广泛地参与到国家交流之中，持续扩大中外文化交流，提升国际传播能力，讲好中国故事和传播好中国声音，才能让世界更好地了解我们的文化，更好感受到我们的发展理念、发展模式和发展道路的魅力，进而全面增强我国文化的软实力。随着中国特色社会主义进入新时代，中国和世界的关系正在发生历史性变化，中国需要更好地了解世界，世界也需要更好地了解中国。因而加强对外文化传播交流是提高国家文化软实力和展示真实、立体、全面的中国形象的内在要求。

一、扩大中外文化交流合作

在发展社会主义市场经济的过程中通过加强对外文化传播来提升我国文化软实力，首先要做的是扩大中外文化交流合作。中外人文交流是党和国家对外工作的重要组成部分，是提高我国文化软实力的重要途径。例如，我们以开展主场外交活动为契机，提高中国在世界范围内的影响力。同时，也可以依托高级别人文交流机制推动区域人文交流，扩大参与国家范围，搭建政府间文化交流平台，加强与"一带一路"沿线国家文化交流合作，让世界看到一个开拓创新、勇于担当的中国，彰显中国智慧与魅力。以建立高级别人文交流机制为载体，充分发挥元首外交和首脑外交的引领作用和高级别人文交流机制的示范带动作用，形成新的交流形式和合作领域。特别是近几年，我国先后同俄、美、英、法、德、南非、印尼、欧盟等建立了多个高级别人文交流机制，初步形成覆盖世界主要国家和地区的政府间文化交流与合作网络，以推动全社会广泛参与对外文化交流为途径，进一步丰富和拓展人文交流的内涵和领域，打造人文交流国际知名品牌，促进文化互鉴、民心相通。坚持走出去和引进来双向发力，重点支持汉语、中医药、武术、美食、节日民俗以及其他非物质文化遗产等代表性项目走出去，深化中外留学与合作办学，高校和科研机构国际协同创新，文物、美术和音乐展演，大型体育赛事举办和重点体育项目发展等方面的合作。这些高层次、宽范围的对外文化交流合作，必将是有效提升我国文化软实力的重要途径。

值得注意的是，对外文化贸易和投资是推动中国文化产品及其要素在世界范围内合理流动的内在动力。近几年，我国对外文化贸易和投资增长迅速，中华文化的国际影响力持续增强。有关数据显示，2017年，我国文化产品出口881.9亿美元，同比增长12.4%。其中，处于核心层的文化和娱乐服务、研发成果使用费、视听及相关产品许可费三项服务出口15.4亿美元，同比增长25%，占比提升5.7个百分点至24.9%，出口结构呈持续优化态势。要健全现代文化产业体系和市场体系，创新生产经营机制，完善文化经济政策，鼓励和引导各种所有制文化企业参与文化产品和服务出口，加大文化内容创新力度，打造外向型骨干文化企业，支持文化企业到境外开拓市场。值得关注的是，国家对外文化贸易基地在上海、北京、深圳相继建立，无疑成为在文化贸易领域探索发展新模式的重要抓手。积极吸收借鉴国外优秀文化成果，坚持"以我为主、为我所用"的立场，以开放的气魄与开阔的视野，坚持在交流互鉴中创新，创造性地吸收借鉴国外优秀文化，丰富和发展中华文明，为世界的和平发展提供公共产品。因此，新时代做好对外文化交流合作，就要进一步遵循国际市场规律，坚持政府搭台、市场运作，支持各种所有制企业走出去，创新海外运营模式，增强骨干企业国际竞争力，运用合资、合作、参股等方式，让更多优质产品和服务占领国际市场，进而扩大我国文化的影响力和吸引力。

需要指出的是，在发展社会主义市场经济的过程中通过加强对外文化传播来提升中华文化的软实力，要求多部门联手、主动出击，积极实施文化"走出去"战略。党校、干部学院、社会科学院、高校及智库，要积极实施"走出去"战略，并在重要国际场合发声亮剑，讲好"中国故事"，介绍"中国方案"，传播"中国理念"，增强"中国理论"的国际影响力和竞争力。国家教育主管部门和有关高校，应努力与国外合作高校共同办好孔子学院，使之在中国文化的国际传播中发挥正能量。值得警醒的是，积极参与国际科技合作，但不忽视共同课题背后的无形因素。当今科技合作越来越国际化，我国科学家当然要积极参与其中。然而有关部门必须高度重视共同课题背后的无形因素，如意识形态、民族文化和国家安全等。具体来说，科技主管部门要通过相关典型案例，教育引导科技人员，增强他们的国家安全意识，使他们自觉履行维护国家安全的义务；主流媒体要大力宣传科学家中的爱国主义典型，营造"科学无国界，但科学家有祖国"的舆论氛围，促使科技人员自觉抵御国际合作中的"利诱"；国家安全部门要加大监控力度，防止国外敌对势力利用科技国际合作的渗透活动，坚决捍卫我国的国家利益。

二、提升媒体国际传播能力

在发展社会主义市场经济的过程中通过加强对外文化传播来提升中华文化的软实力，除了要扩大中外文化交流合作，还要着力推进我国的国际传播能力建设。着力推进国际传播能力建设，创新对外宣传方式，加强对外传播话语体系建设，注重塑造我国的国家形象，重视公共外交，着力打造融通中外的新概念新范畴新表述，这是向世界展现一个真实、立体、全面的中国的必然要求，也是新时代提升我国文化软实力的现实抉择。

首先，构建协同配合的国际传播工作新格局。在新时代发展社会主义市场经济的过程中通过提升国际传播能力来提升中华文化的软实力是一个系统的工程。推进媒体国际传播能力建设，完善国际传播工作格局，创新宣传理念、创新运行机制，从单向度的传播变为双向度的沟通，增强国际传播的主体力量，充分调动各方力量，构建协同配合的国际传播工作新格局，才能向世界展现真实、立体、全面的中国。现在，已经形成了以政府为主导，媒体、智库、企业、民间等共同参与的国际传播格局。不同传播主体在传播形态、传播行为、传播能力和影响力上各有其独特的优势，但还存在着资源力量分散、整合优化不够的问题。面对国际国内复杂局势，我们要进一步加大统筹协调力度，汇聚更多资源力量，打出国际传播的组合拳，综合政治、经济、文化、外交等多方面因素，整合政府机构、大众媒体、企业组织及民间个体等多元力量，更好地实现综合性、全方位的传播效果。鉴于国际传播的多样化和体系化特征，国际传播应该体现标准化。因此，要加大力度借助海外社交媒体谋求新发展，让全世界都能听到并听清中国声音。另外，为确保国际传播能力建设，切实提高中华文化的活力，必须建立健全科学化、规范化、标准化的国际传播效果评估和指标体系。

其次，构建多维度、立体化的国际传播体系。这是通过提升国际传播能力来提升中华文化的软实力的必然选择。当前我国国际传播多元主体共存的体系正在形成，构建多维度、立体化的国际传播体系变得越来越重要，这不仅需要国家加强顶层设计，统筹各方力量以促使合力的形成，更需要各类传播主体强化相互间沟通协作的能力，努力形成内外结合、各方互动、官民并举、相互配合的国际传播体系，从而全面、立体、有效地展示当代中国形象和价值观。对此，加强顶层设计以形成合力是构建中国国际传播体系的关键。党的十八届三中全会通过的《中共中央关于全面深化改革若干重大问题的决定》不仅确立了发挥市场在资源配置上起决定性作用的重大理论观点，更为重要的是明确强调社会组织、外向型企业等在国际传播能力建设中的作用，特别是倡导社会组织等参与国际传播实践的观点应是在国家层面的政策上首次提出。因此，打造具有较强国际影响的外宣旗舰媒体传播体系具有现实紧迫性。近年来，我国媒体国际传播能力显著增强，在基础设施、传播观念以及国际议题设置能力等方面得到极大提升。中国国际电视台启用CGTN融媒中心，打造全球新闻一体化生产运营体系，各频道相继进入国外主流运营商平台，重大国际事件报道到达率、首发率比肩西方流媒体，国际传播力迅速提升。在这种情况下，提升媒体的国际传播能力就要把中央主要新闻媒体作为加强国际传播能力建设的重点，加快推动传统媒体和新兴媒体融合发展，加大传播渠道建设力度，提升本土化水平，进一步完善全球采编播发网络，提高新闻信息的原创率、首发率、落地率，努力打造国际一流媒体。加强国际合作，搭建境外全媒体平台，建设多语种新媒体传播体系。由此，国际传播主体进一步得以拓展，从而有利于国际传播体系的建构。《中共中央关于全面深化改革若干重大问题的决定》明确指出："坚持政府主导、企业主体、市场运作、社会参与，扩大对外文化交流，加强国际传播能力和对外话语体系建设，推动中华文化走向世界。"❶ 因而，我们要理顺内宣外宣体制，支持重点媒体面向国内国际发展，培育外向型文化企业，支持文化企业到境外开拓市场，鼓励社会组织、中资机构等参与孔子学院和海外文化中心建设，承担人文交流项目。

再次，打造融通中外的传播方式。通过提升国际传播能力来提升中华文化的软实力也要打造融通中外的传播方式，而提高国际传播水平关键是做到"融通中外"。2013 年 8 月，习近平总书记在全国宣传思想工作会议上指出要"创新对外宣传方式，着力打造融通中外的新概念新范畴新表述，讲好中国故事，传播好中国声音"❷。这就明确了我国国际传播方式就是既要牢牢扎根于本土，又要有全球思维，与国际习惯的话语体系、表述方式相对接。这不仅能让国际社会更好地理解和充分接受中国文化与价值观，而且建构全新的传播模式和理论范式为我们如何提高国际传播能力指明了方向。例如，融通中外最成功的例子就是习近平总书记提出的"中国梦"。应当承认，中国梦的提出与美国梦不无关系。美国梦提出的时间较早，是在 20 世纪 30 年代初由美国历史学家亚当斯提出的，而中国梦概念的提出和使用相对较晚。美国梦在前，中国梦在后，在形式上中国梦是对美国梦的借鉴与超越。美国通过"美国梦"传播其价值理念和理想追求，增强了软实力，掌握了话语权，是非常成功的。我们为什么不能借用这种传播方式，提出"中国梦"来讲好中国故事呢？当然，我们也要看到，"中国梦"这一概念所表达的基本内涵是早已客观存在的。正如习近平总书记所指出："实现中华民族伟大复兴，就是中华民族近代以来最伟大的梦想。这个梦想凝聚了几代中国人的夙愿。"❸ 打造融通中外的新概念新范畴新表述，要着力抓好"融通中外"这个关键。融通中外就是我们传播的概念范畴表述既要符合中国国情，有鲜明的中国特色，又要与国外习惯的话语体系、表述方式相对接，易于为国际社会所理解和接受。必须充分认识到，打造这样的概念范畴表述，是我国加强国际传播能力的重大创新，有利于中国声音传播出去，有利于中国与世界更好地沟通和交流。因此，要通过提升国际传播能力来提升我国文化的软实力。

最后，充分发挥好新兴媒体作用。媒体是国际传播的主力军，壮大媒体力量是提高国际话语权的基础环节。中国是一个媒体大国，但还不是一个媒体强国，缺少在国际上有较大影响力的一流媒体。改变这种大而不强的状态，需要进行资源整合，变数量优势为质量优势。要抓住机遇进一步加强基础设施建设。当前，传媒业正在向数字化、网络化转型，这是实现传播能力跨越式提升的良好机遇。要抓住和用好中国崛起的相对优势，努力确立能够与西方传媒抗衡的硬实力格局。要坚持传统媒体与新兴媒体并举，加快传统媒体与新兴媒体融合发展，以报纸、通讯社、电台、电视台等传统媒体为依托，大力开发和运用数字化网络化技术，把传统媒体的内容优势和新兴媒体的传播优势有机结合起来，充分运用新技术新应用，创新媒体传播方式，在新一轮传播能力竞争中赢得主动。要坚持软件硬件并重，把软件建设放在更加突出的位置，着力在优化采编网络、丰富信息内容、完善营销体系、改进传播技术和吸引培养人才等方面取得新的突破，打造一批具有国际知名度的精品栏目和节目，不断提高新闻信息原创率、首发率、落地率。要发挥好日益强大并不断凸显的资金和技术实力优势，为构建大国传播不断夯实物质基础，在建设遍布全球的信息采集和传播网络中大力提升中国媒体在世界上的"能见度"，让中国声音渗透世界。要关注世界上发生的事情，客观、全面、真实地报道好这些事情，把中国价值理念融入媒体的报道之中，为国外受众提供观察国际社会、国际事务的中国视角，引导他们准确理解中国在有关问题上的立场主张。特别强调的是，要抓住历史机遇，强化互联网思维，探寻对外传播中的新概念新范畴新表述，构建起立体多样、融合发展、联通世界的现代传播体系，在世界媒体格局中实现"弯道超车"，提升中国媒体在全球的影响力和话语权，让满载中国好故事的图像、声音、文字、信息更广泛地传播到世界各地，进入千家万户，传递文明、开放、和平的真实中国形象。

三、讲好中国故事，塑造中国形象

在发展社会主义市场经济的过程中通过加强对外文化传播来提升中华文化的软实力，还要讲好中国故事，并通过中国故事来塑造良好的中国形象，进而提升我国文化的软实力。衡量一个国家软实力的另一个重要标志，是要看一个国家能否有效地向世界展示自己，塑造自己的国家形象，也就是能否在世界上讲好自己的故事。一个没有故事可以讲或讲不好自己故事的国家，不会是文化软实力强国。讲故事是国际传播的最佳方式，讲好故事事半功倍。讲故事之所以有如此巨大的作用，是因为它能在讲述者与受众之间，迅速建立一种情感上的联系，产生思想上的共鸣。没有一种抽象概念比真实故事更有说服力，而再多的叙述技巧也不能比真情实感更能打动人心，因此一个故事往往胜过一打道理，正所谓"讲好故事，事半功倍"。当下，中国虽然已经是世界第二大经济体，日益走向世界舞台中心，但国际交流和传播是一个双向过程，在崛起发展中我们会面临更多的传播难题，如何消除误解、建构与塑造良好国家形象？对此，我们应该讲好中国故事、传播好中国声音。习近平总书记以身作则、率先垂范，宣介中国理念、阐释中国主张，讲述了许许多多脍炙人口、打动人心的中国故事。比如，在 2014 年加强互联互通伙伴关系对话会上，讲了"愚公移山"的故事，阐释"一带一路"互联互通的重要性；在 2014 年中阿合作论坛上，讲了一个阿拉伯商人在浙江义乌奋斗成功的故事，阐述中国梦的世界意义；在 2015 年访美时结合自身经历，讲了梁家河变迁的故事，阐释中国道路走得对走得通。故事具体而生动、通俗而深刻，言语间蕴含着思想智慧、文化力量，拉近了与外国受众的距离。从一定意义上说，塑造国家形象的效果、传播价值理念的力度、增进文化认同的质量，直接取决于讲故事的能力和水平，取决于我们选择什么样的故事载体、采取什么样的讲故事方式。对此，可以从如下几个方面着力。

我们要生动地讲好具体的故事，又要始终把当代中国故事投射到更加宏大的历史背景上。实现中华民族伟大复兴的中国梦，是当代中国最宏大、最精彩的故事。当前，13亿多国人在中国梦感召下，正在以自己辛勤的劳动追求和实现梦想。中国人怎么想、怎么做，中国向何处发展、未来前景怎么样，都体现在中国人民追逐梦想、实现梦想的故事之中。要注重塑造我国的国家形象，重点展示中国历史底蕴深厚、各民族多元一体、文化多样和谐的文明大国形象，政治清明、经济发展、文化繁荣、社会稳定、人民团结、山河秀美的东方大国形象，坚持和平发展、促进共同发展、维护国际公平正义、为人类作出贡献的负责任大国形象，对外更加开放、更加具有亲和力、充满希望、充满活力的社会主义大国形象。在讲好中国故事、塑造国家形象方面，习近平总书记是倡导者，也是践行者，党的十八大以来，习近平总书记在十几次出访的公开演讲中，讲述了很多温暖人心的故事，拉近了中外民众的心理距离，向世界形象传递出中国观点和中国态度。对此，要讲好中国特色社会主义的故事，讲好中国梦的故事，讲好中国人的故事，讲好中华优秀文化的故事，讲好中国和平发展的故事，把中国道路、中国理论、中国制度、中国精神、中国力量寓于其中。中国道路的开创，中国奇迹的取得，中国为世界发展作出的贡献，是我们坚守文化自信的物质基础。讲好中国故事，要坚守中华文化立场、传承中华文化基因、展现中华审美风范，从中华民族的辉煌历史和国家发展的伟大成就中汲取精神力量，增强讲好中国故事的底色和底气。

讲好中国故事，应当凸显中国精神和核心价值观。中国几千年的灿烂文明举世罕见，中华人民共和国成立以来的沧桑巨变世人瞩目，改革开放40年来的发展奇迹令人震撼，为讲好中国故事提供了源源不断的素材。在这些中国故事当中，蕴含着丰富的中国精神，集中体现着中国的核心价值观。在这种情况下，要主动讲好中国共产党治国理政的故事、中国人民奋斗圆梦的故事、中国坚持和平发展合作共赢的故事，讲好中国故事背后的中国精神、中国价值。要组织各种精彩精炼的故事载体，把中国道路、中国理论、中国制度、中国精神、中国力量寓于其中，通过引人入胜、循循善诱的方式，使人想听爱听，听有所思，听有所得。

对此，要重点展示中国历史底蕴深厚、各民族多元一体、文化多样和谐的文明大国形象，政治清明、经济发展、文化繁荣、社会稳定、人民团结、山河秀美的东方大国形象。

讲好中国故事，要在表达方式上让国际社会易于理解和接受，绝不将自己的价值观强加于其他国家和民族。2013 年 6 月，习近平总书记在墨西哥演讲时，引用孔子的"己所不欲，勿施于人"传递中国外交的义利观，还谈到米卢带领中国足球闯进世界杯比赛和墨西哥跳水队在中国教练指导下拿下好成绩的事例。特别是习近平总书记表现出非常接地气、平民化，既展大国领袖的风范，又显亲民务实的情怀。2014 年 3 月，习近平总书记在法国引用拿破仑的话提出了"新狮子论"，巧妙反驳了"中国威胁论"，传递出中国梦的世界价值。这些对指导我们讲好中国故事、塑造国家形象有着极其重要的启示。目前，在讲故事上还存在政策语言多、生动事例少、古代经典多、现代故事少等问题，存在重主题轻主角、重论述轻叙述、重宏大叙事轻微观展现等问题。在这种情况下，要更加注重挖掘有温度、接地气的外宣素材和故事，注重以理服人、以文服人、以德服人，更加注重用事实、数据和案例说话，增强吸引力、感染力。要遵循对外传播规律，同时，也要加强国际化表达，选择与价值观念相适宜、兼具民族特色和国际表达的话语体系，紧贴海外受众的思维方式、文化习俗、接受习惯，以国际化理念、本土化运作，把中国的历史文化、发展成就、时代风貌、价值观念等融入本土传播，架起沟通桥梁，激发情感共鸣。

当然，讲好中国故事还要做到久久为功，我们的观念和主张要经常说、反复说，不能长在深山无人知。讲好中国故事，塑造国家形象具有重要的现实意义。国家形象是国家软实力的重要范畴，是主权国家最重要的无形资产。要运用新思维、新手段讲好中国故事、传播好中国声音，更好地塑造与宣传国家形象。要把此项工作作为全党的事情、作为全体中国人民的事情。不仅中央的同志要讲，各级领导干部也要讲；不仅宣传部门要讲、媒体要讲，实际工作部门、各条战线都要讲。要通过学讲中国故事，动员各方面一起做思想舆论工作，加强统筹协调，整合各类资源，推进内宣外宣一体发展，奏响交响乐、大合唱，把中国故事讲得越来越精彩，让中国声音越来越洪亮。

第四节　努力提高国际舆论话语权

在新时代社会主义市场经济发展和完善的过程中提升文化的软实力，就要努力提高国际舆论话语权。国际话语权是国家文化软实力的重要组成部分。衡量一个全球性大国文化软实力的重要标志，就在于是否能够构建起一套能为世界倾听、认可和接受的对外话语体系。没有这样一套话语体系，再鲜活的国家故事素材、再精彩的国家发展脚本，搬到世界舆论舞台上，其传递给他国受众的有效性也会大打折扣。因此，提高文化软实力，必须重视构建对外话语体系和提高国际话语权。

一、努力提高国际舆论话语权是提高文化软实力的重要抓手

放眼世界各国走向现代化的历程，无不注重通过国际话语权的建构与提升，宣传本国的价值观念和基本国策。我国正迎来从站起来、富起来到强起来的伟大飞跃，在夯实硬实力的同时，提升以国际话语权为代表的文化软实力，是建设社会主义文化强国和全面增强综合国力的内在需求。话语权决定主动权，落后就会挨打，贫穷就会挨饿，失语就会挨骂。经过长期奋斗，我们已经基本解决了"挨打""挨饿"的问题，但"挨骂"问题还没有得到根本解决。争取国际话语权就是要解决"挨骂"问题，是提高国家文化软实力的一项重要任务。从国际上看，随着我国经济社会发展和国际地位提高，国际社会对中国发展道路和发展模式的理性认识逐步加深。但是，目前"西强我弱"的国际舆论格局之下，西方主要媒体左右着世界舆论，我们往往有理说不出难说出，或者说出了传不开。特别是某些西方国家视我国为战略竞争对手，利用其战略优势，散布"中国威胁论""中国崩溃论"等论调，有意歪曲、抹黑中国。面对复杂多变的国际形势，提高我国国际话语权、占领国际舆论制高点，已成为提高国家文化软实力，创造良好国际发展环境，争取与我国经济发展实力相符合的国际地位的迫切需要。从我们自身来看，对国际话语权的掌握和运用还不够。事实证明，提高国家文化软实力，既要"形于中"又要"发于外"。我们国家发展成就那么大，未来发展势头那

么好，我们国家在世界上做了那么多好事，这是提高我国国际话语权的最大本钱。

其实，国际话语权是影响和控制全球舆论的权力和能力。从英国到美国，历史上的传播强国首先都是世界话语权强国。全球力量中心的转移，必然导致国际话语权中心的转移。长期以来，改变不合理国际舆论秩序的呼声始终存在，多极世界需要与之适应的国际传播新秩序。从国际视角来看中国问题，我们能够比较清楚地看到目前中国的不足和短板所在。尽管我们在提高国际话语权，但同西方国家相比，我们还有不小差距。应该承认，国际话语权的掌握和运用，要精心构建对外话语体系，发挥好新兴媒体作用，增强对外话语的创造力、感召力、公信力，讲好中国故事，传播好中国声音，阐释好中国特色。不容忽视的是，过去一些年，中国在国际话语权问题上吃了不少亏，中国的媒体缺乏与中国崛起相适应的国际影响力，在与全球媒体打交道的过程中还不够游刃有余。这些都需要我们积极地构建对外话语体系，明确树立话语权意识，掌握更多的话语权手段。

二、构建中国特色的国际话语体系

通过努力提高国际话语权来提高文化软实力，就应该建构中国特色的国际话语体系。话语体系在话语权中具有举足轻重的地位，要争取国际话语权，必须要构建中国特色的国际话语体系。例如，党的十八大以来，习近平总书记运用马克思主义立场、观点、方法，从中华文化和人类文明成果中汲取智慧，创造性提出一系列具有鲜明中国特色和深厚人类情怀的中国话语。比如，关于人民的梦想追求，提出"实现中国梦不仅造福中国人民，而且造福世界人民"；关于道路制度，提出"鞋子合不合脚只有自己知道"。再比如，关于人类发展和世界前途，提出"构建人类命运共同体"；关于国际合作，提出"一带一路"倡议，等等。这些都是话语体系创新的经典之作，一经提出就在国际社会得到广泛传播、引发强烈共鸣，增强了中国声音的穿透力、影响力。因此，构建中国特色的国际话语体系，要坚持以当代中国特色社会主义实践为中心，系统梳理我们具有独创性和影响力的话语。如中国梦、美丽中国、国家治理体系和治理能力现代化、"把权力关进制度的笼子"等，总结形成准确阐释中国道路、中国理念、中国价值的对外话语体系，彰显话语特色和话语优势。在这种情况下，要围绕全球性重大议题提出中国话语，针对经济全球化、恐怖主义、网络安全、气候变化等人类共同面临的重大问题，提出具有鲜明中国特色、体现人类共同价值追求的观点主张。

构建具有影响力的中国特色国际学术话语。发挥我国哲学社会科学的作用，加强话语体系建设，以我国实际为研究起点，提出具有主体性、原创性的理论观点，构建具有自身特质的学科体系、学术体系、话语体系。其实，中国学者有责任加强中国道路、理论、制度和文化的学术研究，建构具有中国特色、中国气派的中国道路国际话语体系，在国际对话中充分表达自己、丰富自己，决不能迷失于现代世界的众声喧哗之中，更不能满足于仅仅做西方话语的聆听者和追随者。我们必须总结和提炼中国经验，讲述好当代中国的发展实践，进而形成中国范畴，以中国视角展开世界叙事。对此，应积极发挥我国哲学社会科学学者的作用。我国哲学社会科学学者因拥有某一专业或某一领域的专业知识而能为其国际话语权的提升作出重要贡献。一方面，国际话语权需要学者提供学术支撑；另一方面，在公众的心目中，学者的言论多被认为具有较多的公正性和合理性。因此，为了提升中国的国际话语权，要为我国学者在话语权领域的创新提供更大的空间和便利条件。当然，需要注意的是，中国特色的社会主义事业不同于西方国家的现代化，由此产生的理论与实践具有中国特色。此外，在内容、形式、内涵和外延等方面，中国特色国际话语体系与国际话语体系有着巨大的差别。如果我们完全用中国特色的话语体系在国际上"发声"，效果可能是"对牛弹琴"，事倍功半。为了解决"有理说不出，说了也传不开"的问题，理直气壮、全面准确地向世界讲好中国故事，这意味着我们应该最大限度地缩小中国特色话语体系与国际话语体系之间的差异性。一方面，我们应该坚持道路自信、理论自信和制度自信，理直气壮地宣传中国特色社会主义的成就；另一方面，我们也应该使用容易被西方民主接受的话语，使中国发出的声音被更多的人接受。

三、增强国际舆论的议题设置能力

通过努力提高国际话语权来提高文化软实力，还应该增强国际舆论的议题设置能力。这是新时代提升文化软实力的重要举措。议题设置能力与话语权和文化软实力密切相关。议题设置能力是话语权的重要环节，掌握了议题权，才能牢牢掌握主动权、话语权。国际舆论中"羊群效应"很明显，往往谁先发声，谁就可能抢占舆论主导权。要坚持先声夺人，捕捉最佳时机，主动设置议题，敢打舆论主动仗，避免随风起舞、疲于应对。因此，随着中国特色社会主义进入新时代，在发展社会主义市场经济过程中通过增强国际话语权来提高文化软实力，就应该着力增强国家舆论的议题设置能力。

增强国际舆论的议题设置能力，要以主动回应国际社会关切消除对我疑虑。近年来，随着我国综合国力的不断提升，国际社会迫切希望深层次了解和研究中国的道路、制度、体制和价值观，探究成功秘诀，同时对我国快速发展和发展走向也存有一些疑虑。这既是国际社会关注的聚焦点，也是对外宣传的重要议题。要抓住宝贵机遇，因势利导，对外介绍中国道路、理论、制度的科学内涵和鲜明特色，引导国际社会更加客观全面地认识和理解当代中国，牢牢掌握中国发展进步的阐释权、话语权。同时，以更加积极的姿态主动参与国际重大议题的讨论和研究，争取国际事务的议程设置权和话语主导权。事实上，从"中国道路"到"中国模式"，从"一带一路"到"人类命运共同体"，一系列带有鲜明中国印记的概念已经成为世界流行的新语汇。中国实践已经走到了世界发展的前沿，中国问题势必不断走上世界发展议程。因此，随着我国综合国力和国际地位大幅提升，中国日益走近世界舞台中央，国际社会前所未有地聚焦中国、期待中国声音，关注中国的发展成就、发展模式。对此，要积极回应国际社会对中国的主要关切，包括中国的发展道路、发展成就，中国的民主人权、民族宗教，中国的环境保护、金融安全，中国的新闻制度、网络治理等，主动解疑释惑，澄清模糊认识。

要提高设置国际议题的能力，要敢于在敏感问题上发声和表达自己的观点。国际社会十分关注中国对世界的看法、对重大国际问题的态度，这方面我们不能缺席、不能失语，特别是敢于在敏感问题上"发声"。民主、人权、选举、政治改革和其他一些在国内被视为较为敏感的话题，常被国外的一些政治家、学者和记者当作攻击和批评中国的"炮弹"。为了反击和自卫，既要在各个场合用不同的方式宣传中国特色的政治制度的优势，又要敢于与其"叫板"，揭露西方政治制度中的种种缺陷和弊端。无论如何，在敏感问题上保持沉默绝非上策。在敏感问题上"发声"时，要区分人类社会恪守的普世价值观与西方推崇的价值观两者之间的不同之处，不能将"洗澡水与婴儿一起倒掉"；要敢于抨击西方政治制度的局限性；要敢于反驳外国网站的不实报道和错误言论。对于在国际上享有较高知名度的外文新闻网站，不能因为其经常发表批评中国的言论而加以屏蔽，而是应该利用我们的话语权，与其进行有力的辩驳，在辩驳中提升我们的国际话语权，在斗争中积累我们的经验。比如，针对一些国家逆潮流而动、推行单边主义，大搞贸易保护主义和民粹主义，退出有关国际组织、国际协议，我们可以抓住时机设置议题，引导国际社会认清其强权政治和霸权主义的本质。再比如，面对全球金融危机、恐怖主义的威胁、环境污染、全球气候变暖等人类共同关注的问题，中国要及时向世界传达中国声音、中国主张、中国方案，更加有效地影响和引导国际舆论，彰显我国在地区乃至全球治理中的话语权。同时，也要做到以反制对我攻击污蔑正本清源。对形形色色的负面议题，要增强政治敏锐性、政治鉴别力和政治定力，在深入分析研究的基础上搞清源头本质，找出破绽软肋，站在维护国家核心利益的高度，积极开展正面交锋，讲清事实真相，将之消解于无形。因此，对不时出现的妖魔化、污名化中国和中国人民的言论，要及时进行揭露和驳斥，消减舆论负能量。

最后，要把握规律，讲究原则和方法。做好议题设置工作需要遵循外宣工作规律，讲究原则和方法，做到科学设计、精细操作。从维护国家利益出发，把我们想说的和国际社会想了解的梳理清楚，形成话题体系，坚持不懈对外传播。反制对我攻击，更要争取主动，不被别人牵着走，既坚持针锋相对，也讲究策略迂回，在具体语境下赢得战略主动，要充分体现内外宣工作对象、任务、范畴等方面的不同特点，做到内外统筹、相互兼顾。不仅要有充满中国元素和鲜明特色的中国好故事，而且要能把故事讲述好、传播开，产生事半功倍的叠加效应。关注受众心理，到什么山上唱什么歌，既有便捷的"大排档"，也有精致的"满汉全席"，将我们要表达的思想与国际通行的认知、规范对接，与对象国、地区社会文化习俗对接，在接地气聚人气中实现议题表达。利用经济、文化等多方面元素，提高议题话题的吸引力、感染力、影响力、穿透力。因此，增强国际上的议题设置能力的重点集中在议题传播主体、传播渠道、传播方式等方面，确保议题对外传播取得最佳舆论引导和传播效果。因此，要注重发挥新媒体和影视片等传播优势，推出更多传播当代中国价值观念的优秀影视作品，通过正面宣传故事化、概念具象化、数据实例化的有效方式，营造于我有利的国际舆论环境，塑造良好的国家形象。

　　总而言之，在新时代社会主义市场经济发展和完善过程中处理好经济发展和文化建设的关系，特别是着力加强思想文化建设，就应该高度重视文化软实力建设。提高文化软实力是社会主义市场经济发展的客观要求，是我国文化建设现状的现实需要，更是由于文化软实力的重要性及其作用决定的，还是由于充分展现我国具有的发展成就决定的。随着我国日益走近世界舞台中央，迫切需要向世界展现真实、立体、全面的中国形象，形成与我国综合国力和国际地位相适应的国家文化软实力。提高国家文化软实力，不仅关系我国在世界文化格局中的定位，而且关系我国国际地位和国际影响力，关系"两个一百年"奋斗目标和中华民族伟大复兴中国梦的实现。一个国家的文化软实力，从根本上说，取决于核心价值观的凝聚力、感召力，也取决于国家话语权的影响力、吸引力。经过长期努力，我国成功走出了一条中国特色社会主义道路，取得举世瞩目的辉煌成就。提高国家文化软实力，要讲好中国故事，要讲好中国特色社会主义的故事，讲好中国梦的故事，讲好中国人的故事，讲好中华优秀文化的故事，讲好中国和平发展的故事，把中国道路、中国理论、中国制度、中国精神、中国力量寓于其中。要着力推进国际传播能力建设，创新对外宣传方式，加强对外传播话语体系建设，注重塑造我国的国家形象，重视公共外交，着力打造融通中外的新概念新范畴新表述，才能向世界展现一个真实的中国、立体的中国、全面的中国，进而提升我国的国际影响力。

第五章

市场经济发展与发展公共文化事业

深入把握新时代社会主义市场经济发展的文化向度及其建设也应该高度重视文化事业的发展。公益性文化事业既是社会主义市场经济发展的客观要求，也是社会主义文化事业的重要组成部分。随着我国社会主义市场经济体制的逐步建立和市场经济的发展完善，更好地提供足够数量和高质量的公益性文化产品和服务、满足公众不断扩大的文化需求，越来越成为公益性文化事业发展的目标和追求。发展公益性文化事业是社会主义制度下保障人民基本文化权益、满足人民基本文化需求的基本途径，是实现文化发展成果由人民共享的重要保障。随着我国社会主要矛盾已经转化为人民日益增长的美好生活需要和不平衡不充分的发展之间的矛盾，公益性文化事业是新时代社会主义市场经济条件下满足人民多样化精神文化需求的重要途径，是充分发挥市场在文化资源配置中的积极作用、激发全社会文化创造活力的必然要求。在新时代发展社会主义市场经济过程中加强文化事业发展，必须充分认识到发展文化事业的必要性，满足人民对文化事业发展的美好期待，加强完善发展公共文化服务体系建设，大力提升公共文化服务的均等化水平。

第一节　发展市场经济过程中要
加强公共文化事业发展

在新时代社会主义市场经济发展和完善过程中正确处理经济发展与

文化建设的关系，特别是充分发挥好文化建设对新时代社会主义市场经济的支撑保障作用，就应该大力加强公共文化事业发展。公共文化事业也称为公益性文化事业。它以非营利为目的，为全社会提供非竞争性、非排他性的公共文化产品和服务，既包括广电网络、图书馆、博物馆、文化馆等公共设施，也包括公益性的文化艺术产品、群众文化活动等。随着中国特色社会主义进入新时代，大力加强公共文化事业发展，是新时代社会主义市场经济健康发展的客观需要，也与当前公共文化事业发展有待提高有关，还与公益性文化事业发展在人的全面发展中扮演着更加重要的角色有关，更与公共文化事业在社会公共服务中的地位有关。对此，将作如下具体分析。

社会主义市场经济健康发展的客观需要，决定了在新时代发展社会主义市场经济过程中要大力加强公共文化事业发展。作为社会主义构成要素的文化事业，怎样与社会主义市场经济接轨，是一项重要的现实课题。在市场经济条件下，无论是公共文化产品还是私人文化产品，因其负载了"非物质性"的意义内容而与物质产品相区别。文化产品由于具有人类精神消费的价值诉求和审美要求，因而超出了一般物质消费产品作为满足人类生理需求的界限，从而对消费者个人的思想行为和精神状态产生持久的延伸性影响或消费者群体的扩大性影响。消费任何一件文化产品，都是自觉不自觉地对其中所包含的价值诉求和审美态度的接受。文化产品的这种特点使之具有或多或少的"公共性"，如果把一些文化产品所特有的"意识形态"属性也归结为文化意义内容的"公共性"，那么，文化产品意义内容的"公共性"从低到高，可以有无数个结点。在市场经济条件下，公共文化服务事业属于纯公共文化产品，它直接关系到国家文化主权、文化信息安全和社会稳定。例如，中央电视台的新闻频道、国家信息网络、重要文物和历史文化遗产的保护、研究与开发利用，这类文化产品由于具有消费的非竞争性和非排他性，外部效应特别大，因而无法单独由市场提供。在市场经济条件下除部分纯公共产品由政府直接生产和提供外，绝大多数准公共产品采取由政府和市场混合提供的方式。公共产品和公共服务主要由市场提供，存在消费者"搭便车"的"市场失灵"问题，致使其供给不足；完全由政府提供，则又矫枉过正，不仅纳税人的税负和政府的财政负担过重，而且容易产生政府和公共服务部门效率低下的"政府失灵"问题，以及由于"寻租"而滋生的腐败问题。在这种情况下，应塑造适应社会主义市场经济要求的公共文化服务事业的混合主体，进一步开放投资准入门槛，引导社会资本和产业资本进入公共文化服务领域，发展一批公共文化服务的非公有制微观主体，优化公共文化服务的微观主体结构，形成以公有制为主体的公共文化服务事业的混合微观主体。与此同时，要加大国有文化事业单位的改革力度，深化干部人事制度、收入分配制度和社会保障制度改革，积极探索引入市场机制，转换传统的管办不分、政事不分的事业体制的运行机制，提高公共文化服务的数量和质量，开创取得良好社会效益的新途径，等等。所以，新时代社会主义市场经济健康发展的客观需要，决定了在发展社会主义市场经济过程中大力加强公共文化事业发展，进一步增强公共文化事业发展的活力，进一步建立与新时代社会主义市场经济相适应的公共文化事业服务体系和政策体系，成为新时代公共文化事业发展必须坚持的方向。

当前公共文化事业发展有待提高，决定了在新时代发展社会主义市场经济过程中要加强公共文化事业发展。近年来，我国加大了对于文化事业，特别是公益性文化事业的支持力度，相关改革也取得了一定的成效。目前，公共文化服务事业投入不足，文化基础设施落后，覆盖面窄，城乡之间、东西部之间文化发展的差距日益拉大，国有文化事业单位机制不活，以及公共文化产品和服务供给不足，严重影响和制约经济社会全面、协调和可持续发展已经是一个不争的事实。我国公共文化事业表现为：一是"公益性"，要求政府以有力的财政支撑，建立一个受法律保护的、遍及全社会的服务系统，以超越局部和个别利益的公正性操作，提供大量免费、无差别的基础性文化产品和服务；二是"非营利性"，要求政府或非营利组织具有服务社会大众的公益使命，并以注重社会公共利益为首要目标，以实现社会效益最大化为最终目的；三是"教化娱乐性"，不仅是完成教化的载体，而且也是成就愉悦的本体；四是"引导性"，注重的是目标导向和长远利益，而不是短期效益和眼前利益。因而，改革开放以来，随着经济生活的不断改善，人们对公益文化活动的要求也越来越高，在现实中，我国公益性文化设施和环境的发展水平仍不能达到人们的需要。首先，从数量看我国公共文化设施的数量与实际的人口数量不呈比例。虽然改革开放以来大多数公益性文化事业部门都取得了较大的发展，但同我国庞大的人口基数相比，其发展远远未能满足公众日益增长的精神文化需求，仍然表现在设备不足、发展不完善上。其次，随着公共文化服务体系的逐步完善，人民群众对公共文化服务的需求不仅越来越多样化，而且对公共文化服务质量的要求也与日俱增。长期以来，我国文化体制改革相对滞后，政府对文化事业单位干预过多，文化建设行政色彩浓重，一方面导致资源浪费，另一方面也容易致使文化单位及文艺工作者的积极性与创造性减弱，文化发展丧失活力。目前我国公益性文化事业投资主体和投入资金的来源过于单一，社会力量支持公益性文化事业建设的渠道不通畅，而这必然会导致公益性文化建设发展动力不足。现在财政文化投资的绝对数并不少，但财政对文化事业的投入中，不排除有一些浪费的、走过场的、老百姓得不到实惠的。所以不能只谈财政投入多少，还要关注它的投入产出比，它的实际效能。政府在文化领域的职能，最主要的是发展公益性文化事业。把钱花到公共图书馆、博物馆、文化馆、美育教育等方面，老百姓才能真正得实惠。当前，我们国家正处于经济和社会发展的转型时期，各项事业发展需要建立相应的新机制，在公共文化服务体系中，公益性文化事业同样需要适应社会主义市场经济的新体制，建立一套良性循环的新的运行体制。目前正处于经济、社会和文化转型的社会主义初级阶段，文化生产力还比较落后，公共文化产品和服务供需的矛盾十分突出，这就决定了必须从我国具体国情的实际出发，在发展公共文化服务事业方面采取更加务实也更为灵活多样的方式。为此，在文化体制改革和文化建设的过程中，要不失时机地把加快公共文化服务事业改革和发展的工作提上重要日程。

公共文化事业发展在人的全面发展中扮演着更加重要的角色，决定了在新时代发展社会主义市场经济过程中要大力加强公共文化事业发展。人的全面发展，既需要生存性资料（物质需求）的满足，也需要发展性资料和享受性资料（精神文化需求）的满足。在当代中国，这意味着要在社会主义初级阶段的发展水平内尽可能地保障每个人的权益、释放每个人的潜能、满足每个人的需要。因而，进入新时代，我们在坚持以经济建设为中心、着力推动高质量发展的同时，更加注重社会主义文化繁荣兴盛，更加注重精神文明与物质文明协调均衡发展，努力提供更丰富更优质的精神文化食粮，更好满足人民日益增长的美好精神文化需求，正是实现人的自由个性的内在要求、推动人的全面发展的应然之举。随着生产力水平的提高和物质财富的丰富，人民群众对文化生活提出了更高要求。因而要推动文化事业全面繁荣、文化产业快速发展，不断丰富人民精神世界、增强人民精神力量，不断增强文化整体实力和竞争力。这就要求更加注重文化发展的全面性、协调性和可持续性，把改善民生落实到文化建设中，着力提供更好更多的文化产品和服务。公共文化事业发展建设在人的全面发展中扮演着更加重要的角色，能够起到保障人民文化权益，提供高品质多样化文化产品和服务等价值功能。"文化权利"是人人应当享有的基本权利。中国特色社会主义进入新时代后，我国社会主要矛盾由人民日益增长的物质文化需要同落后的社会生产之间的矛盾，转化为人民日益增长的美好生活需要和不平衡不充分的发展之间的矛盾。新时代的美好生活是人民对经济、政治、文化、社会、生态等方面综合要求的反映，不但涉及物质生活、社会生活，更包括精神生活的充盈。相较于过去，我国的文化供给能力和水平实现了大幅提升，供给渠道的丰富、大众文化的普及使人民群众精神文化需求得到基本满足。近年来，无论是节假日各地频现的"博物馆热"，还是网络视频等新兴文化消费热点，都彰显了精神文化需求的普遍升温。随着经济社会的快速发展、居民收入的增加、高新科技的应用，人们的文化品位、鉴赏水平、消费能力不断提升，群众精神文化需求正在朝着高品质多样化方向转变。现阶段，从供给上看，我国文化产品和服务供给总体上仍然精品少、层次低，城乡间、区域间供给水平还有不小的差别，单一化、同质化的问题依然存在，难以满足人民日益增长的精神文化生活需求。从需求上看，随着生活水平不断迈上新台阶，人们更加期待好看的电影、电视剧、图书、演出、展览，更加追求讲道德、尊道德、守道德的生活，更加期盼国民素质和社会文明程度的提高。从消费上看，我国目前文化消费规模与发达国家还有相当的差距，从一个侧面也反映了我国文化产品的有效供给还有很大潜力。满足人民过上美好生活的新期待，必须提供丰富的精神食粮。当前和今后一个时期，构建现代公共文化服务体系，丰富群众性文化活动，提高标准化、均等化水平，同时充分激发市场活力和社会创新创造能力，推动文化产业快速发展，引导文化企业等主体大力提供优质文化产品和服务，才能满足广大人民群众新时代的精神文化需求，促进人的全面发展。

公共文化事业在社会公共服务中的地位，决定了在新时代发展社会主义市场经济过程中要大力加强公共文化事业发展。公共文化服务事业是指与经营性文化产业相对应，主要着眼于社会效益，以非营利性为目的，为全社会提供非竞争性、非排他性的公共文化产品和服务的文化领域，它涵盖了广播电视、电影、出版、报刊、网络、演出、文物、图书馆和哲学社会科学研究等诸多文化领域，与整个文化领域可以实行市场化、产业化经营的文化产业一道构成国家文化建设的完整内容。因此，公共文化服务事业既是国家文化建设的有机组成部分，同时也是国家整个社会公共服务事业（包括教育、医疗卫生、社会保障、环境等）的重要方面。公共文化服务事业在积累、传承、创新和发展民族文化，落实公民文化权利和满足城乡居民日益增长的精神文化需求，提高全民族的思想道德和科学文化素质，发展和繁荣社会主义先进文化，构建社会主义和谐社会，以及促进国际多样化的文化交流等方面都发挥着不可替代的重要作用。从国际经验看，发展中国家的现代化进程，既是一个工业化、信息化和城市化的过程，也是与此相适应的社会服务领域的"公共化"的过程。包括公共文化服务事业在内的整个社会服务事业的"公共化"，不仅是公共服务数量、公共服务质量、公共福利水平的大幅度提高，而且也是社会服务结构、社会服务组织体制的巨大变迁。因此，包括公共文化服务事业在内的整个社会公共服务事业的发展水平，在一定程度上可以看作一个国家的文明演进和社会进步的标志之一。加快我国公共文化服务事业的发展步伐，应当根据我国的具体国情和公共文化服务事业改革发展的重点、难点，明确公共文化建设的总体目标和阶段性任务，构建与社会主义市场经济和精神文明建设要求相适应、高效而又覆盖全社会的公共文化服务体系。公共文化事业在社会公共服务中的根本任务则是通过丰富多彩的文化生活，促进社会主义精神文明建设，促进物质文明的进步和发展。公共文化事业及其体制改革是我国全方位改革事业的重要组成部分。党的十八大以来，以习近平同志为核心的党中央高度重视文化建设，对文化改革发展作出了一系列重要论述，提出了许多新思想、新观点与新要求，推动着文化体制机制改革创新阔步前进。当前，我国改革开放进入攻坚期和深水区，新时代文化事业体制改革只有进行时，没有完成时，要坚持文化事业发展的体制机制创新，进一步优化文化发展环境，推动文化事业建设取得长足进展，才能更好地发挥公共文化事业在社会公共服务中的重要作用。因此，随着中国特色社会主义进入新时代，要努力在全社会形成适应现代生产力发展和社会进步要求的，文明的、健康的、科学的生活方式，让公共文化显示出特殊的功能。比如，举办知识竞赛、书法、美术、摄影、集邮、音乐会等多种活动，也可以集体外出踏青野游、扭秧歌、跳健美操，自演自唱其乐无穷，也可以使人们按照时代的需求，用美的事物塑造各自的形象。同时，也可通过欣赏好的艺术作品陶冶人的情操，充实群众的生活，把人们的思想境界提高到更高层次。我们正处在一个奋飞的时代、振兴的时代，精神文明建设的基调应该是奋发向上、健康明朗、激越高昂、恢宏博大的。需要指出的是，我们的公共文化应该体现民族特色，应该是人民群众喜闻乐见的。同时，加强公共文化建设也应该努力用社会主义文化活动去占领广大人民群众和青少年的活动阵地，用高尚健康的文化娱乐活动引导青少年积极向上，引导他们追求科学知识和正当爱好，才能从积极的方面发展他们的智慧才能。公共文化工作对国家综合治理、安定团结、经济建设起着积极推动的重要作用。因此，努力发展公共文化事业，积极搞好公共文化工作，满足广大人民群众的物质生活和文化生活的需要，对国家和民族都有非常重要的现实意义和深远的历史意义，这也决定了在新时代发展社会主义市场经济过程中要大力加强公共文化事业发展。

第二节　满足人民对公共文化事业发展的美好期待

党的十九大报告明确指出："我国社会主要矛盾已经转化为人民日益增长的美好生活需要和不平衡不充分的发展之间的矛盾"，党和国家要"永远把人民对美好生活的向往作为奋斗目标"。报告多次提及"美好生活"，不仅指向生产力、就业收入、社会保障、生活质量、生存环境等物质生活的满足，更加指向人文精神充实、文化素养提升等精神生活领域的满足感、获得感和幸福感。特别是党的十九大报告提出："推动文化事业和文化产业发展。满足人民过上美好生活的新期待，必须提供丰富的精神食粮。" ● "美好生活"是人民群众对积极向上、健康向善精神文化的向往和期待，承载着国家发展、社会进步、民族振兴的精神，其真正实现有赖于国家治理方式的现代化转型、有赖于公共文化事业的纵深推进。

满足人民美好生活期待的公共文化事业发展，有赖于更加规范完善的现代公共文化服务格局的探索构建。党的十八大以来，加快构建现代公共文化服务体系已被纳入"四个全面"战略布局。公共文化服务体系作为面向大众的公益性文化服务体系，新时代、新形势要求其构建立足于满足社会各个阶层的文化需求，集普惠性、公益性、服务性、共享性、均等性和全覆盖性于一身，实现对现有体系的调整和升级，不断发展体系的内涵、不断丰富体系的外延，突出其现代性，在体系的健全、完善方面下功夫，以建成覆盖城乡、便捷高效、保基本、促公平的现代公共文化服务体系为目标和统领。当前，虽然覆盖城乡的公共文化服务设施网络已基本形成，公共文化服务体系建设综合协调机制已基本确立，但如何实现欠发达地区人民群众文化精准扶贫，如何促进东中西部地区公共文化服务均衡发展，如何保障包括未成年人、老年人、残疾人、流动人口、留守妇女儿童等在内的弱势群体的基本文化权益和诉求，如何在新时代优化公共文化产品供给，满足多层次、多样化、个性化的居民文化需求，都是实现人民群众美好生活愿景的题中之义。

● 习近平.决胜全面建成小康社会　夺取新时代中国特色社会主义伟大胜利——习近平同志代表第十八届中央委员会向大会作的报告［N］.人民日报，2017-10-28.

满足人民美好生活期待的公共文化事业发展，有赖于公共文化服务管理体制机制的创新优化。党的十九大报告指出："要深化文化体制改革，完善文化管理体制，加快构建把社会效益放在首位、社会效益和经济效益相统一的体制机制。"❶当前，我国的文化管理体制还存在诸多弊端，如行政管理职能条块分割、项目设置交叉重复等一系列问题，需要将文化管理体制改革不断推进，全面深化，建立健全党委领导、政府管理、行业自律、社会监督、企事业单位依法运营的文化管理体制，不断提高文化管理效能和服务水平。适应新时代发展的现代公共文化服务体系要以充满生机与活力的体制机制为依托，要以政事分开、政社分开原则为统领，推动政府职能转变，理顺政府、公益性文化事业单位和行业协会之间的关系，建立行政部门宏观管理和行业部门微观管理相结合的公共文化服务管理体制机制；要建立健全公共文化服务体系建设协调机制，充分调动各地区各部门的积极性，充分利用区域内的文化人才资源、文化团队资源，实现优势互补；要推动公益性文化单位人事、收入分配和社会保障制度改革，建立事业单位法人治理结构，完善绩效考评机制，健全民意表达和监督机制，增强公益性文化事业单位的发展活力；要健全文化市场管理体制，完善文化市场规范秩序，引导传统文化行业转型升级，促进文化主体区域协作和跨界合作，优化文化市场监管体系，加强文化市场综合执法，形成统一开放、公平竞争、诚信守法、监管有力的现代文化市场体系；要建立健全群众文化需求跟踪反馈机制，推进公共文化服务领域供给主体、机制、内容、方式等方面供给侧结构性创新，推动建立反映公众文化需求的征询反馈制度、公共文化服务开展情况的年报制度，利用大数据精准分析群众需求，促进供需有效对接，推动公共文化单位文创产品开发试点，推进文化服务机构馆际交流共享机制建设，优化公共文化服务供给结构。

满足人民美好生活期待的公共文化事业发展，有赖于公共文化服务资源的整合呼应。既要坚持重心下移、资源下移、服务下移，充分发挥

第五章 市场经济发展与发展公共文化事业

---

❶ 习近平.决胜全面建成小康社会 夺取新时代中国特色社会主义伟大胜利——习近平同志代表第十八届中央委员会向大会作的报告［N］.人民日报，2017–10–28.

县（区）级以下基层公共文化服务体系的基础性、支撑性作用，又要从根本上实现资源整合，即建立公共文化服务统一供给机制，开辟公共文化服务集成供给渠道，改变当前存在的公共文化服务产品生产和供给多渠道交叉、相互重叠、重复供给、内容分散等情况，实现公共文化服务的均等化和一体化。要按照"政企分开、政事分开"的原则，理顺政府部门与文化事业单位间的关系，把该由政府部门管理的事情抓在手上管好，把不该管的事坚决交给企业和社会，逐步减少直接控制和具体干预，真正实现政府部门由"办文化"向"管文化"角色转变。同时，还要统筹好"放"和"管"的关系，简政放权的同时不断强化政策调节、市场监管，为各类文化主体发展创造良好的生产和经营环境、竞争环境、创新环境、消费环境，最终完成向服务型政府的转变。依靠科学的宏观调控，实现科学管理、依法管理、有效管理，既要遵循政府主导、从宏观层面健全公共文化服务系统，又要摒弃政府包办的传统做法，积极鼓励社会力量的进入和呼应，探索创新政府、市场和社会的良性互动、共建共赢。如进一步简政放权，制定并落实鼓励、支持社会力量、民间资本参与公共文化服务的政策，吸引社会资本投入公共文化领域；积极探索公平公正良性竞争机制下，财政投入以购买服务、项目补贴、以奖代补、基金制等多种方式配置资源，提高公共文化服务的水平和效率，使公共文化服务资源从文化系统"内循环"逐步转为面向市场和社会的"大循环"；培育和发展多元化的社会服务主体，充分发挥文化非营利组织、文化志愿者等在公共文化服务中的作用，从而真正实现公共文化服务政府资源与社会资源整合呼应的效益最大化。

满足人民美好生活期待的公共文化事业发展，有赖于创新公共文化服务投入模式。创新公共文化服务投入模式，要进一步发挥市场在文化资源配置中的积极作用，由过去的"养人发工资"转变为"办事出产品"，将拨付给公共文化生产机构的"生产性投入"，转变为面向群众、兜底文化民生的"消费性投入"，构建确保把社会效益放在首位、社会效益和经济效益相统一的体制机制。例如，北京市从2014年开始实行低票价补贴的文化惠民举措，即政府部门花钱建机制、买服务，群众低票价享受高质量的文艺演出。这项低票价补贴政策有力调动了各演出单位的积极性，也让越来越多的市民走进了戏曲、话剧、儿童剧以及普及型的交响音乐会的演出大厅。2016 年北京市又对这项惠民演出办法进行了高标准修改，如进一步扩大适用补贴剧场的范围、加强对低价票演出补贴项目的绩效评价与监督检查。这种做法本质上属于一种更具针对性的"政府采购"，它通过"消费直补"的方式，推动文化惠民项目与群众文化需求有效对接，从而真正把公共文化服务的选择权和评价权交给群众。这有助于引导公共文化面向城乡居民文化消费市场，为广大人民群众直接提供公共文化产品；同时也促进了演出市场的良性循环与健康发展，最终达到更好地满足公众精神文化需求的目的。

满足人民美好生活期待的公共文化事业的发展是一项综合的系统工程，是现代国家治理体系的重要组成部分，是社会主义市场经济健康发展的必备要素，对于缩小城乡差距、均衡区域发展、赋予社会成员平等发展机会以及持续提高社会福祉意义重大。现在的情况是，财政对公益文化投入尚弱，最重要的事情不是一般地强调公益性文化事业的重要性，而要把这种认识落实到行动中去，主要是大幅增加财政对文化事业的投入，特别是增大这种投入在整个财政收支中的比重。在中国的条件下，公益文化事业的主要来源只能是加大政府财政投入力度。加大力度落到实处，首先要转变政府职能的观念。用公共财政服务于社会，不应过多地投入在产业领域，应在公益事业上加大力度，要从吃饭财政、建设财政转向公共财政。财政投入要公开。落实到财政文化支出的领域，应该公布财政文化支出的比较具体的科目和数据，接受公众的广泛监督。满足人民对公共文化事业发展的美好期待在某种程度上早已超越一般水平的物质和精神文化诉求，可以设想，纵深推进公共文化服务，必将满足全国人民的文化期待，实现丰盈适意的现代化美好生活全民共享。

第三节　加强完善发展公共文化服务体系建设

在新时代社会主义市场经济发展和完善过程中正确处理经济发展与文化建设的关系，特别是充分发挥好文化建设对新时代社会主义市场经济的支撑保障作用，就应该加强完善公共文化服务体系建设。更好地行使公共文化服务职能，是适应政府职能转变要求的必要之举。如今，现代公共文化服务体系建设已成为我国建设服务型政府、实现国家治理能力和治理体系现代化的重要内容，取得了显著成绩。进入新时代，我国公共文化服务的主要矛盾，突出表现在人民日益增长的精神文化需要和不平衡不充分发展之间的矛盾。要坚持政府主导、社会参与、重心下移、共建共享，加快构建覆盖城乡、便捷高效、保基本、促公平的现代公共文化服务体系，提高基本公共文化服务的覆盖面和适用性。

　　加强公共文化服务体系的整体规划。当前，我国现代公共文化服务体系建设已步入发展快车道，但仍存在体系不完善、发展不均衡、服务效能不高等问题，与人民日益增长的美好生活需要之间还存在较大差距。例如，当前公共文化服务参与主体仍相对单一，与文化治理格局的多元要求不相适应；服务和内容提供方式相对单一，与公众多样化需求也不相适应。这就需要我们坚持问题导向，从全面保障公民基本文化权利这一现代公共文化服务体系的立足点出发，多措并举，构建起完善的现代公共文化服务体系。一是着力完善公共文化服务体系。把公共文化设施纳入各级整体建设规划体系，合理布局，既体现公共文化设施的普及率，又突出各区域中心的集聚和辐射效应。加大对文化设施的投资力度，建设一批特色鲜明、功能完备的现代化基础文化设施，推进公益性文化设施向农村和社区延伸，对已有的重大文化设施，要运用政府主导、社会参与、市场运作、群众享受的方式扩大开放度，提高使用率。要创新文化服务方式，拓宽服务领域，继续加强文化馆、乡镇文化站的建设。采取扶助政策，保障下岗工人、残疾人、外来务工人员等困难群体的文化权益。二是积极搭建群众文化活动平台。实施特色文化品牌战略，巩固发展已有的特色文化品牌，培育壮大新的群众文化活动品牌。同时，按照"健康向上"和"就近、方便、经常"的要求，积极开展形式新颖、群众喜闻乐见的小型活动，推进社区文化、村落文化、广场文化、企业文化、校园文化的发展。组织文艺调演，推动城乡文化交流的深入开展，实现群众文化共建共享，良性互动。三是繁荣群众文艺创作。引导和激励广大群众文艺工作者坚持社会主义核心价值观，把握时代脉搏，深入基层百姓生活，创作一批既有乡土气息又有时代气息，并且群众喜闻乐见的具有感人力量的优秀作品。

建设覆盖城乡的公共文化服务设施网络。设施网络体系是公共文化服务体系发挥作用的基础条件和基本载体。随着文化建设投入的增加，公共文化服务设施建设取得重大进展。近年来，国家图书馆新馆、国家博物馆等一批高水平的大型公共文化设施建设有力推进，省、市层面新建、改扩建公共文化设施的步伐显著加快，县级文化馆图书馆博物馆、乡镇综合文化站、村（社区）文化活动室、基层综合性文化服务中心等城乡基层公共文化设施网络建设取得积极进展，覆盖城乡的国家、省、市、县、乡、村（社区）六级公共文化服务设施体系框架初步形成。截至 2017 年底，全国共建成县级以上公共图书馆 3166 个，博物馆、纪念馆 4721 个，美术馆 499 个，乡镇（街道）文化站 33997 个，约 29 万个行政村、4 万多个社区建成综合性文化服务中心，建有"农家书屋"58.7 万家，开设广播电视播出机构 2656 个，直播卫星户户通用户总数达 1.29 亿户，全国广播、电视综合人口覆盖率分别达 98.71%、99.07%。与此同时，在全国实施的一批重大公共文化工程也取得了长足进步，助推设施网络的效用得到进一步发挥。其中，全国文化信息资源共享工程自 2002 年开始实施，将优秀文化信息资源进行数字化加工与整合，依托各级公共文化设施，通过互联网、广播电视网、无线通信网等传播载体，在全国范围内实现共建共享。只有借助这些公共文化服务设施网络，才能使百姓在家门口就有公共文化活动场所，人们得以就近、快捷、方便地享有基本公共文化服务。

加大公共文化产品和服务供给力度。尽管公共文化设施已基本实现按行政层级"全设置"，但结构性矛盾依然存在，特别是城乡结合部、贫困地区、少数民族地区、边疆地区在公共文化服务设施网络建设上还存在一些薄弱环节和难点。公共文化发展不充分、不均衡的问题仍然比较突出，公共文化设施总量不足、布局欠合理，城乡之间、区域之间发展不均衡，资源整合不够、条块分割、重复建设，基层设施功能不健全、管理不规范，公共文化产品供给不足、反馈机制不完善、群众满意度不高等。这就要求进一步加强和完善公共文化服务设施网络建设，重点向基层倾斜，并坚持设施建设和运行管理并重，提高公共文化产品与服务供给力度和水平。同时，加强城市公园、广场等的管理和使用，鼓励党政机关、国有企事业单位和学校文体设施向社会开放。加大公共文化产品和服务供给力度最显著的特点是使全体公民都应获得与经济社会发展水平相适应、大致均等的基本文化服务。当前，基本公共文化服务不平衡、不均等的现象主要体现在城乡、东西部及不同群体之间。为此，在城乡间，我国通过建立健全公共文化服务城乡资源统筹整合机制、城乡联动机制，统筹资源配置；在区域间，通过实施综合性文化服务中心建设、边疆万里数字文化长廊建设、文化志愿者边疆行等工程项目，提高老少边贫等地区公共文化事业发展水平。

促进公共文化服务社会化发展。公共文化服务应当由政府来供给，但这并不意味着政府是唯一的提供主体。公共文化服务要实现多样化、个性化，其提供主体也应当多元化，供给渠道要多样化。2017年3月开始施行的《中华人民共和国公共文化服务保障法》明确规定："国家鼓励和支持公民、法人和其他组织参与公共文化服务。"加快构建现代公共文化服务体系，就必须进一步推进公共文化服务的社会化发展，通过更多的社会力量进入，进一步拓宽现代公共文化服务体系建设的社会基础，提高公共文化服务能力，以更好地保障公民基本公共文化权益，满足群众多样性的文化需求。鼓励社会力量参与提供公共文化服务。现代公共文化服务体系是国家文化强国战略的基础工程，强调政府主导下多元共治，推动公共文化服务社会化发展，实现公共文化服务的社会参与。这就要求我们通过政策引导、法制保障等多种手段，充分调动起社会力量、社会资本参与公共文化服务体系建设的积极性，加大政府购买公共文化服务的力度，不断完善政府主导、社会力量广泛参与的多元互动供给格局。一要落实好政府向社会力量购买公共文化服务工作，以市场机制和手段配置公共文化资源和服务，有效弥补公共文化产品和服务种类的不足，避免政府"自办"文化而产生的种种弊端。政府向市场和社会力量购买公共文化服务，是革除政府"办文化"弊端、以市场机制和手段配置公共文化资源和服务的主要实现方式，是政府举办公共文化服务理念方式的重大变革。二要采取优惠政策鼓励社会力量兴建公益性文化场馆设施。例如，上海浦东新区通过撬动社会资本、吸引民营力量投资建成了一大批民营文化设施，其中龙美术馆是目前全国馆藏规模最大、水准最高的私人美术馆，成为发动和引导社会力量及多元资本参与公共文化设施建设的成功典范，其落成与运营极大地满足了当地居民的精神文化需求。三要探索开展公共文化机构社会化运营试点。公共文化设施、公共文化机构社会化运营是目前公共文化服务社会化发展的重要形式。将政府投资兴建的各类公共文化设施委托公共文化服务托管机构进行经营管理，有助于提升公共文化运营管理的专业化水平，更好地问需于群众，提高公共文化机构服务效能。四要鼓励和支持依法成立公共文化服务领域的社会组织，推动文化类社会组织成长壮大、健康发展，为政府购买公共文化服务创造条件。同时积极探索公共文化服务第三方评价机制，完善公共文化服务的绩效考核评估机制，增强服务评价的客观性和科学性。

加快文化立法步伐，推动文化管理法治化。党的十八大以来，文化立法工作快速推进，公共文化法治化建设取得突破性进展。2017年3月1日，《中华人民共和国公共文化服务保障法》开始施行，这是以习近平同志为核心的党中央全面推进依法治国在文化领域的重要实践。作为地方立法和工作经验成果的总结升华，《中华人民共和国公共文化服务保障法》奠定了公共文化领域重要的制度基础，为各级政府推进文化治理能力现代化提供了基本的法律依据。公共文化领域另一重要法律《中华人民共和国公共图书馆法》于2018年1月1日起施行。该法律旨在加强公共图书馆管理，推进公共图书馆事业良好发展，明确了公共图书馆发展方向、基本目标和重点任务，强化了政府保障和政府责任，在设施建设、服务运行、数字化、社会化等方面都作了明确规定，充分体现平等、共享理念，对于保障人民群众的公共读书阅览权利而言具有里程碑意义。"良法"是"善治"的前提。包括上述两部法律在内，目前文化管理领域的法律数量上升至八部。文化立法在取得突破性进展的同时，也面临着发展相对不足、与当前文化发展不相适应的问题。与其他领域相比较而言，特别是与经济发展领域的法律数量相比较来看，文化立法目前滞后很多，这必然不利于我国经济建设、政治建设、文化建设、社会建设、生态文明建设"五位一体"的协同发展。要从根本上改变这种现状，保证文化管理领域有法可依，就必须加快构建一个完善的文化管理法律体系，为文化建设提供较为系统、完备的法律支撑。加快文化立法的同时，提高依法行政的能力和水平，完善文化市场综合执法管理体制，提高文化市场综合执法效率；创新管理文化生产经营活动，充分发挥市场配置文化资源的积极作用；完善政策保障机制，加大财政、税收、金融、用地等方面对文化建设的政策扶持力度，落实支持文化改革发展的经济政策；健全公共文化服务体系建设协调机制，打破体制界限，建立多元参与管理机制，充分调动各方积极性，努力形成多元互补、广泛参与的公共文化服务体系新格局，实现优势互补。只有这样，才能真正实现让法制为文化建设保驾护航，通过推动文化管理法治化来加快构建覆盖城乡、便捷高效、保基本、促公平的现代公共文化服务体系，提高基本公共文化服务的覆盖面和适用性。

第四节　大力提升公共文化服务的均等化水平

在新时代发展社会主义市场经济过程中大力发展公共文化事业，不仅应坚持满足人民美好生活期待的价值取向，建立健全公共文化服务体系，还应该推进基本公共文化服务均等化发展，坚持发展为了人民、发展依靠人民、发展成果由人民共享。"共享"成为新时代我国经济社会发展必须坚持的五大发展理念之一，也是新时代大力发展公共文化事业必须坚持的理念。"共享发展"这一核心理念内在地决定了全体公民都应当便利地获得大致均等的基本公共文化服务，决定了基本公共文化服务必须向着均等化方向阔步前进。当前，一个兜底文化民生、保障公民文化权利的现代公共文化服务体系建设正在稳步推进，但基本公共文化服务发展不平衡的现状仍较为突出。对此，可以从如下几个方面着力。

强化文化惠民。"脱真贫、真脱贫"，注重文化领域的精准扶贫。在全面建设小康社会的决胜阶段，扶贫攻坚仍将是未来突破重点。然而，在"脱真贫、真脱贫"的过程中，文化领域的精准扶贫应当先行。首先，抓住问题补足短板，包括补文化民生短板、补优质文化短板等。其次，精准扶贫扩大有效供给。当前，基本公共文化服务不平衡、不均等的现象主要体现在城乡、东西部及不同群体之间。具体地说，从城乡对比来看，县级以下基层公共文化服务资源仍然相对较少；从区域对比来看，中西部地区公共文化服务体系建设落后于东部地区；从群体比较来看，当前针对老人、少年儿童、残疾人、农民工和边疆民族地区群众的公共文化资源和项目还普遍偏少。构建完善的现代公共文化服务体系，保障群众基本文化生活，要以守住底线、突出重点为基本方针，保障和改善文化民生，促进基本公共文化服务均等化。在工作路径上，要坚持尽力而为、量力而行的方式方法。一方面，要不断加大对基本公共文化服务的投入，着力提高基本公共文化服务水平；另一方面，也要看到基本公共文化服务不均等成因复杂，地区间差异、城乡差距很大，这决定了全面实现基本公共文化服务均等化是个过程，要从现阶段经济发展水平出发，循序渐进，突出重点，重心下移，促进基本公共文化服务城乡均等。要继续在当前"送、走、种"方式的基础上，进一步实现公共文化资源下沉，实现优质文化资源反哺农村。同时通过"结对子、种文化"的工作机制，充分发掘农村文化原动力，提高农村文化自我发育、自我造血功能，补齐基层短板，逐步实现城乡均等。均等化是公共文化服务最显著的特点，全体公民都应获得与经济社会发展水平相适应、大致均等的基本文化服务。为此，在城乡间，我国通过建立健全公共文化服务城乡资源统筹整合机制、城乡联动机制，统筹资源配置；在区域间，通过实施综合性文化服务中心建设、边疆万里数字文化长廊建设、文化志愿者边疆行等工程项目，推动老少边贫地区公共文化建设；在群体间，将未成年人、老年人、进城务工人员、农村留守妇女儿童、经济困难群众等作为重点对象，推动公共文化资源向这些特殊群体倾斜，进而推动文化惠民项目与群众文化需求有效对接，从而真正把公共文化服务的选择权和评价权交给群众。这有助于为广大人民群众直接提供更优质的公共文化产品；同时也促进了演出市场的良性循环与健康发展，最终达到更好地满足公众精神文化需求的目的。

提升公共文化服务的效能。衡量公共文化服务的效能，要看公共文化服务设施是否得到充分有效利用，要看提供的产品与服务是否满足人民群众的需求。当前，我国公共文化产品和服务质量不高的问题仍然存在，一些公益性文化单位活力不足、效率不高，不少地方还有"重设施建设，轻管理使用"的问题，一些设施闲置，公共资源没有实现最大社会效益。其实，公共文化服务均等化的有力推进，能够促使优质公共文化产品和服务的供给日益丰富。例如，近年来，各地全民阅读活动不断掀起高潮，全国公共图书馆、博物馆馆藏总量持续增长，由文化馆、文化站指导的群众业余文艺团队达40多万个，"文化下乡"、高雅艺术进校园进社区进农村等活动将"送文化"与"种文化"有效结合起来，新闻出版、广播电视、电影公共服务提质增效等工程及流动文化服务，打通了偏远地区公共文化服务"最后一公里"。现阶段我国公共文化服务标准化、均等化水平仍须提高。县级以下基层公共文化体育资源仍比较匮乏，中西部同东部地区的差距依然较大，针对残疾人、边疆民族地区群众的公共文化体育资源仍相对偏少。这就要求各地在"保基本"上下更大的功夫，立足群众需求、财政能力和文化特色，把公共文化建设与城镇化、精准脱贫、乡村振兴有机结合，并促使公共文化服务成为培育和促进文化消费的重要推手，带动公共文化产品和服务的供给力度不断加大，让人民基本文化权益得到有力保障。同时，提升公共文化服务的效能要注重发动社会力量参与，让社会资金以各种方式投入公益性文化事业。拓宽公共文化服务渠道，丰富基层公共文化服务，加大政府向社会力量购买公共文化服务力度。当然，提高公共文化服务效能并非一朝一夕之功。当前应该创新公共文化服务管理运行机制，完善服务评价机制，健全考核评价体系，通过政府采购、项目补贴、定向资助、贷款贴息、税收减免等方式调动社会力量积极性，用好互联网等技术手段，不断提升公共文化服务效能。

发掘传统文化资源，丰富公共文化产品供给。促进社会主义公共文化事业全面繁荣，需要我们充分认识到传统文化资源对于满足人民日益增长的美好生活需要的重要性，实现以传统文化深切内涵滋养中国精神，滋润现代人生。博大深厚的中华文明历时五千年，蕴含着无比丰富的精神价值资源，不仅为解决当今的世界发展困惑难题贡献出中国智慧源泉与中国方案，更是各类文化产品创造的无尽宝藏。大力提升公共文化服务的均等化水平，要学会充分梳理与创新运用传统文化资源，通过对传统文化资源的开放来丰富公共文化产品供给。中国广阔大地上的文化遗产、浩瀚古籍里的文字、博物馆里的文物藏品，是中华民族历史长河中遗存下的华彩乐章，是中华优秀传统文化五千年积淀的历史凝结，更是今天实现公共文化事业全面繁荣的宝贵资源。党的十八大以来，习近平总书记围绕如何对待中国传统文化的问题，展开了一系列精辟论述。党的十九大报告明确提出要"加强文物保护利用和文化遗产保护传承"。对此，充分利用传统文化资源以满足人民日益增长的美好生活需要，最重要的就是将传统文化资源最大限度地转化成可为社会公众所共享的公共文化成果，为群众提供更多更丰富的文化产品，满足广大人民群众日益增长、不断升级和个性化的物质和精神文化需求。当然，值得注意的是，不同地区间基本公共文化服务的差异主要表现在设施设备、信息提供、服务水平、保障能力、可持续发展能力上，这也影响到对传统文化资源的开发。同时，在充分利用传统文化资源对于满足人民日益增长的美好生活需要的过程中要针对不同的群体进行有针对性的开发利用。要由无差别、粗线条服务转向分群体、分层化、针对性提供服务内容，开发和提供适合老年人、未成年人、少数民族等群体的基本公共文化产品和服务，推动不同群体平等地参与文化活动，共享公共文化服务。

推进公共文化服务数字化发展。2017 年 12 月，习近平总书记在主持中共中央政治局第二次集体学习时强调，要"加快建设数字中国，更好服务我国经济社会发展和人民生活改善"❶。当前，数字技术及各种科技手段已渗透到文化领域的方方面面，新技术手段已经深入影响到了文化生产方式、传播方式的改变。然而，就公共文化服务领域来看，数字和网络技术在这一领域的应用还不够普及，很多机构仍在沿用旧的方式和手段向社会公众提供公共文化产品和服务，内容上不考虑群众的爱好和接受条件，导致公共文化服务人群覆盖面小、服务效益低。建设完善

❶ 习近平.习近平在中共中央政治局第二次集体学习时强调　审时度势精心谋划超前布局力争主动　实施国家大数据战略加快建设数字中国［N］.人民日报，2017-02-10.

第五章　市场经济发展与发展公共文化事业

的现代公共文化服务体系，必须推进公共文化服务数字化发展，搭建起互联互通的公共数字化服务平台，提升服务质量和效能。对此，要打破行业边界，加强资源整合统筹规划。推进公共文化服务数字化发展，须整合分散在不同公共文化服务机构的软硬件资源，让海量公共文化信息形成公共文化大数据，建设区域性统一的服务平台，实现公共共享，公共数字文化项目工程的融合发展。要继续发展数字美术馆、数字文化馆、数字博物馆、数字爱国主义教育基地，同时大力整合汇聚非物质文化遗产、国有艺术院团、民间文艺社团等方面的数字文化资源，不断丰富和加强公共数字文化建设，拓展公共文化服务阵地。还要善于运用大数据、物联网等手段，精准掌握公共图书馆等参与人群的特征和偏好，广泛采用个性化、订单式、预约式服务，形成线上线下有机结合的服务模式，增强基本公共文化服务供给的精准度和有效性，提高服务成效。同时也应该建设统一的公共文化服务数字网络。推进公共文化服务数字化发展，需要建设统一的公共文化服务数字网络。因此，要统筹实施全国文化信息资源共享、数字图书推广、公共电子阅览室建设、广播电视户户通、应急广播村村响、地面数字电视建设、农村电影放映、数字农家书屋、全民数字阅读推广平台等重大工程，依托国家公共文化数字支撑平台，构建标准统一、覆盖城乡、互联互通、便捷高效的公共数字文化服务网络。为了顺应移动网络化传播趋势，还应该推动公共文化服务移动化实现。特别是推进公共文化服务的数字化发展尤其需要灵活运用宽带互联网、移动互联网、广播电视网、卫星网络等手段，建设公共数字文化移动服务集成平台，开发多样化公共文化移动服务项目、智能手机客户端，拓宽公共数字文化资源传输渠道，实现公共文化服务有效覆盖，让公共文化服务伴随着智能移动终端真正实现随身享用，最大限度满足人民的精神文化需求。

第六章

市场经济发展与做好文艺创作工作

　　深入把握新时代社会主义市场经济发展的文化向度及其建设也应该高度重视文艺创作工作。文艺事业是党和人民事业的重要组成部分，也是社会主义市场经济健康发展的重要支撑。文艺是时代前进的号角，最能代表一个时代的风貌，最能引领一个时代的风气。优秀的精神文化产品反映一个国家和民族的文化创造能力，是衡量和检验文化改革发展成效的根本标准。运用文艺引领时代风尚、鼓舞人民前进、推动社会进步，是当代中国文艺的崇高使命，也是新时代社会主义市场经济的客观诉求。随着中国特色社会主义进入新时代，弘扬中国精神、传播中国价值、凝聚中国力量，是文艺工作者的神圣职责。繁荣发展社会主义市场经济，实现"两个一百年"奋斗目标，实现中华民族伟大复兴的中国梦，实现中华文化繁荣兴盛，就必须大力发展和繁荣社会主义文艺。在发展社会主义市场经济过程中做好文艺创作工作，要充分认识到做好文艺工作的必要性，坚持以人民为中心的文艺创作导向，文艺创作工作要坚持以社会效益为本，把文艺队伍建设摆在更加重要的位置。

第一节　发展市场经济过程中要做好文艺创作工作

　　在新时代社会主义市场经济发展和完善的过程中处理好经济发展与文化建设的关系，就要高度重视社会主义文艺工作，加强对文艺创作的引导，为新时代社会主义市场经济的健康发展提供良好的舆论氛围和精神滋养。具体来说，这主要是由社会主义市场经济发展对文艺创作的影响决定的，也是由当前文艺创作存在的问题决定的，还是由文艺创作发展的新趋势决定的，更是由文艺工作具有的战略地位和作用决定的。

　　社会主义市场经济对文艺创作的巨大影响，决定了在发展社会主义市场经济过程中要做好文艺创作工作。在社会主义市场经济发展过程中，长期以来，广大文艺工作者致力于文艺创作、表演、研究、传播，在各自领域辛勤耕耘、服务人民，取得了显著成绩，为社会主义文艺的发展繁荣作出了重要贡献。但不可否认的是，市场经济大潮中的文艺作品给我们的精神文化生活带来了巨大的改变，其中既有反映时代特色的优秀文艺作品，也有滥竽充数的糟粕渣滓，优秀的作品鼓舞人感染人，让人朝着积极向上的方向努力，而糟粕渣滓则影响了人们的感官，倡导金钱至上、利益至上的现实理念，给人造成了道德不存、良心不在的错觉，影响了社会主义核心价值观建设，成为社会的毒瘤。特别是受市场经济大背景的影响，对文化产品创作生产在方向上产生模糊，受市场利益驱动，有的艺术工作者投机取巧、沽名钓誉、自我炒作、一味媚俗，把作品当作追逐利益的"摇钱树"。究其原因，是他们在市场经济大潮中迷失了方向、放弃了责任。文化根本的"公益性"与文化衍生的"市场化""产业化"发生意识形态上的错乱混淆。优秀文艺作品反映了一个国家、一个民族的文化创造能力和水平。衡量一个民族、一个时代的文艺成就最终要看作品。文艺活动是多种要素、多重环节构成的社会活动，但它的全部内容，都是围绕作品来进行的，它的所有表达、所有价值，都要靠作品来实现。有的搜奇猎艳、一味媚俗、低级趣味，把作品当作追逐利益的"摇钱树"，当作感官刺激的"摇头丸"；有的胡编乱写、粗制滥造、牵强附会，制造了一些文化"垃圾"。凡此种种都警示我们，文艺不能在市场经济大潮中迷失方向。习近平总书记指出："文艺不能当市场的奴隶，不要沾满了铜臭气。优秀的文艺作品，最好是既能在思想上、艺术上取得成功，又能在市场上受到欢迎。要坚守文艺的审美理想、保持文艺的独立价值，合理设置反映市场接受程度的发行量、收视率、点击率、票房收入等量化指标，既不能忽视和否定这些指标，又不能把这些指标绝对化，被市场牵着鼻子走。"❶推动文艺繁荣发展，最根本的是要创作生产出无愧于我们这个伟大民族、伟大时代的优秀作品。没有优秀作品，其他事情搞得再热闹、再花哨，都只是表面文章，并不能真正深入人民精神世界，不能触及人的灵魂、引起人民思想共鸣。因此，社会主义市场经济发展对文艺创作的巨大冲击，决定了在新时代发展社会主义市场经济过程中要做好文艺创作工作。

　　当前文艺创作存在的突出问题，决定了在新时代发展社会主义市场经济过程中要做好文艺创作工作。改革开放以来，我国文艺创作迎来了新的春天，产生了大量脍炙人口的优秀作品。同时，也要看到，文艺创作一定程度上也存在着有数量缺质量、有"高原"缺"高峰"的现象，存在着抄袭模仿、千篇一律的问题，存在着机械化生产、快餐式消费的问题。历史和现实告诉我们，文艺如果在市场经济大潮中迷失方向，如果在价值取向问题上发生偏差，就会失去生命力。当前艺术创作生产所面临的主要问题有：一是对艺术创作重视不够。存在"说起来重要、干起来次要、忙起来不要"的现象。除了影视等热门文艺创作外，部分艺术创作相对缺乏政策、资金、场地支持，政策措施不完善、落实不到位，一定程度上给文艺创作发展造成了困难。二是人才不足成为艺术生产的短板。从事文艺工作的吸引力下降，加之多元文化冲击，舞台艺术的待遇差、成才周期长等因素，导致艺术人才大量流失，一些戏曲院校招生困难，青黄不接。有的文艺单位急功近利，把创作部门当作包袱甩掉，大量舞台艺术编剧人才跳槽转行。三是有数量缺质量、有"高原"缺"高峰"。目前思想精深、艺术精湛、制作精良的精品之作还不够多，人民群众喜爱的名家大师还不够多。一些艺术工作者急于求成、急功近利，导致作品思想浅薄、质量平庸。四是重形式轻内容。有的艺术作品沉醉于形式技巧，内容空洞无物；有的追求奢华和大场面、大制作，打造所谓的视觉盛宴，但思想贫瘠、精神苍白；有的甚至消解崇高、扭曲价值。像这样片面追求形式至上、为形式而形式的艺术作品，即使有再华丽的场面、再新颖的设计、再娴熟的技巧，也只能像缺乏灵魂的躯壳、

❶ 习近平.习近平在文艺工作座谈会上的讲话［N］.人民日报，2015-10-14.

没有生命的假花，不可能有长久的生命力。五是重评奖轻评论。评奖过多过滥，奖项重复交叉，有的地方为获奖而创作，把评奖当作"指挥棒"。一些艺术评论沦为"人情评论"和"红包评论"，盲目套用西方文艺理论来剪裁中国人的审美。以电影为例，中国电影年产量位列世界第三，每年票房都创新高，但是我国电影走向世界的路途却很遥远，每年都有很多影片还未上映就被淘汰。当前文艺最突出的问题是浮躁。一些人觉得，为一部作品反复打磨，不能及时兑换成实用价值，或者说不能及时兑换成人民币，不值得，也不划算。这样的态度，不仅会误导创作，而且会使低俗作品大行其道，造成劣币驱逐良币的现象。人类文艺发展史表明，急功近利，竭泽而渔，粗制滥造，不仅是对文艺的一种伤害，也是对社会精神生活的一种伤害。低俗不是通俗，欲望不代表希望，单纯感官娱乐不等于精神快乐。文艺要赢得人民认可，花拳绣腿不行，投机取巧不行，沽名钓誉不行，广大文艺工作者必须敢于创新、敢于突破，用脍炙人口的作品创造我国文艺创作的新时代。著名作家莫言获得诺贝尔文学奖，突破了我国在诺贝尔奖上的空白，为国家赢得了荣誉，也让世界看到了中国文学的新成就。随着中国特色社会主义进入新时代，广大文艺工作者也要敢于突破、勇攀高峰，以更多优秀文艺作品体现时代发展，繁荣文艺事业，为人民谋利，为国家添彩。因此，当前文艺创作存在的突出问题，决定了在新时代发展社会主义市场经济过程中要做好文艺创作工作。

文艺创作的发展趋势，决定了在新时代发展社会主义市场经济过程中要做好文艺创作工作。新时代文艺工作的对象、方式、手段、机制出现了许多新情况、新特点，文艺创作生产的格局、人民群众的审美要求发生了很大变化，文艺作品传播方式和群众欣赏习惯发生了很大变化。民营文化工作室、网络文艺社群等新的文艺组织大量涌现，网络作家、独立演员和歌手等新的文艺群体十分活跃。据统计，2017 年中国网络小说新增原创作品 233.6 万部，新增签约作品 22 万部，网络音乐用户 5.55亿，网络文学用户 4.06 亿，网络视频用户 6.09 亿，超过 74% 的网民使用短视频应用。可以说，互联网技术和新媒体改变了文艺形态，催生了一大批新的文艺类型，也带来文艺观念和文艺实践的深刻变化。对网络文艺这个新生事物，要全面辩证地认识和把握，一方面加强有效规范和引导，解决好野蛮生长、良莠不齐的问题；另一方面抓好培育和引领，推动网络文艺持续健康发展，成为当代中国文艺发展的"最大增量"。例如，文化盲从在网络文艺作品中极为盛行，某些明星人物和意见领袖成为网络"大V"，其身后成千上万的"粉丝"以这些"大V"的意见为标准、为导向，完全丧失了自己的判断。一些不稳定、不成型的价值态度、文化品位，一些嘲讽、玩弄、批判、围攻主流意识形态的信息，借助网络载体广泛流传，在思想内容和话语体系上构成了对主流意识形态和核心价值观的消解力量。这些碎片化、快餐化、表面化的网络文化产品大量吞噬和挤压意识形态文化产品，减缩了主导文化的数量和范围，并通过改变主导文化作品的意义，误导大众对主流意识形态的理解。面对文艺创作发展的新趋势，我们必须通过深化改革、完善政策、健全体制，在项目申报、教育培训、展演展示、评比奖励等方面创造条件，在发展会员、职称评定等方面提供便利，扩大工作覆盖面，延伸联系手臂，做好团结、引导、服务工作，发挥好这些新的文艺组织和文艺群体的积极作用，使之成为繁荣社会主义文艺的有生力量。

文艺工作具有的战略地位和作用，决定了在新时代发展社会主义市场经济过程中要做好文艺创作工作。为什么要高度重视文艺和文艺工作？这个问题，首先要放在我国和世界发展大势中来审视。实现中华民族伟大复兴是近代以来中国人民最伟大的梦想。今天，我们比历史上任何时期都更接近中华民族伟大复兴的目标，比历史上任何时期都更有信心、有能力实现这个目标。而实现这个目标，必须高度重视和充分发挥文艺和文艺工作者的重要作用。历史和现实都证明，中华民族有着强大的文化创造力。每到重大历史关头，文化都能感国运之变化、立时代之潮头、发时代之先声，为亿万人民、为伟大祖国鼓与呼。中华文化既坚守本根又不断与时俱进，使中华民族保持了坚定的民族自信和强大的修复能力，培育了共同的情感和价值、共同的理想和精神。没有中华文化繁荣兴盛，就没有中华民族伟大复兴。一个民族的复兴需要强大的物质力量，也需要强大的精神力量。没有先进文化的积极引领，没有人民精神世界的极大丰富，没有民族精神力量的不断增强，一个国家、一个民族不可能屹立于世界民族之林。文艺事业是党和人民事业的重要组成部分。我们党历来高度重视文艺工作，在革命、建设、改革各个时期，充分运用文艺引领时代风尚、鼓舞人民前进、推动社会进步。现在，全党全国各族人民正按照党的十九大确立的奋斗目标，一步一步把新时代中国特色社会主义事业向前推进，实现"两个一百年"奋斗目标、实现中华民族伟大复兴的中国梦是长期而艰巨的伟大事业。伟大事业需要伟大精神。实现这个伟大事业，文艺的作用不可替代，文艺工作者大有可为。"因时而兴，乘势而变，随时代而行，与时代同频。"这是古今中外文艺发展的普遍规律。实现"两个一百年"奋斗目标、实现中华民族伟大复兴中国梦，需要更好更多的文艺精品弘扬中国精神、传播中国价值、凝聚中国力量。新时代我们要从建设社会主义文化强国的高度，增强文化自觉和文化自信，不辜负时代召唤，不辜负人民期待，用心书写伟大时代，不断讴歌党、讴歌祖国、讴歌人民、讴歌英雄的精品力作，书写中华民族新史诗。因此，社会主义文艺事业直接关系到党和人民的精神生活、精神面貌、精神状态，是中国革命、建设、改革事业的重要精神源泉。当代中国正经历着我国历史上最为广泛而深刻的社会变革，也正在进行着人类历史上最为宏大而独特的实践创新，给文艺创作提供了强大动力和广阔空间。在实现中华民族伟大复兴的历史进程中，如何运用文艺讲好中国故事、传播好中国声音、阐发中国精神、展示中国魅力，是树立当代中国良好形象的重要任务。要通过更多有筋骨、有道德、有温度的文艺作品，书写和记录人民的伟大实践、时代的进步要求，启迪思想、温润心灵、陶冶人生，激励全国各族人民朝气蓬勃迈向未来。因此，文艺创作在实现民族复兴进程中具有的战略地位和作用，决定了在新时代发展社会主义市场经济过程中要做好文艺创作工作。

第二节　坚持以人民为中心的文艺创作导向

在新时代发展社会主义市场经济过程中做好社会主义文艺工作，使文艺创作工作能够更好地服于社会主义市场经济发展和实现中华民族伟大复兴中国梦，最为根本的就是坚持以人民为中心的文艺创作导向。繁荣发展社会主义文艺首先要解决"为什么人"的问题。文艺为什么人服务，直接决定着文艺的性质和发展道路。毛泽东同志在延安文艺座谈会上指出："为什么人的问题，是一个根本的问题，原则的问题。"时代在变，环境在变，但社会主义文艺"人民性"的灵魂始终不能变。这是新时代社会主义市场经济发展过程中做好文艺工作最为本质的要求。

一、社会主义文艺是人民的文艺

党的十九大报告指出："社会主义文艺是人民的文艺。"文艺是民族文化的重要标志，是民族精神的表现形式，是人民追求幸福生活、乐观向上、积极进取的精神文化需求。人民是一个政治的、历史的范畴，在社会主义国家，是指以劳动群众为主体的社会基本成员。这里的人民是国家和社会的主人，是一切爱好和平、拥护党的领导和祖国统一的爱国者，是社会主义事业的建设者和接班人。社会主义文艺在人民中产生，为人民所创作和共享，最终的评判权归属于人民。从哲学的高度看，坚持社会主义文艺的人民主体性具有深刻的基础，因为人民既是历史的创造者，也是历史的见证者，既是历史的"剧中人"，也是历史的"剧作者"，文艺要反映好人民心声，就要坚持为人民服务、为社会主义服务这个根本方向。这是党对文艺战线提出的一项基本要求，也是决定我国文艺事业前途命运的关键。只有真正做到了以人民为中心，文艺才能发挥最大正能量。以人民为中心，就是要把满足人民精神文化需求作为文艺和文艺工作的出发点和落脚点，把人民作为文艺表现的主体，把人民作为文艺审美的鉴赏家和评判者，把为人民服务作为文艺工作者的天职。具体来说，深入理解社会主义文艺是人民的文艺，必须深入把握如下几点。

第一，人民需要文艺。人民的需求是多方面的。满足人民日益增长的物质需求，必须抓好经济社会建设，增加社会的物质财富。满足人民日益增长的精神文化需求，必须抓好文化建设，增加社会的精神文化财富。物质需求是第一位的，吃上饭是最主要的，所以说"民以食为天"。

但是，这并不是说人民对精神文化生活的需求就是可有可无的，人类社会与动物界的最大区别就是人是有精神需求的，人民对精神文化生活的需求时时刻刻都存在。随着生活水平的不断提高，人民群众的精神文化需求也更加丰富多元，对于文化产品的质量、品味、风格等要求也更高。文学、戏剧、电影、电视、音乐、舞蹈、美术、摄影、书法、曲艺、杂技以及民间文艺、群众文艺等各文艺领域都要跟上时代发展、把握人民需求。随着中国特色社会主义进入新时代，广大文艺工作者应该切实肩负起自己的使命和担当，弘扬主旋律、凝聚正能量，不断创作和提供优秀的文化产品，满足人民精神文化生活的新期待，让人民在优质的文化沐浴中获得幸福。

第二，文艺需要人民。人民是文艺创作的源头活水，一旦离开人民，文艺就会变成无根的浮萍、无病的呻吟、无魂的躯壳。艺术是属于人民的。它必须在广大劳动群众的底层有其最深厚的根基。它必须为这些群众所了解和爱好。它必须结合这些群众的感情、思想和意志，并提高他们。它必须在群众中间唤起艺术家，并使他们得到发展。人民生活中本来就存在着文学艺术原料的矿藏，人民生活是一切文学艺术取之不尽、用之不竭的创作源泉。人民的需要是文艺存在的根本价值所在。人民是文艺的消费主体，人民的喜好是评价文艺的根本标准。新时代文艺应当充分体现人民的利益和愿望，满足人民多层次、多方面的精神文化需要。无论是片面追求市场效应、忽视文化的品位与格调，还是片面追求文化品位、"不食人间烟火"，都是有失偏颇的。能不能搞出优秀作品，最根本的决定于是否能为人民抒写、为人民抒情、为人民抒怀。一切轰动当时、传之后世的文艺作品，反映的都是时代要求和人民心声。我国久传不息的名篇佳作都充满着对人民命运的悲悯、对人民悲欢的关切，以精湛的艺术彰显了深厚的人民情怀。例如，屈原的"长太息以掩涕兮，哀民生之多艰"，杜甫的"安得广厦千万间，大庇天下寒士俱欢颜""朱门酒肉臭，路有冻死骨"，李绅的"谁知盘中餐，粒粒皆辛苦"，郑板桥的"些小吾曹州县吏，一枝一叶总关情"，等等，也都是深刻反映人民心声的作品和佳句。因此，文艺只有植根现实生活、紧跟时代潮流，才能发展繁荣；只有顺应人民意愿、反映人民关切，才能充满活力。

第三，文艺要热爱人民。有没有感情，对谁有感情，决定着文艺创作的命运。如果不爱人民，那就谈不上为人民创作。习近平总书记曾指出："鲁迅就对人民充满了热爱，表露他这一心迹最有名的诗句就是'横眉冷对千夫指，俯首甘为孺子牛'。我在河北正定工作时结识的作家贾大山，也是一位热爱人民的作家。他去世后，我写了一篇文章悼念他。他给我印象最深的就是忧国忧民情怀，'处江湖之远则忧其君'。文艺工作者要想有成就，就必须自觉与人民同呼吸、共命运、心连心，欢乐着人民的欢乐，忧患着人民的忧患，做人民的孺子牛。这是唯一正确的道路，也是作家艺术家最大的幸福。"❶ 因此，可以说，一切创作技巧和手段最终都是为内容服务的，都是为了更鲜明、更独特、更透彻地说人说事说理。背离了这个原则，技巧和手段就毫无价值了，甚至还会产生负面效应。当然，生活中和社会上还有许多不尽如人意之处。对这些现象不是不要反映，而是要解决好如何反映的问题。古人云，"乐而不淫，哀而不伤"，"发乎情，止乎礼义"。文艺创作如果只是单纯记述现状、原始展示丑恶，而没有对光明的歌颂、对理想的抒发、对道德的引导，就不能鼓舞人民前进。而文艺工作者应该用光明驱散黑暗，用美善战胜丑恶，让人们看到美好、看到希望、看到梦想就在前方，最终实现文艺的为人民服务。

二、以人民为中心的文艺创作导向

在发展社会主义市场经济过程中坚持社会主义文艺的人民性质，就要将以人民为中心作为文艺创作的根本导向，就是要把以人民为中心作为社会主义文艺创作的价值引领和价值准则，把符合社会主义核心价值、符合广大人民主流价值的社会主义文艺作为前进和发展的主要方向，并以之催生、吸引更多的自觉符合社会主义核心价值、迎合广大劳动群众主流价值的文艺作品，共同形成社会主义主流文化成果，形成百花齐放、百家争鸣的社会主义文艺创作的良好局面。

❶ 习近平.习近平在文艺工作座谈会上的讲话［N］.人民日报，2015-10-14.

首先，坚持以人民为中心的创作导向，要充分发挥人民群众在文艺创作中的源头作用。人是文艺创作的源头活水，是社会主义文艺的根源和灵魂。文艺创作的方法有一百条、一千条，但最根本、最关键、最牢靠的方法是深入生活、扎根人民。优秀作品要体现人民的情怀，关键在于扎根人民搞创作，从人民的生活中汲取力量。文艺工作者要坚持在文艺创作中贴近实际、贴近生活、贴近群众。只有贴近实际，文艺创作才能反映社会本真；只有贴近生活，文艺创作才能拥有广阔天地；只有贴近群众，文艺创作才能打动人心。文艺创作只有建立在植根现实、紧跟时代、表达民愿的基础之上，才能获得源源不断的创作灵感，才能体味生活底蕴、汲取创作营养、丰富创作方式，才能打造出深刻的情节和动人的形象，其作品才能激荡人心。文艺创作必须要有坚实的根基，有根才能立得住、站得久，作家要把根扎在人民的生活中，把身心沉在人民中、沉在文学里，时刻关注人民的诉求，创作接地气，作品才会有筋骨、有道德、有温度。例如，作家路遥正是坚持"人民是我们的母亲，生活是艺术的源泉"这一创作理念，才创作出了广受好评的《平凡的世界》。当然，人民不是抽象的符号，而是一个一个具体的人，有血有肉，有情感、有爱恨、有梦想，也有内心的冲突和挣扎。艺术创作一旦离开人民，就会变成无根的浮萍、无病的呻吟、无魂的躯壳。因此，文艺工作者不能以自己的个人感受代替人民的感受，要虚心向人民学习、向生活学习，从人民的伟大实践和丰富多彩的生活中汲取养料，不断进行生活和艺术的积累，从中发现美和创造美。

其次，树立以人民为中心的创作导向，要在思想观念上把人民当作文艺的"剧中人"。文艺要热爱人民，文艺工作者要自觉与人民同呼吸、共命运、心连心，以人民乐为乐，以人民忧为忧，做人民的公仆。热爱人民不仅要有深刻的理性认识，更要有具体的实践行动。对人民，要爱得真挚、爱得彻底、爱得持久，就要深深懂得人民是历史创造者的道理，深入群众、深入生活，诚心诚意做人民的小学生。要解决好"为了谁、依靠谁、我是谁"这个问题。文艺要反映人民心声，这是社会主义文艺的使命担当和艺术追求。表现民愿、体现民声，是满足人民需求的必要前提，也是文艺获得广大人民共鸣的必要条件。中国特色社会主义文艺，根本上是书写和记录亿万人民实践的文艺。艺术离不开人民，真正的文艺精品、艺术经典之作，无不与时代和人民息息相关。回顾文艺史上那些彪炳千秋的文艺经典，无不闪耀着人性的光辉，传达着人民的情感，反映着人民的心声。因此，要把人民作为文艺的主人公，用正能量的文艺歌颂人民，用精湛的艺术推动文化发展，彰显社会主义文艺的人民性。

再次，树立以人民为中心的创作导向，要把人民作为文艺审美的鉴赏者和评判者，让人民来判断文艺的价值。社会主义文艺来源于人民，人民是文艺作品的消费者，对其鉴赏和评判的权利只能由人民所享有。人民的需要是文艺存在的根本价值。判断文艺作品好不好，主要看人民需要不需要、喜欢不喜欢、接受不接受，那么作品的好坏就应该由人民群众来评判。在以往的文艺创作和评价中，人民群众不仅很少有权利评判作品，而且文艺作品的创作与生产也很少将人民群众的需求考虑进去，导致人民群众长期以来处于被动接受的局面。习近平总书记指出，要"把人民作为文艺表现的主体，把人民作为文艺审美的鉴赏家和评判者，把为人民服务作为文艺工作者的天职"❶。这一重要论述为文艺工作者的艺术创作提供了规范，也提高了人民群众在整个文艺活动中的参与权与话语权。因此，一部好的作品，应该是经得起人民评价、专家评价、市场检验的作品，应该是把社会效益放在首位，同时也应该是社会效益和经济效益相统一的作品。特别是在发展社会主义市场经济的条件下，许多文化产品要通过市场实现价值，当然不能完全不考虑经济效益。然而，同社会效益相比，经济效益是第二位的，文艺不能沾满了铜臭气。优秀的文艺作品，最好是既能在思想上、艺术上取得成功，又能在市场上受到欢迎。因此，树立以人民为中心的创作导向，关键是要把人民作为文艺审美的鉴赏者和评判者，让人民来判断文艺的价值。

最后，树立以人民为中心的创作导向，要把满足人民精神文化需求作为出发点和落脚点。始终站在人民大众立场上，一切为了人民、一切相信人民、一切依靠人民，诚心诚意为人民谋利益，这是中国共产党人坚持马克思主义立场的根本要求。人民的需求是多方面的，文艺要满足

---

❶　习近平.习近平在文艺工作座谈会上的讲话［N］.人民日报，2015-10-14.

人民对精神文化生活的需求，要把满足人民精神文化需求作为出发点和落脚点。要把人民作为文艺表现的主体，为人民书写、为人民抒怀。文艺起源于人民的劳动和生产实践。人民是历史的创造者，是时代的雕塑者。在社会不断发展和进步的过程中，人民不仅创造着文化，也传承和发展着文化。在文艺实践中，人民群众日益增长的文化需求不断推动文艺的发展，不断地为文艺活动产生出内在动力和目的。任何文艺作品只有与广大人民群众的情感、经验和价值理念产生直接且密切的联系，才能够成为与人民有情感共鸣、价值统一的优秀作品。文艺创作如果脱离人民，终将被人民所唾弃。文艺工作者要始终坚持社会主义文艺创作的根本要求，人民文艺要表现人民的主体性。把人民作为文艺表现的主体真正意义上做到了"一切为了人民"。因此，从这种意义上看，树立以人民为中心的创作导向，就要把满足人民精神文化需求作为出发点和落脚点。

第三节　文艺创作要以打造精品力作为根本

在新时代发展社会主义市场经济过程中做好社会主义文艺工作，除了要坚持社会主义文艺的人民性质，落实好以人民为中心的创作导向，还应该在此基础上提升文艺创作的品质，以打造精品力作为根本。打造精品力作和以人民为中心是相辅相成的，以人民为中心是打造精品力作的前提和基础，打造精品力作是以人民为中心的保障和落实。文艺事业的繁荣发展，最根本的是要创作生产出无愧于我们这个伟大民族、伟大时代的优秀作品。优秀文艺作品反映着国家和民族的文化创造能力及水平。随着中国特色社会主义进入新时代，要繁荣文艺创作，就必须把创作生产优秀作品作为文艺工作的中心环节，努力创作生产出更多传播当代中国价值观念、体现中华文化精神、反映中国人审美追求，思想精深、艺术精湛、制作精良有机统一的精品力作。

打造精品力作是文艺创作的根本要求。文艺精品代表新时代的精神高度，体现新时代的思想深度，反映新时代的人文向度，在引领时代风尚、塑造时代风貌、矫正社会风气、营造社会风情等方面发挥着固本强基的作用。改革开放40年多来，我国文艺事业进入了异彩纷呈的新时代，呈现出文艺生产异常活跃、文艺创作日趋勃兴的繁盛景象，涌现出一大批形式和内容俱佳的优秀作品，主旋律更加响亮，正能量更加彰显。当然，我们也必须清醒地认识到，在文艺创作方面，还存在着有数量缺质量、有"高原"缺"高峰"的现象，存在着抄袭模仿、千篇一律的问题，存在着机械化生产、快餐式消费的问题，存在着扭曲经典、颠覆历史的问题。有的把作品当作追逐利益的"摇钱树"和"摇头丸"；有的追求奢华、过度包装、炫富摆阔，形式大于内容；还有的热衷于所谓"为艺术而艺术"，只写一己悲欢、杯水风波，脱离大众、脱离现实。这与深度揭示新时代变革背后的思想情感和精神历程的文艺本质要求相比，与当下充分满足广大人民群众精神文化的多元化需求相比，还有很大缺憾与差距。作为承载民族文化血脉和精神基因的文艺精品，是新时代文化发展繁荣的集中表征，是中华民族传统文化的重要载体，是民族精神和时代精神的有力基石。人类文明发展史表明，无论对于国家兴盛，还是社会演变，或是制度变革，文艺精品往往能够感国运之变化、立时代之潮头、发时代之先声。一个时代的文艺作品，只有与时代发展同频共振，与社会进步同向同步，深刻摹绘新时代新风貌，才能成为承担社会教化使命、发挥价值导向作用的精品力作，才能成为具有思想穿透力和审美洞察力的经典之作。诚如习近平总书记在中国文联十大、中国作协九大开幕式上的讲话中所说："一个时代有一个时代的文艺，一个时代有一个时代的精神。任何一个时代的经典文艺作品，都是那个时代社会生活和精神的写照，都具有那个时代的烙印和特征。……古今中外，文艺无不遵循这样一条规律；因时而兴，乘势而变，随时代而行，与时代同频共振。在人类发展的每一个重大历史关头，文艺都能发时代之先声、开社会之先风、启智慧之先河，成为时代变迁和社会变革的先导。离开火热的社会实践，在恢宏的时代主旋律之外茕茕孑立、喃喃自语，只能被时代淘汰。"[1] 在努力实现中华民族伟大复兴的今天，文艺工作者应立足时代前沿，直面时代大潮，积极投身现实生活，体察新时代社会发展

❶ 习近平.在中国文联十大、中国作协九大开幕式上的讲话［N］.人民日报，2016-12-01.

的大趋势，把握新时代变动的规律，了解新时代社会心理和社会风貌的走势与趋向，特别是聚焦新时代建设伟大工程、推进伟大事业、实现伟大梦想的典型性事例和代表性人物。在此基础上，以饱满热情、生动笔触、优美旋律、感人形象讴歌党、讴歌祖国、讴歌人民、讴歌英雄，描写和展示新时代人们寻梦追梦圆梦的奋斗征程，把中国故事和英雄人物记下来传播出去，打造体现时代精神的优秀作品。

　　打造精品力作要把握正确价值取向。文艺部门和文艺工作者要尊重和遵循文艺发展规律，要牢牢把握文艺自身发展的规律，紧跟时代步伐，及时推出高质量的文艺作品，以文艺作品传播正能量。因而，这就要求在打造精品力作过程中要抵制那些在文艺创作中存在的错误观点、思潮和倾向，敢于和善于运用马克思主义文艺观，为文艺创作和传播营造清新的环境与氛围。同时，要高度重视文艺评论工作，在海量的文艺作品中去芜存菁，挑选出思想性、艺术性、政治性、人民性高度统一的艺术精品。繁荣文艺创作，也要深入了解文艺创作的内涵和价值。一方面，中华优秀传统文化是文艺创作的精神血脉，是社会主义文艺工作者从事创作的重要历史条件，是涵养社会主义核心价值观的重要源泉，是我们在世界文化激荡中站稳脚跟的坚实根基。弘扬中华优秀传统文化是牢固树立文化自信的应有之义。广大文艺工作者要树立文化自信，就要对中华优秀传统文化充满自信，不能盲目崇洋、从洋。在文艺创作中，在手段、形式、内容、思想等各个方面坚持文化自信，保持中华文化的主体性。社会主义文艺是以社会主义核心价值观为指导，必然要弘扬中国精神。社会主义核心价值观是社会主义先进文化的精神内核，在社会主义核心价值观中最深层、最根本、最永恒的是爱国主义。中国精神是社会主义文艺的灵魂，它包含以爱国主义为核心的民族精神、以改革创新为核心的时代精神。因此，爱国主义作为社会主义核心价值观和中国精神的根本内容，必然成为文艺创作的精神血脉。正是从这个意义上讲，繁荣发展社会主义文艺，必然包含对以爱国主义为特质的中华优秀传统文化的继承与发展。因此，我们当代文艺更要把爱国主义作为文艺创作的主旋律，引导人民树立和坚持正确的历史观、民族观、国家观、文化观，增强做中国人的骨气和底气。另一方面，追求真善美是文艺创作的永恒价值。人民是历史的创造者，历史创造者需要有纯洁而强大的灵魂。社会主义文艺工作是一项铸造灵魂的工程，文艺工作者是灵魂的工程师，必须保持自身灵魂的纯洁性。习近平总书记指出："追求真善美是文艺的永恒价值。艺术的最高境界就是让人动心，让人们的灵魂经受洗礼，让人们发现自然的美、生活的美、心灵的美。"❶广大文艺工作者只有创作出大量具有感染力、传播正能量的作品，才能净化社会空气，陶冶人的情操，使社会主义核心价值观内化为人们的精神追求、外化为人们的自觉行动。因此，文艺创作要坚持正确价值取向，始终将社会效益摆在第一位，经济效益摆在第二位，努力实现社会效益与经济效益相统一。当两个效益、两种价值发生矛盾时，经济效益要服从社会效益，市场价值要服从社会价值。

打造精品力作要加强现实题材创作。当前，我国正在经历着历史上最为广泛而深刻的社会变革，随着新时代的到来，如何加强现实题材创作，让更多反映现实社会的作品书写时代，为群众服务，以对人民群众创造性实践的生动书写鼓舞人、启迪人，是当代文艺工作者的应有担当。第一，现实题材创作要聚焦新时代的总体现实。社会生活是文艺创作的源泉，任何文艺作品都是对现实生活或直接或间接的反映。这种现实，不仅是个人的现实，而且是人民群众波澜壮阔的生活实践，因而要写出这个国家、这个时代的崭新气象。文艺工作者应清楚地认识到自身生活的有限性，不断深入生活、扎根人民，在现实生活中获取丰富的创作素材，建立起创作个体与时代、与现实的紧密联系，努力增强从总体上把握现实的能力，辩证地、艺术地呈现现实生活的丰富性和复杂性，揭示出生活的规律与本质。同时，要虚心做人民的学生，向现实学习，不断进行生活和艺术积累，不断进行美的发现和美的创造，把人民的冷暖、幸福放在心中，把人民的喜怒哀乐倾注在笔端，抒写最美的时代人物和故事。第二，文艺创作要给人以希望、启迪和力量。任何时代和社会都是在矛盾运动中发展的，有主流也有支流，有光明也有黑暗。应当看到，生活中并非到处都是莺歌燕舞、花团锦簇，社会上还有许多不尽如人意

---

❶ 习近平. 习近平在文艺工作座谈会上的讲话［N］. 人民日报，2015-10-14.

之处，还存在一些丑恶现象。对这些现象不是不要反映，而是要解决好如何反映的问题，因而文艺创作要站在时代和人民的立场上，用充满正能量的文艺作品来温暖人、鼓舞人、启迪人，为人民传递信心、点亮光芒。第三，要用现实主义精神和浪漫主义情怀观照现实生活。现实主义不仅是对创作题材、创作方法的强调，更是对创作精神的强调。这就要求文艺工作者能够从时代的高度、历史的高度、人类的高度，对历史文化、现实生活和人类心灵进行深刻考察，写出时代的精神气质，贯通人类精神经验，让作品获得超越时代的价值。因此，要加强现实题材创作，既关注生活的细节、艺术的细节，又把创作放到更广阔的历史时空之中，在更为深远的现实的历史背景中审视创作的价值和意义，让现实题材作品真正接地气、传得开、留得下。

打造精品力作要提升文艺原创力。创新是文艺的生命，文艺创作是各种技术要素和艺术要素的集成，要把创新精神贯穿文艺创作生产全过程，增强文艺原创能力。习近平总书记指出，要"勇于创新创造，用精湛的艺术推动文化创新发展。优秀作品反映着一个国家、一个民族文化创新创造的能力和水平。广大文艺工作者要把创作生产优秀作品作为中心环节，不断推进文艺创新、提高文艺创作质量，努力为人民创造文化杰作、为人类贡献不朽作品"❶。应当看到，习近平总书记关于文艺创新的讲话精神，不仅是建立在对文艺规律深切理解和准确把握的基础之上，同时也体现了高屋建瓴的国家情怀和人类意识。因此，这就要求文艺工作者从构建国家文化形象和促进人类精神发展的层面，看待并从事文艺创新。文艺创新是历史和时代提出的根本要求，同时也是文艺自身繁荣发展的关键所在。文艺创作就其本质而言，是文艺家在汲取生活滋养的基础上，向未知领域或未来憧憬所实施的精神超越与心灵探索。既然是探索和超越，它就必然要追求整体的新颖性与实验性。大凡有抱负、有作为的文艺工作者，必然与时俱进，谋新求变，开拓前行。实现文艺创新，发扬学术民主、艺术民主，具有重要的保障性作用。党的十九大报告提出，要"发扬学术民主、艺术民主，提升文艺原创力，推动文艺创

❶ 习近平.在中国文联十大、中国作协九大开幕式上的讲话[N].人民日报,2016-12-01.

新。倡导讲品位、讲格调、讲责任，抵制低俗、庸俗、媚俗"❶。发扬学术民主、艺术民主为文艺工作者创造良好的文化氛围，才能极大地激发人的潜能和创造性思维，从而涌现出丰富多彩的文化产品。文艺创作的规律表明：越是民主宽松的文化环境越有利于人的创造力的发挥。当然，提倡学术民主和艺术民主，对文艺工作者的创新性思想与行动要采取包容态度，允许不同声音，切实保护艺术创新成果，尊重艺术家智力劳动结晶，鼓励大家大胆地创新、大胆地发挥，形成一个比较好的创新环境，实现文艺创新成果的社会化。同时，发扬学术民主、艺术民主充分体现了尊重和维护广大人民群众的文化权利，人民群众既可以平等参与艺术创造，又可以平等享受艺术成果，为艺术创新提供强大动力支持。这些都是新时代提升文艺原创力的本质要求和现实需要。

打造精品力作要实现创新提升与继承借鉴相结合。实现创新提升与继承借鉴相结合是激发文艺创作活力、提升文艺创作效能的重要方式，文艺作品的价值源于文艺工作者的创造性行为。任何优秀文艺创作都应是创新提升与继承借鉴相结合的过程，任何优秀的文艺工作者都应是善于继承借鉴的能手，任何优秀文艺作品都应是异常出新出彩的成果。中外文艺实践证明，精品力作从来不是无源之水、无本之木，它有着属于自己的脉络、踪迹与谱系，自然也离不开必要的继承与合理的借鉴。正因如此，自觉坚持对传统文化的继承和对外来文化的借鉴，应当是一切艺术创新的重要前提和基本圭臬。善于继承和广泛借鉴是文艺创作创新的两大法宝。继承不是对原有文艺成果原封不动、毫无变更的因袭，而是根据时代需求和人民需要进行的批判性转化，是剥离了无益和有害成分之后的创新性吸纳。强调文艺创新对传统文化的继承和弘扬，需要有一种辩证的目光和扬弃的态度。对此，习近平总书记在文艺工作座谈会上有着精辟阐述："传承中华文化，绝不是简单复古，也不是盲目排外，而是古为今用、洋为中用，辩证取舍、推陈出新，摒弃消极因素，继承积极思想，'以古人之规矩，开自己之生面'，实现中华文化的创造性转

❶ 习近平.决胜全面建成小康社会　夺取新时代中国特色社会主义伟大胜利——在中国共产党第十九次全国代表大会上的报告［N］.人民日报，2017–10–28.

化和创新性发展。"❶ 这种批判性转化和创新性吸纳无疑是打造精品力作的重要原则。在人类历史长河中，不同的人类文明创造了不同的文艺成果，即便是在同一人类文明中也会生发出不同的文艺门类。向不同的文艺门类、向不同人类文明的不同文艺成果汲取养分，是精品力作文艺创作不断出新出彩的重要源泉。因此，打造精品力作要实现创新提升与继承借鉴相结合，才是激发文艺创作活力、提升文艺创作效能的重要方式。

第四节　把文艺队伍建设摆在更加重要的位置

在新时代发展社会主义市场经济过程中做好社会主义文艺工作，为社会主义市场经济的健康发展提供良好的舆论支撑和精神滋养，除了要坚持文艺创作以人民为中心和以打造精品力作为根本外，重中之重的是加强文艺队伍建设，把文艺队伍建设摆在更加突出的位置。文艺创作的发展规律表明：伟大的文艺展现伟大的灵魂，伟大的文艺来自伟大的灵魂，而伟大的灵魂来自高尚的头脑。在新时代发展社会主义市场经济过程中繁荣文艺创作、推动文艺创新，必须有一大批德艺双馨的文艺名家。习近平总书记在全国文艺工作座谈会上的重要讲话中指出："要把文艺队伍建设摆在更加突出的重要位置，努力造就一批有影响的各领域文艺领军人物，建设一支宏大的文艺人才队伍。"❷ 党的十九大报告提出要"加强文艺队伍建设，造就一大批德艺双馨名家大师，培育一大批高水平创作人才"❸。不可否认的事实是，衡量一个时代的文艺成就最终要看作品，而要创作生产出一大批无愧于伟大民族、伟大时代的优秀作品，就要下本钱、花力气培育一大批有真才学、好德行、高品位，胸中有大义、心里有人民、肩头有责任、笔下有乾坤的高水平创作人才。因此，在新时代发展社会主义市场经济过程中做好社会主义文艺工作，必须把文艺队

---

❶　习近平.习近平在文艺工作座谈会上的讲话［N］.人民日报，2015-10-14.
❷　习近平.习近平在文艺工作座谈会上的讲话［N］.人民日报，2015-10-14.
❸　习近平.决胜全面建成小康社会　夺取新时代中国特色社会主义伟大胜利——在中国共产党第十九次全国代表大会上的报告［N］.人民日报，2017-10-28.

伍建设摆在更加突出的位置。

把文艺队伍建设摆在更加突出的位置，就要把德艺双馨作为培育文艺人才的根本标准。文艺是给人以价值引导、精神引领、审美启迪的，艺术家自身的思想水平、业务水平、道德水平是艺术创作的根本。文艺工作者要自觉坚守艺术理想，不断提高学养、涵养、修养，加强思想积累、知识储备、文化修养、艺术训练，努力做到"笼天地于形内，挫万物于笔端"。因而这就要求文艺工作者能够做到德艺双馨。一定意义上看，德艺双馨既是对所有优秀艺术家成功之路的科学概括，也是党和国家对广大文艺工作者的期待和要求，是所有文艺工作者应该终生奋斗的目标。"德"是艺术家安身立命之根，"艺"是艺术家成就事业之本。德艺双馨要以德为先，一个优秀的文艺工作者既要有杰出的艺术成就，更要有高尚的道德品质。因为文艺创作是一种复杂的、艰苦的、高级的精神劳动，要写出崇高的作品必须要有崇高的境界。作品的思想性、艺术性和价值取向与创作者的涵养、修养紧密相连。优秀的创作人才必须具备爱国、为民、崇德、尚艺的价值观基础。习近平总书记循循善诱地告诫文艺工作者："文艺要塑造人心，创作者首先要塑造自己。养德和修艺是分不开的。德不优者不能怀远，才不大者不能博见。"❶ 创作者具备了真善美的思想品质，才能创作出具有审美价值的优秀作品。培育优秀创作人才必须以德为先、德才兼备，能够做到坚持文化自信和文化自觉，牢记文化责任和社会担当，在市场经济大潮面前耐得住寂寞，稳得住心神，不为蝇头小利所动摇、不为一时之誉而急躁，不愿做市场奴隶的创作者。因此，做好文艺工作必须组建一支政治可靠、业务突出、能力超强的文艺队伍。文艺创作需要特殊人才，更需要以特殊的方式精心培育人才。没有人才，文艺创作就是无本之木。这就要求文艺工作者除了要有好的专业素养之外，还要有高尚的人格修为，有"铁肩担道义"的社会责任感。特别是在发展社会主义市场经济条件下，还要处理好义利关系，认真严肃地考虑作品的社会效果，讲品位，重艺德，为历史存正气、为世人弘美德、为自身留清名，努力以高尚的职业操守、良好的社会形

❶ 习近平.在中国文联十大、中国作协九大开幕式上的讲话［N］.人民日报，2016-12-01.

第八章 市场经济发展与做好文艺创作工作

象、文质兼美的优秀作品赢得人民喜爱和欢迎。文艺管理部门要通过多种方式开展教育实践，加强和改进专业艺术教育工作，完善创新教育的方式和内容，提高创新艺术教育的质量与功效，引导文艺工作者成为党的文艺方针政策的拥护者、践行者，成为时代风气的先行者，培养、造就一大批文艺领军人物和高素质的文艺人才，尤其是创新意识、创新能力强的青年艺术人才队伍，为文艺的繁荣发展奠定坚实的人才支撑。

把文艺队伍建设摆在更加突出的位置，就要加强对文艺创作后备人才的引导。值得注意的是，当前活跃在文艺创作领域的新生代，许多人是经过专业培养的后起之秀，他们掌握了一定的创作技巧和方法，但缺少必要的历练，原创能力普遍不足。因此，新时代做好文艺工作就要引领青年创作者走正路，培养他们讲品位、讲格调、讲责任，提高创造、创新能力，自觉抵制低俗、庸俗、媚俗，追求作品的思想性、艺术性和价值取向相统一，努力让作品在思想上、艺术上取得成功；就要引导他们敢于突破传统文艺创作体制的束缚，解放思想、实事求是，增强创新思维，激发创新灵感，提高创新能力，在创作道路上不断探索，以新的创意构思、题材内容、表现手法、展示风格等进行文艺创作生产，打造出无愧于时代的优秀文艺作品。特别是随着互联网技术和新媒体的兴起，文艺形态在不断变化，催生出很多新的文艺类型。文艺管理部门要准确把握网络文艺发展特点和传播规律，充分利用文艺资源优势，通过平台建设、项目扶持、评比表彰等方式，加强对网络文艺人才的培养、扶持和引导，鼓励推出更多优秀网络原创作品。互联网技术和新媒体改变了文艺形态，由于文字数码化、书籍图像化、阅读网络化等的发展，文艺乃至社会文化面临着重大变革。文艺管理部门要适应形势发展，抓好网络文艺创作生产，加强正面引导力度。近些年来，民营文化工作室、民营文化经纪机构、网络文艺社群等新的文艺组织大量涌现，网络作家、签约作家、自由撰稿人、独立制片人、独立演员歌手、自由美术工作者等新的文艺群体十分活跃。这些人中很有可能产生文艺名家，古今中外很多文艺名家都是从社会和人民中产生的。文艺管理部门要扩大工作覆盖面，延伸联系手臂，用全新的眼光看待他们，用全新的政策和方法团结、吸引他们，引导他们成为繁荣社会主义文艺的有生力量。同时，文艺管理部门应针对这新兴群体创新工作机制，深入开展新文艺组织从业人员和文艺界自由职业者状况调研，召开相关的文艺工作者座谈会，了解他们的思想认识、就业情况、专业诉求等，关怀他们、支持他们，为他们提供必要的学习、生活和创作条件，积极吸纳这些新文艺群体中的可塑之才，鼓励他们创作出高水平的文艺作品。

把文艺队伍建设摆在更加突出的位置，就要加强对文艺创作人才的支持力度。培养造就文艺领军人物和高素质文艺人才，加大对文化艺术青年拔尖人才的支持力度，是带动文艺人才队伍整体建设的重要抓手。随着社会主义市场经济的发展和人们思想文化水平的提高，文艺创作进入空前大众化的阶段，但在广大人民群众心目当中，有影响力、代表性的名家大师还不够多。近年来，无论是文化名家暨"四个一批"人才工程的引领效应，还是国家"千人计划""万人计划"文化艺术人才项目的实施效果，都证明了加大文艺名家资助扶持、宣传推介力度，对文艺队伍建设的导向作用、提升作用。社会主义文艺的发展创新需要体制机制的激励，只有为文艺人才脱颖而出提供体制和机制上的保障，才能为人才的成长成才提供便利条件。因此，文艺管理部门要加大对文艺人才的投入和支持力度，设立各种类型的基金，建立人才培养教育制度，加强文艺创作成果的奖励，为文艺创作提供物质上的保证。文艺管理部门也要积极探索维护文艺工作者合法权益的有效办法，稳步推进艺术门类版权保护组织的建立，营造公平公正公开的文艺环境，使文艺人才不为侵权剽窃所惑，不为烦琐的评奖、审批所困，不为制度、政策所框，专心致志搞创作、搞创新。同时，文艺管理部门要积极开展国际文艺人才引进工作，采取各种优惠政策吸收、引进那些在文艺创作领域具有相当造诣的文艺人才，为发展繁荣社会主义文艺提供重要的人才补充。

把文艺队伍建设摆在更加突出的位置，就要加强和改进党对文艺人才工作的领导。在新时代社会主义市场经济条件下做好社会主义文艺工作，加强文艺队伍建设，必须坚持党管人才的原则。各级党委要贯彻好党的文艺方针政策，把握文艺发展正确方向，选好配强文艺单位领导班子，把那些德才兼备、能同文艺工作者打成一片的干部放到文艺工作领导岗位上来；尊重文艺工作者的创作个性和创造性劳动，政治上充分信任，创作上热情支持，营造有利于文艺创作的良好环境。诚心诚意同文艺工作者交朋友，关心他们的工作和生活，倾听他们心声和心愿；重视文艺阵地建设和管理，坚持守土有责，绝不给有害的文艺作品提供传播渠道。加强和改进党对文艺人才工作的领导要把握住两条：一是要紧紧依靠广大文艺工作者；二是要尊重和遵循文艺规律。各级党委要从建设社会主义文化强国的高度，把文艺工作纳入重要议事日程，贯彻好党的文艺方针政策，特别是各级宣传文化部门要在党委领导下，切实加强对文艺工作的指导和扶持，加强对文艺工作者的引导和团结，为推动文艺繁荣发展作出积极贡献。文联、作协要充分发挥优势，加强行业服务、行业管理、行业自律，真正成为文艺工作者之家。需要强调的是，党的领导是社会主义文艺发展的根本保证，党的根本宗旨是全心全意为人民服务，文艺的根本宗旨也是为人民创作。把握了这个根本点，党和文艺的关系就能得到正确处理，就能准确把握党性和人民性的关系、政治立场和创作自由的关系，就能更好贯彻落实好党管人才的原则，就能更好地培养和造就一批有影响的各领域文艺领军人物，建设一支宏大的文艺人才队伍。

在新时代发展社会主义市场经济的过程中繁荣发展社会主义文艺是一个系统工程，既要坚持文艺创作的以人民为中心，也要坚持以打造精品力作为根本，更要把文艺队伍建设摆在更加突出的位置。繁荣文艺创作、推动文艺创新，就要把文艺队伍建设摆在更加突出的重要位置，培育一大批高水平创作人才、造就大批名家大师来保证精品力作不断问世，用丰硕的创作成果彰显新时代社会主义文艺的繁荣兴盛。伟大的时代一定会催生出伟大的文艺作品，在新时代中国特色社会主义事业的伟大历史进程中，广大文艺工作者坚持志在兼济，行在独善，就一定能创作出更多更好的优秀作品，无愧于时代，无愧于人民。因此，随着中国特色社会主义进入新时代，在新时代发展社会主义市场经济的过程中，做好社会主义文艺工作，文艺战线和广大文艺工作者要不辜负时代召唤、不辜负人民期待，创造出更好更多的文艺精品，为推动文化大发展大繁荣、建设社会主义文化强国作出新的更大的贡献。进入新时代，文艺更应感国运之变化、发时代之先声，在为新时代鼓与呼中展现新面貌新气象。特别是党的十八大以来，在习近平总书记关于文艺重要讲话精神的正确指引下，文艺工作打开新局，文艺事业欣欣向荣，文艺气象焕然一新，我国文艺站在了时代的高起点上。我们要坚定信心、乘势而上，不负时代召唤、无愧人民期待，推出更多的文艺精品，筑就新的文艺高峰。要坚持以人民为中心的创作导向。社会主义文艺是人民的文艺，人民需要文艺、文艺更需要人民，因而文艺工作者要把以人民为中心作为文艺创作的最高准则，自觉在深入生活、扎根人民中进行文艺创作，坚持思想精深、艺术精湛、制作精良相统一，加强现实题材创作，不断推出讴歌党、讴歌祖国、讴歌人民、讴歌英雄的精品力作。同时，创新是文艺的生命，要发扬学术民主、艺术民主，提升文艺原创力，推动文艺创新。另外，要加强文艺队伍建设，造就一大批德艺双馨名家大师，培育一大批高水平创作人才。需要强调的是，文艺是铸造灵魂的工程，必须倡导讲品位、讲格调、讲责任，抵制低俗、庸俗、媚俗，自觉在追求真善美中成就艺术理想、实现艺术价值。

第七章

市场经济发展与推动文化产业发展

　　深入把握新时代社会主义市场经济发展的文化向度及其建设不仅要加强文化事业发展和做好文艺创作工作，还应该大力推进文化产业繁荣发展。从最为直接的意义上看，文化产业是社会主义市场经济的基础构成。文化产业和文化事业是两个不同的概念，文化产业是指具有工业化生产特征的，有文化的内涵，以盈利为目的可以进行市场化运作的产品和服务；这和以公益性服务，不以盈利为目的的公共文化事业完全不同。文化市场是中国特色社会主义市场体系的有机组成部分，市场经济的社会制度属性决定了文化市场的社会制度属性。随着社会的发展，人们的生活方式发生了巨大的改变，如何规避文化产业发展的偏向，如何更好地实现人们的文化需求、丰富人们的精神世界、促进人的全面发展和社会全面进步，是我国文化产业必须担负起的崇高使命，也是新时代发展社会主义市场经济的客观要求。在新时代发展社会主义市场经济过程中推动文化产业发展，就要高度重视文化产业发展的必要性，推动文化产业转型升级，健全现代文化市场体系，积极深化文化体制改革。

第一节　发展市场经济过程中大力发展文化产业

　　在新时代社会主义市场经济发展和完善过程中处理好经济发展和文化建设的关系，特别是充分发挥文化建设对社会主义市场经济发展的支撑作用，就应该大力推动文化产业发展。这既是由文化产业与社会主义市场经济的关系决定的，也是由当前文化产业发展的现状决定的，同时也是由文化产业的发展机遇决定的，还是由文化产业在经济社会发展中的地位决定的。

文化产业与社会主义市场经济的关系，决定了在新时代发展社会主义市场经济过程中要大力推动文化产业发展。文化产业是社会主义市场经济的组成部分。文化产业是具有工业化生产特征的，以盈利为目的、可以进行市场化运作的产品和服务。因而，文化市场是中国特色社会主义市场经济的有机组成部分。文化市场必然要遵循价值规律、经济规律、市场规律。列宁说过："市场是商品经济的范畴。"和其他专业市场一样，文化市场具有商品经济的一般属性。例如，文化资源通过文化市场的创意转化功能转化为文化资本；文化产业以文化价值影响经济价值，使物质生产的发展因文化元素的注入而升值。文化消费的高涨、文化市场的扩张，最终会拉动经济总量的增长。市场经济对文化产业既有促进作用，也有消极影响。市场经济为文化市场发展提供物质基础，同时市场经济发展带来物质水平提升，进一步刺激了社会文化需求。然而，作为文化产业最重要的推动者，文化市场的大旗风风火火掠过无数文化产业的风口，为文化产业的带动起到催化作用；文化产业和文化市场的蓬勃发展，也带来了过度市场化的弊端，随之而来的还有一系列负面连锁反应。例如，在市场经济条件下，经济主体参与经济活动的驱动力是"利润最大化"，这种单纯的逐利机制弱化、消解了传统文化的作用和影响，导致了"价值盲区"。文化市场通过文化产品和文化服务，以审美的方式传播知识、传递价值，表达人类对社会生活的认识理解、对人生情感道德的价值追求。不可否认，文化产业的基础是市场，现代市场经济要求公开、公正和公平竞争，反对各种形式的地方保护和垄断；我国传统的文化事业单位是按"条块"（地方和行业一纵一横）分割的方式设立的，目前尽管已经在不同程度上开始与行政主管部门脱钩，实行"专业归口管理"，但是，离真正的市场竞争还有相当的距离。甚至还有一些企业利用与行政机构的传统联系，利用企业特殊的社会公益性质和意识形态功能，垄断资源，操纵市场，牟取暴利；而另一些文化企业在做大以后，要做跨行业、跨地区的资产重组甚至兼并，却往往遇到阻力。在中国加入 WTO 的形势下，在国际性"传媒汇流"趋势的影响下，一些广电、报刊、出版企业在地方政府的协调下成立了集团公司，实现了"强强联合"和"资产重组"，甚至在当地从事了一些跨行业、跨媒体经营，这当然是一种进步。但我们也注意到，"媒体汇流"在西方是一种市场趋势，在中国则主要依靠政府行政手段，如何将结构调整与体制转型结合起来，仍然是个问题。这样，文化产业的发展就与市场经济深层次改革问题相遇了，文化产业是一个特殊的产业，既具有一般的市场经济的行业属性，又必须坚持社会公益性质。其中的核心产业门类如传媒产业，既具有大众传媒的特点，又是党和国家的宣传渠道。保证广大人民群众的文化权利是一个更为根本性的问题，也是我们党和国家确保对社会主义文化发展领导权的基础。应该看到，在加入 WTO 和全面深化改革的形势下，在数字化信息技术的冲击下，传统传媒制度的经济基础和技术基础已经发生了变化，人民群众的文化权利的实现方式也已经发生了变化；越来越从以国家行政机制为中介的非自主方式，转向以市场为中介的自主选择方式。这就要求我们积极探索在市场竞争条件下发挥传统政治优势的新办法。因此，我们应特别注意研究调控文化市场发展的新体制、引导精神产品流通的新机制，以及活跃文化生产的新组织形式。如何基于这些特点作出制度性的安排，既按照社会主义市场经济的一般规律健康发展，又保证先进文化的主导作用，这是一个全新的问题，需要我们以创新的精神大胆开拓。文化产业与社会主义市场经济的关系，决定了在新时代发展社会主义市场经济过程中就要大力推动文化产业发展。

当前文化产业发展的现状，决定了在新时代发展社会主义市场经济过程中要大力推动文化产业发展。我们在观察文化产业现状时，感到文化产业目前有三个最突出的现状。第一个现状是，多数文化企业规模小、水平低且资源分散。我国文化产业中的企业很大部分都是中小企业，文化产业集约化程度较低且资源分散；同时，由于体制的原因，整个文化产业市场化程度不高，总体来说文化产业处于一个低水平的、高度分散的、缺乏竞争的现状。第二个现状是，我国文化及相关产品的消费进入了一个"井喷时代"。根据国际发展经验，当一国人均 GDP 接近或超过

5000 美元时，文化产业会出现一个快速增长的状态，而且随着经济的增长，文化产业也呈现持续加速增长的态势。根据国家统计局报告，2014年中国人均 GDP 已达到 7000 多美元，当前我国居民人均消费结构已经发生重大变化，文化产业的发展远远滞后于我国居民对文化产品和服务的需求。特别是与发达国家相比，我国文化产业仍然有较大距离。例如，有关数据显示：我国平均文化消费只占家庭消费的 7% 左右，美国等发达国家占家庭消费的 20%~30%；近年来，我国文化产业以年均 15% 的速度在增长，远高于国民经济的增长速度。尽管如此，我国文化产业占 GDP 的比重仍偏低，有关数据显示，文化产业在总产值中所占 GDP 的比重，美国已达到 31% 左右，日本为 20% 左右，欧洲平均在 10%~15%，韩国高于 15%，而中国 2014 年仅仅达到了 3.7% 左右，这说明我国文化产业相比发达国家仍然有较大距离，市场的发展空间仍然很大。第三个现状是，文化产业近年来的表现，可以说是"冰火两重天"，一方面，在国家相关政策影响下，演出市场及舞台演出制作公司出现了破产倒闭，艺术品、画廊行业持续低迷；另一方面，我国部分文化产业呈现快速增长的态势，特别是文化产业利用资本市场有了超常的发展，文化企业在创业板的表现突出，成为资本市场"新宠"，与此同时，由于创业板文化类企业上市前企业规模普遍较小，上市后有动力积极利用资本市场寻求企业外延式的扩张，进行产业整合，提高企业整体水平，从而改变过去的竞争局面。总体而言，我国的文化产业已有"长足的发展"，特别是 20 世纪 90 年代以来，一方面，经济社会生活各方面条件迅速改善，人民群众的文化娱乐需求正在被迅速释放；另一方面，各种新型文化产业门类不断产生，文化产业结构性变化频繁。但我国文化产业还处在一种低水平供求平衡和非对称结构性矛盾的状况之中。文化产业规模有限，主要受制于创新能力和竞争力不足、产业机构布局不合理、文化企业融资困难等问题，制约了发展潜力的释放。当前文化产业发展的现状，决定了在新时代发展社会主义市场经济过程中要大力推动文化产业发展。

　　文化产业的发展机遇，决定了在新时代发展社会主义市场经济过程中要大力推动文化产业发展。随着中国特色社会主义进入新时代，在发展新时代社会主义市场经济过程中，文化产业的发展机遇大致有如下几个方面：第一个机遇是政策环境。文化产业有极好的政策发展环境，近年来我国政府不断出台一些政策，强烈地传递出文化产业作为支撑和引领经济结构，产业优化升级的重要推手的信号，目前有三项文化政策文件很重要，分别是《关于推进文化创意和设计服务与相关产业融合发展的若干意见》，由文化部、中国人民银行和财政部制定的《关于深入推进文化金融合作的意见》，以及《关于大力支持小微文化企业发展的实施意见》。这三个文件所制定的系列经济政策，包括引导和鼓励社会资本投资文化创意、设计服务、信息服务、体育、文化娱乐业等领域，完善相关扶持政策和金融服务，用好文化产业发展专项资金和税收减免，还涉及困扰企业多年的土地使用及煤、水、气、电价格等方面如何减负的问题，这些政策针对性强、含金量高，给文化产业发展创造了良好的政策环境。第二个机遇是资本市场环境。2014年5月国务院《关于进一步促进资本市场健康发展的若干意见》（简称"新国九条"）颁布后，我国多层次资本市场的建设加快了速度，2015年国务院政府工作报告中提到的资本市场的几个问题，无疑是资本市场的"深水炸弹"，股票发行注册制、深港通、区域性股权交易、推进信贷资金证券化、发展金融衍生品市场、积极发行债券市场、扩大企业债券发行规模等，为企业发展创造了有利的资本市场环境。第三个机遇是技术革命环境。目前我们正处在人类第三次技术革命浪潮，以互联网、云计算、大数据、生物科学为代表的新技术深刻地改变着我国经济的发展和运行，文化产业发展处于千载难逢的技术革命的潮流中，互联网近年来发展如火如荼，文化产业是一个极具创造性的产业，一旦和新技术融合，将对文化产业的发展产生极大的推动作用。文化产业面临的这三个发展的环境是推动文化产业快速发展的重大机遇，由此也形成了未来几年内中国文化产业发展的基本趋势。可见，中国文化产业必将在改革中不断壮大。国家统计局发布的数据显示，2017年全国文化及相关产业增加值为34722亿元，占GDP的比重为4.2%。文化及相关产业增加值占GDP的比重稳步上升，在加快新旧动能转换、推动经济高质量发展中发挥了积极作用。2018年中国全年电影票房宣告突破600亿元，创下新高。产业大发展、大繁荣背后，伴随着文化体制改革的纵深推进，文化创新创造活力进一步得到释放。在这股浪潮中，有"互联网+"带来的文化产业转型升级，移动多媒体、网络视听、数字出版、动漫游戏、3D和巨幕电影等新兴产业如雨后春笋般发展，产业发展不断释放新动能。一批文化企业和品牌做大做强，文化产业发展质量和效益不断提升。因此，文化产业的发展机遇，决定了在新时代发展社会主义市场经济过程中要大力推动文化产业发展。

文化产业在经济社会发展中的地位，决定了在新时代发展社会主义市场经济过程中要大力推动文化产业发展。作为一种具有特殊形态的新兴产业，文化产业的发展对经济社会建设的作用愈加显著。面对巨量的市场需求，以及国际传媒文化集团大兵压境，我国的文化产业在总体上缺乏竞争力，难以满足人民群众不断增长的文化需要，这一点令人忧虑。值得高度重视的是，我国的传统文化产业诞生于计划经济体制之下，长期以来既被行政体制分割又被各种政策保护。在这种情况下形成的总体格局，表现出经营单位众多、产业集约化程度不高、资源极度分散和不讲经济效益的突出特点。因此，在文化产业的发展对经济社会建设日益重要的今天，必须高度重视文化产业的发展。文化产业是一个特殊的产业，更何况我国的文化产业是生存和成长于一个更为特殊的环境中的。从一定意义上，我们今天对文化产业和文化市场的认识，以及依此制定的文化产业政策的合理性，将影响着今后相当长一个时期我国文化产业的发展，并会进一步影响我国整个经济产业结构的调整和升级。值得提及的是，在我国"十三五"规划中就明确提出要推动文化产业跨越发展、再上台阶，并指出通过落实完善法规体系、优化产业结构等举措，实现作为国民经济支柱性产业的目标。2017年4月，文化部印发《文化部"十三五"时期文化产业发展规划》，进一步明确了"十三五"时期文化产业发展的主要目标：到2020年，文化产业整体实力和竞争力明显增强，培育形成一批新的增长点、增长极和增长带，全面提升文化产业发展的质量和效益，文化产业成为国民经济支柱性产业。文化产业在新经济发展的新常态形势下要注意两个方面的结合：一是和新技术结合，尤其是互联网为代表的新技术结合，大数据、云计算等结合，创新运作方式、商业模式，提高企业核心竞争力；二是熟悉和利用好资本市场，文化企业要主动了解熟悉金融和资本工具，努力创造条件适应金融或资本市场要求，紧密与金融资本结合是文化企业实行跨越发展的必由之路，文化企业和科技融合，文化企业和金融资本融合，这两大融合是推动文化企业由弱变强、由小到大的必由之路。当然，从深层次看，文化产业之所以有潜力成为未来经济发展的动力，主要是因为随着居民生活水平提升，住房、衣服、交通等消费比重会不断下滑，而文化、娱乐等消费比重将呈现大幅上涨，使文化产业发展不断满足人民对美好生活的向往。总体来说，我国文化产业发展后劲十足，还有相当大的潜力可待挖掘。文化产业迎来高速发展，对产业链各细分领域而言，也迎来了历史性发展机遇，包括文化制造业、文化批发零售业、文化服务业等。另外，随着文化产业的不断壮大，国际影响力同样有大幅提升。国际市场对中国文化产品需求有望大幅增加，相关出口金额将迎来快速攀升，前景可期。鉴于文化产业在国民经济社会发展中的战略意义，我国也会持续加大对文化产业的投资规模，以强劲地推动文化产业发展崛起。尽管我国经济发展趋于稳定，但下行压力依旧不容小觑，急需新的发展模式和支撑产业。在此背景下，蓬勃发展、势头强劲的文化产业，一举成为我国经济增长的新亮点和转型升级的新引擎。随着潜力迅速释放，文化产业有望成为国民经济支柱性产业。因此，文化产业在经济社会发展中的地位，决定了在新时代发展社会主义市场经济过程中要大力推动文化产业发展。

第二节　推动文化产业转型升级

在新时代发展社会主义市场经济过程中大力发展文化产业，首要的就是根据我国文化产业发展的基本情况以及中国特色社会主义进入新时代，特别是新时代社会主义市场经济发展的要求，对我们现行的文化产业进行转型升级。文化产业的转型升级对文化产业的发展来说具有根本性的地位。文化产业的转型升级实际上是对文化产业的更新换代，是文化产业的自我变革、重塑和完善发展。因而在新时代社会主义市场经济发展过程中大力发展文化产业，就要首先抓住文化产业转型这个关系文化产业发展的根本。从深层次看，发展文化产业是社会主义市场经济条件下满足人民群众多样化精神文化需求的重要途径，也是扩大消费稳增长、促进服务业全面健康发展的重要力量。当今，文化产业作为新型产业发展势头良好、发展空间很大。新形势下根据我国文化产业发展的基本情况以及中国特色社会主义进入新时代，特别是新时代社会主义市场经济发展的要求推进文化产业转型升级，实质上就是要按照全面协调可持续的要求，大力推动文化产业转型升级，使之成为新的经济增长点、经济结构战略性调整的重要支点、转变经济发展方式的重要着力点，为推动跨越发展提供重要支撑。特别是近年来我国文化产业增加值增速不断加快，但是品质不高、文化创意含量不足、文化精品匮乏等问题仍然存在。因而加快转型升级，文化产业供给侧改革提质增效，需要树立新的发展理念，转变发展方式，提高发展质量和效益，就成为新时代文化产业发展不得不面对和必须首先解决的重要课题。

推动文化产业转型升级，就要积极推动文化产业结构调整。调整文化产业结构首先要着力改变文化资源的存量构成和比例关系，充分利用现代生产经营管理方式和高新技术，促进传统文化生产模式和消费传播模式的改变。一是坚持正确的文化产品创作生产方向，着力提升文化产业各门类创意设计水平及文化内涵，加快构建结构合理、门类齐全、科技含量高、富有创意、竞争力强的现代文化产业体系。二是创新文化产品和服务，延伸拓展产业发展空间。积极发展新型业态，强化和规范新型网络文化业态和服务模式，形成新的经济增长点和消费热点。三是优化文化产业组织结构，鼓励创办小微型企业。支持"专、精、特、新"中小文化企业发展，形成富有活力的优势企业群体和协作配套体系。四是鼓励和吸引社会民间资本投资文化产业，提高企业集约化程度，做大做强一批有发展潜力的文化企业，形成战略投资者和文化服务集成商。五是坚持保护传承和创新发展相结合，促进艺术衍生产品、艺术授权产品的开发生产。加快工艺美术产品、传统手工艺品与现代科技和时代元素融合，发展新的艺术样式和款式。六是优化文化产业的规划布局，走差异化、特色化发展路子，结合当地文化特色研发原创文化产品和服务，推动特色文化产业发展。

推动文化产业转型升级，融合相关产业拓展延伸发展空间。产业融合是文化产业的本质特征和内在要求，文化产业不仅内部存在融合发展的态势，而且与其他产业融合的趋势也日益明显。从文化产业发展的角度看，只有加快与其他产业的融合，创新文化产品和服务的生产、存储、传播和消费形态，才能快速发展。一是推动与旅游业融合发展。要重点开发文化特色鲜明、两个效益显著的产品。大力发展康体养生、运动娱乐等多样化、综合性、参与式、体验式文化旅游产品，建设一批文化休闲街区、特色文化村镇，加强自然、文化遗产的保护利用，推进文化资源向旅游产品转化，推出高品质旅游演艺产品和商品。打造文化旅游系列活动品牌。二是推动与高新技术的融合。大力促进文化与科技双向深度融合，依托高新技术增强文化产品的表现力、感染力、传播力，强化文化对科技和信息产业的内容支持和创意提升，推动高新技术成果向文化产业转化应用，加强对传统文化产业技术改造和设备更新，鼓励文化产品和服务的数字化、网络化转化，鼓励开发适合互联网和移动终端的数字文化产品，加快多媒体、动漫游戏业的发展。三是推动与现代农业的有机结合。推动文化创意与现代农业有机结合发展，将文化产业与现代特色农业嫁接，通过把文化艺术、文化创意与园艺观光、体验娱乐等市场需求相结合，开发形成休闲观光型农业、创意型农业、都市型农业等转型业态。建设集农耕体验、田园观光、教育展示、文化传承于一体的文化休闲园区。四是推动与现代服务业融合。以打造品牌、提高质量为重点，加强传统文化与现代时尚的融合，创新经营管理模式，以文化引领服务、商贸流通业的创新，延伸服务领域，改进服务模式，增加多样化供给，引导消费升级。

推动文化产业转型升级，提升文化产业的创意水平和整体实力。习近平总书记在十九大报告中将"创新驱动发展战略"作为我国七大战略之一。在数字经济不断更新迭代的推动下，以创意性和新技术为特征的文化产业新业态将是未来文化发展的重中之重。文化创意是文化产业的灵魂和基础，具有高知识性、高增值性和低能耗、低污染等特征。只有大力提升文化创意的水平，才能发展新型高端的文化产业，提升产业竞争力和整体实力。一是大力发展创意设计业。坚持注重创意创新、淡化行业界限、强调交互融合的大设计理念。推动民族文化元素与现代设计有机结合。大力促进创意设计与现代生产生活和消费需求对接，拓展大众消费市场，探索个性化定制服务。二是发展动漫游戏业。充分发挥动漫产业发展部际联席会议和专项引导资金的作用，扶持内容健康向上、富有创意的优秀原创动漫产品的创作、生产、传播和消费。支持民族题材原创动漫作品生产，实施动漫精品培育计划，组织评选优秀动漫作品和品牌，探索富有民族特色的原创动漫发展路子。三是大力发展演艺娱乐业。通过政府购买服务、以奖代补等方式，扶持演艺企业创作生产面向市场服务群众的精品佳作。加强舞美设计创新、舞台布景创意和舞台技术装备升级换代，丰富舞台艺术表现形式。加快演艺基础设施建设改造和演出院线建设。支持开发具有民族文化特色、健康向上的原创娱乐产品和新兴娱乐方式，促进娱乐业与旅游休闲产业结合。四是大力发展艺术品业。加强艺术品市场需求和消费趋势预测研究，促进艺术创作与市场需求对接、与生活结合。推动画廊业健康发展，扶持经纪代理制画廊等市场主体。鼓励原创新媒体艺术品发展，鼓励开发艺术衍生品和艺术授权产品，培育艺术品市场新增长点。五是大力发展工艺美术业。保护传承传统技艺，推动传统工艺美术产品融入现代生活。在保护传承的基础上，支持开发新技术、新工艺、新产品，增加艺术含量和科技含量，提高产品附加值。强化品牌意识，培育一批有较高知名度的工艺美术品牌。六是实施特色文化产业示范项目建设工程。以建设特色文化产业示范项目为抓手，以特色文化资源保护和合理利用为基础，引导特色文化产业与建筑、园林、农业、体育、餐饮、服装、生活日用品等领域融合发展，打造一批文化特色鲜明、产业优势突出的特色文化产业品牌。七是实施数字文化产业发展工程。强化创新驱动，积极支持科研机构和企业加强数字文化产业关键技术研发、产业融合、商业模式创新和品牌培育。支持建立数字内容生产、转换、加工、投送平台。八是实施文化产业示范园区和基地提升工程。支持文化产业示范园区、示范基地更好地发挥促进创意孵化、加强人才培养、推进产业融合、建设服务平台、培育文化品牌等功能。依托高新技术产业开发区、重点文化产业园区和海关特殊监管区域，推动建设一批特色鲜明的产业融合发展集聚区。同时，以落实国家"一带一路"倡议为契机，积极参与国家"丝绸之路文化产业带"的规划和建设工作，以资源换取发展空间，把优秀文化资源融入国家文化产业战略规划布局中，提升文化影响力和实力。

推动文化产业转型升级，要大力提升文化产业发展质量和效益。迈入新时代，现代文化产业体系加快构建，供给侧结构性改革持续深化，一批文化企业和品牌做大做强，文化产业发展质量和效益不断提升。文化产业发展质量和效益不断提升，成为经济社会发展新引擎。数据显示，2018 年全国电影总票房为 609.76 亿元，国产电影总票房为 378.97 亿元，市场占比为 62.15%，市场主体地位更加稳固。中国电影保持向上向好的发展态势，是中国文化产业持续健康发展的生动注脚。自 2012 年至 2017 年，文化产业增加值呈逐年上升趋势，从 1.8 万亿元增加到近 3.5 万亿元，占 GDP 的比重从 2012 年的 3.48% 增加到 2017 年的 4.2%。在这种情况下，推动文化产业发展转型，就要加大骨干文化企业培育力度，鼓励和引导社会资本进入文化产业，形成以公有制为主体、多种所有制共同发展的文化产业格局。"文化 +"与教育、信息、旅游、体育、建筑设计及相关制造业深度融合；对接"互联网 +"战略，文化与科技"双轮驱动"，移动多媒体、动漫游戏等新兴产业迅猛发展。特别是当前，文化与互联网、旅游、体育等行业加速融合，文化产品和服务的生产、传播、消费的数字化、网络化进程加快，数字内容、动漫游戏、视频直播等基于互联网和移动互联网的新型文化业态逐渐成为文化产业发展的新动能和新增长点。同时，文化产业因资源消耗低、环境污染少、科技含量高，具有低碳经济、绿色经济的特点，为国民经济转型升级和提质增效提供了有力支撑。实现文化产业高质量发展，要在国家层面形成支持文化创新创造的体制机制，提前谋划好制度方面的顶层设计，重点是要着力培育和发展文化市场主体，鼓励和引导社会资本进入文化产业，引导城乡居民扩大文化消费，扶持文化消费场所建设；要优化文化产业结构布局，对接"互联网 +"战略，依托云计算、大数据、物联网、虚拟现实等科技成果，改造提升传统产业，加快发展移动多媒体、网络视听、数字出版、动漫游戏等新兴产业，推动文化产业与教育、旅游、体育、城市建设、平面设计及新型制造业深度融合。在社会层面，要努力营造鼓励创新、宽容失败的良好氛围；要优化人才成长的环境，着力发现和培养开拓型人才、开创性人才，特别是具有跨学科发展能力的复合型文化产业发展人才。

第三节 健全现代文化市场体系

在新时代发展社会主义市场经济过程中推动文化产业的发展，离不开利用市场机制推动文化产业发展。建立健全现代文化市场体系，是深化文化体制改革、建设社会主义文化强国、增强国家文化软实力的重要任务。改革开放以来，我国文化市场先后经历了以下几个时期。一是起步期：20 世纪 70 年代末至 90 年代初期。伴随改革开放肇始，文化娱乐和文化消费市场开始复苏。1988 年，我国颁布了《关于加强文化市场管理工作的通知》，正式提出了"文化市场"的概念。1989 年，文化部设立了市场管理局，不仅在理论上承认了"文化市场"，而且开始在实践中发展和管理文化市场。二是发展期：20 世纪 90 年代中后期。20 世纪 90 年代以来，文化市场从数量、规模、档次、品位上都产生了质的飞跃。党的十四大后，文化领域开始进行大刀阔斧的改革，社会力量办文化迅猛发展。1998 年，社会所办的文化产业的机构总数已经是文化系统的 2.7 倍。三是融合期：21 世纪初至今。以我国加入 WTO 为标志，文化市场进一步融入国际文化大舞台，市场流通方式逐步走向连锁化、规范化、集团化。随着高新技术的快速发展，文化市场分流为传统和新兴文化市场，进入了高速发展的优化整合新阶段。特别是党的十八届三中全会通过的《中共中央关于全面深化改革若干重大问题的决定》围绕文化改革发展目标，结合新形势，从市场主体准入、鼓励公平竞争、增强文化市场主体竞争力、鼓励非公有制文化企业发展、建立多层次文化市场、强化政策环境保障等方面，对我国现代文化市场体系建设作出了全面部署，体现了党对文化发展规律认识的深化。2018 年 8 月，习近平总书记在全国宣传思想工作会议上指出："要推动文化产业高质量发展，健全现代文化产业体系和市场体系，推动各类文化市场主体发展壮大，培育新型文化业态和文化消费模式，以高质量文化供给增强人们的文化获得感、幸福感。"❶ 这些重要论述着眼于新形势新任务新要求，为推动文化产业发展、提升文化市场培育监管水平提供了科学方法论。从实践中看，建立健全现代文化市场体系应从以下几个方面进行把握。

健全现代文化市场体系，要把握我国文化市场建设的基本现状。客观看待文化市场的基本现状，也要有一分为二的视角，既要看到发展的成就，也要认清当前的一些不足。一方面，成绩值得肯定。市场规模不断扩大。在传统文化市场主体的基础上，扩展了以网吧、娱乐、动漫、互联网文化等为主体，门类比较齐全的新文化产品和服务体系。全产业链经营体系逐渐成形。演出院线开启了演出场所规模化经营之路，传统的演出团体、经纪机构、票务公司、演出场所逐渐融合集约发展，在产业链的上中下游实现全覆盖。跨界融合打开市场新空间。上网服务向以上网为基础的多元化运用平台方向发展，旅游演出成为演出业与旅游业跨界融合的亮点，网络演出拓展了传统文化传播渠道，移动网络和智能终端的普及使网络文化市场进一步细分。另一方面，当前文化市场发展现状还有一些不足。文化消费潜力释放不够。根据国际经验，人均 GDP 达到 5000 美元以上时，文化消费将出现爆发式增长，我国人均 GDP 在 2012 年就超过 6000 美元。2014 年底，我国文化消费潜在市场规模约为 4.7 万亿元，文化消费缺口约为 3.7 万亿元。优质文化产品和文化服务供给不足。从总体上看，文化消费市场仍处在数量引导的初级阶段，尚未达到质量引导的高级阶段。目前既缺乏广泛认同的精品力作和拳头产品，也缺乏质优价廉的大众文化产品，不少文化产品在消费环节遭受冷遇，难以获得应有的市场价值。同质化竞争比较突出。文化市场主体众多，竞争激烈，多、乱、弱而且不能通过市场优胜劣汰的行业结构，是文化产品难以走出同质化，甚至低质化、低俗化的重要原因。文化市场法治建设不健全。目前，在文化市场管理方面虽然已经有了一些法律法

❶ 习近平在全国宣传思想工作会议上强调 举旗帜聚民心育新人兴文化展形象 更好完成新形势下宣传思想工作使命任务［N］. 人民日报，2018-08-23.

规，但发展文化产业、促进文化交流等方面的立法还很少甚至空白，对新型文化业态缺乏及时回应。文化市场调控引导力度明显不足。随着经济社会的发展，群众的精神文化需求日益增长，如何扶持守法经营的诚信企业做大做强、发挥市场机制的导向作用成为摆在管理者面前的重要任务。在这种情况下，要按照供给侧结构性改革的要求，攻克深层次的体制机制障碍，建立健全现代文化市场体系，推动社会主义文化大发展大繁荣，特别是要综合用好政府"有形的手"和市场"无形的手"。追求"两个效益"。坚持把社会效益放在首位，努力做到社会效益与经济效益相统一。

健全现代文化市场体系，要尊重市场规律，更好地发挥政府职能。一方面，要重视政府与市场的作用，综合用好市场配置文化资源、政府履行文化市场监管和引导职能两种手段；另一方面，要坚持把社会效益放在首位，实现社会效益和经济效益相统一。体制与机制体现整体性。坚持需求导向，紧扣供给侧结构性改革要求，破除影响发挥市场优化配置资源作用的障碍，着力解决行政决定向市场调节转变的制约；坚持遵循规律，根据市场活动特点，正确运用价值规律和市场规则，营造良好条件和宽松环境；坚持全面改革，把改革摆在核心位置，构建统一开放竞争有序的现代市场体系。同时，也要坚持文化市场内容与设施体现系统性。文化市场内容与设施建设作为市场体系的重要组成要素，要把发挥要素作用、把握动态关联、追求整体优化作为出发点，进一步强化要素功能、统筹要素组合、整合要素结构，推动协同发力，形成共同合力，实现文化市场体系功能优化和整体最佳发展。服务与管理体现规范性。以法制化建设为突破口，通过加强文化立法，构建文化内容监管机制，引导市场行业主体自律，全面推进文化市场管理服务机制转型。加快形成以文化法律为规范、以行业自律为主体、以行政手段为补充的市场管理服务体系。特别是必须坚持经济效益和社会效益的有机统一，把社会效益放在首位，一是要面向人民，坚持以人民为中心的工作导向，明确制度设计的出发点和落脚点，把满足人民群众文化需求作为首要任务；二是要面向市场，遵循市场价值规律，建立培育多层次文化产品和要素市场，充分发挥市场调节资源配置的主导作用，推动文化市场繁荣发展。

健全现代文化市场体系，必须增强文化市场主体发展活力竞争力。多元文化企业充分竞争、自主发展，是文化市场富有活力的核心标志，这就需要建立和完善全国统一的市场准入和退出机制，鼓励各类文化市场主体公平竞争、优胜劣汰。以培育合格市场主体、增强企业活力竞争力为目标，抓住深化国有经营性文化单位转企改制这一关键，以建立现代企业制度为重点，扩大出版、发行、影视、文艺院团改革成果，增强国有文化企业自主经营、自负盈亏、自我创新的内生发展实力；以加快股份制改造为核心，创新文化企业投融资体制，通过支持上市融资、优化股权结构、探索实行特殊管理股制度，在保证国有资本控制权、国家文化安全和公众利益的同时，最大限度吸引更多社会资本，引入更多文化产业战略投资者；以骨干优势企业为依托，以市场为导向，以资本为纽带，鼓励文化企业开展跨地区、跨行业、跨所有制兼并重组，培育大型文化企业集团和文化产业集群，提高文化产业规模化、集约化、专业化水平。

　　健全现代文化市场体系，必须扩大非公有制文化企业发展空间。非公有制文化企业在我国文化建设中发挥着越来越重要的作用，扩大非公有制文化企业发展空间是建立健全现代文化市场体系的重要内容。一方面，需要降低社会资本进入门槛，鼓励社会资本参与国有经营性文化企业改革，扩大技术、品牌、知识产权等生产要素投资参股份额，在信贷、土地、税收、融资、专项资金等方面给予和国有资本同等的支持。另一方面，要扩大非公有制文化企业准入领域。允许非公有制文化企业参与对外出版、网络出版，允许以控股形式参与国有影视制作机构、文艺院团改制经营，进入文艺表演团体、演出场所、博物馆、展览馆、文化艺术中介等领域，构筑多元资本、多元主体共同发展的文化市场主体格局。

　　健全现代文化市场体系，必须建立多层次文化产品和要素市场。一是健全多层次文化产品市场。以开发文化资源和提高专业化能力为重点，在坚持出版权、播出权特许经营前提下，允许制作和出版、制作和播出分开。在发展传统文化产品市场载体平台的同时，加快建设依托网络平台的新兴文化产品市场、面向不同受众群体的分众化消费市场，扩大农村文化市场，优化文化产品流通渠道，降低文化产品物流成本。二是建设多层次文化要素市场。以现代产权制度为依托，积极推进产权、版权、人才、技术、信息等文化生产要素市场建设，不断提高文化生产要素市场运行的便利化、规范化、法治化程度。三是加强各类文化行业协会等行业管理组织建设，优化版权代理、文化经纪、评估鉴定、技术交易等文化市场中介服务，保障文化市场主体高效有序运行。

健全现代文化市场体系，必须优化文化市场发展政策环境。文化市场要发展，必须发挥政策在宏观调控、市场监管和制度建设等方面的作用。一是保护多元文化市场主体公平竞争、依法自由发展。二是加大公共财政投入和政策扶持力度，健全推广公共文化服务政府采购制度，优化资源配置方式。在扶持优势企业和精品生产的同时，向中小文化企业和重点消费群体倾斜。三是完善文化企业人才评价、技术创新鼓励政策，健全以市场为基础、兼顾经济效益和社会效益的文化产品评价体系，改革评奖制度，全方位调动文化精品创作生产的积极性和创造性，推动优秀文化产品大量涌现。四是构建文化市场信用监管体系，提高市场监管水平，要大力开展以网络表演、网络游戏等为重点，部署开展违法违规互联网文化活动查处工作。加强演出市场、互联网上网服务营业场所、艺术品市场重大案件督办，严查文化市场禁止内容。制定文化产权及艺术品类交易场所管理制度。加强对场所的现场巡查、随机抽查实现全覆盖，落实好深化文化市场发展综合执法改革。

总而言之，在新时代发展社会主义市场经济过程中大力发展文化产业，抓好现代文化市场体系建设，必须全面发力、多维举措、系统推进。值得强调的是，健全文化市场体系要确认和把握文化市场体系基本属性，坚持文化市场的社会主义先进文化发展方向，让市场在资源配置中起决定作用，更好地充分发挥政府职能。要抓灵魂塑造。文化市场并不是没有价值导向，文化市场体系的发展必须大力弘扬以爱国主义为核心的民族精神和以改革创新为核心的时代精神，深入挖掘和阐发中华优秀传统文化"仁爱、民本、诚信、正义、和合、大同"的时代价值，塑造中国精神的灵魂之作。要抓市场培育。积极推进创意创新型文化产品新业态，重点培育一批规模效率较高、文化辐射大、品牌竞争力强、管理科学、运行规范的现代化文化企业和产业。要抓协同融合。所谓"零和游戏"，是指参与博弈的各方的收益和损失相加总和永远为"零"，双方不存在合作的可能。文化市场的发展要打破"零和游戏"，注重协同，融合发展，实现"共赢"。要抓技术革命。文化市场正处于科技革命的风口浪尖，数据革命给文化产业带来了前所未有的发展空间和格局。这种时机稍纵即逝，一定要牢牢抓住。要抓改革创新。按照供给侧改革要求，以满足文化消费需求作为文化生产的根本出发点，突破原有行业界限和地区封锁，通过市场手段实现规模效益和资源整合。

第四节 积极深化文化体制改革

在新时代发展社会主义市场经济过程中大力发展文化产业，不仅要持续推动文化产业的转型升级，健全文化市场体系，更为重要的是要积极深化文化体制改革。这是新时代推动文化产业发展最为根本的抓手。习近平总书记在十九大报告中提出："要深化文化体制改革，完善文化管理体制，加快构建把社会效益放在首位、社会效益和经济效益相统一的体制机制。"❶ 其实，早在党的十八届三中全会通过的《中共中央关于全面深化改革若干重大问题的决定》便把建立健全现代文化市场体系列为推进文化体制机制创新的一个重要方面。反观我国文化产业近几年来的发展现状，文化产业的布局与改革在国务院政府工作报告中也曾被多次强调。随着新时代中国特色社会主义文化建设实践的持续深入推进，全党全社会对文化的关注也越来越高，文化建设和文化体制改革也在不断推进，我们一定要从战略高度深刻认识文化的重要地位和作用，以高度的责任感和紧迫感顺应时代发展要求，深入推进文化体制改革，才能推动社会主义文化大发展大繁荣，扎实推进社会主义文化强国建设。

我们国家文化体制改革取得了一个重大的阶段性的成就。文化作为

❶ 习近平.决胜全面建成小康社会　夺取新时代中国特色社会主义伟大胜利——在中国共产党第十九次全国代表大会上的报告［N］.人民日报，2017-10-28.

一种特殊的生活要素，与人类精神、认知息息相关，也是一个国家、一个民族的灵魂，因此，在与市场的结合下，往往会呈现较为复杂的形态。作为文化生产最重要的推动者，资本的大旗风风火火掠过无数文化产业的风口，为文化产业的带动起到催化作用；文化产业和文化市场的蓬勃发展，也带来了过度市场化的弊端，随之而来的还有一系列负面连锁反应。例如，影视行业数据造假问题，票房注水事件，买收视率、买点击率等，这些行业"乱象"引发了整治之风。2017 年 3 月，我国文创产业第一部法律法规——《中华人民共和国电影产业促进法》正式实施，同年 9 月电视剧行业推出了"限酬令"，还有"限韩令""限童令""禁染令""限娱令"等一系列举措，国家对影视行业"乱象"加以规范的脚步逐渐加快。在政策、市场等因素的影响下，卫视与视频平台的竞争格局也呈现出全新的事态变化。我国文化体制经历了 40 多年的改革与变迁，从最初起步到稳步推进，再到现阶段转型突破，文化体制改革所引致的乘数效应表现得愈发明显。但是不可否认，我国的文化体制改革仍然不够彻底，改革过程中存在的问题依旧突出，这些问题不仅包括文化体制中历史遗存的症结，而且包括改革过程中所产生的新增问题。相对于经济体制和其他领域的改革力度，文化体制改革的进程明显滞后，文化生产力水平发展缓慢。众所周知，文化事业和文化产业是文化体制建设中的两条主线，更是发展文化生产力的两大载体。尽管文化事业和文化产业各自的目标定位不同，但其根本目标是一致的，即推动文化体制改革的顺利开展，解放和发展文化生产力。然而，一方面，文化产业和文化事业的发展并不均衡。作为公益性的文化事业能够得到广泛认同，而文化的产业价值却往往遭到忽视，由此过分强调发展文化事业，对于培育文化产业则关注甚少。同时，关于在社会主义市场经济条件下发展文化产业的理论研究相对匮乏，文化产业的性质、地位、特征等方面缺少明确的理论界定，导致文化产业发展中认识不足、思路不明，进一步加剧了文化产业和文化事业之间的不平衡性。另一方面，文化领域中市场化程度偏低。政府在文化管理中发挥主导作用，将文化资源的所有权和经营权集于一身，而市场则处于可有可无的尴尬境地。现有的文化市场中区域、部门分割严重，部分国有的文化经营单位依然占据垄断地位，市场机制在微观领域并未充分发挥其资源配置的基础性作用。广泛的市场投融资渠道尚未形成，文化市场的主体身份还不明确，导致文化市场经营秩序混乱，文化产值中科技含量较低以及文化企业创新能力有限。此外，在传统文化管理体制下，政府实施文化管理主要采用行政手段，这种手段在促进文化发展过程中曾起到一定的积极作用，但随着市场经济的日臻完善以及文化领域的多元化趋势，其自身固有的一些弊端表现得愈发突出，转变和增加政府文化管理的手段势在必行。

积极深化文化体制改革，必须理清改革思路。理清改革思路是当前深入推进文化体制改革，推动文化大发展大繁荣的思想保障。在深入推进文化体制改革的进程中，形成关于文化建设和文化体制改革重要地位和作用的正确认识，是激发人民在文化建设中的主体作用，调动广大文化工作者积极性的内在前提。从国际视角看，当今世界正处于经济、政治、文化大融合时期，世界交往与人类活动越来越多。在全球化的进程中，居于强势地位的西方发达国家推行其既定利益、既定价值，造成所谓的"同质化""一体化"，甚至"美国化""西方化"。当前，美国文化向世界各国强势辐射，对其他国家进行着近乎"单方面"的输出，"美国制造"充斥全球。电影、电视、音乐、美国的生活方式、消费方式、饮食文化、服饰文化等，在年轻人中市场极大，潜移默化地影响着其思维方式。这种近乎强制的文化渗透，是对全人类的文明、民族国家的经济、政治、文化安全的极其严重的威胁。可见，全球化不仅是经济战略问题，更是文化战略问题。为了在激烈的国际竞争中赢得应有的市场份额，有效维护国家文化安全，我们必须大力推进文化体制改革，加强文化建设。政府要根据文化行业的属性对文化体制改革进行整体规划，合理调整文化领域资源分配的结构与布局；在文化发展的政策保障上，政府要及时制定和不断完善各类扶持政策。此外，文化体制改革中政府还需要强化自身市场监管、社会管理和公共服务职能，共同构建完整的文化管理职能体系，明确政府与各类文化市场主体之间的权、责、利关系。也就是说，我们必须遵从实践、认识、再认识、再实践这一基本的认识规律，在文化体制改革的实践探索中形成正确的认识，并运用正确的认识从深层次上弄清并解决好改革过程中出现的重点难点问题，从而实现引导我国正在进行的文化体制改革向纵深稳步推进。尽管我国文化体制改革发展还需要经历一个漫长的过程，而且在改革进程中还会遇到许多困难，但是随着政府职能转变的不断深入，必将有利于建立健全一个完善的文化体制，最终实现社会主义文化的大发展与大繁荣。因此，随着中国特色社会主义进入新时代，在新时代发展社会主义市场经济，必须锐意攻坚克难，推动文化体制改革在新的起点上纵深拓展，全民族文化创新创造活力大大激发，人民群众文化获得感和幸福感才能显著增强，新时代社会主义文化强国建设才能开创新局面。

推进文化体制改革必须摆脱传统观念与思想的束缚。长期以来，原有的文化体制与不断发展变化的经济基础和体制环境不相适应，文化领域在许多方面仍然停留在传统体制的模式上，习惯于用计划经济的手段管文化、办文化，把经营性文化产业混同于公益性文化事业，政府统包统揽，应该由政府主导的公益性文化事业长期投入不足，应该由市场主导的经营性文化产业长期依赖政府，因而束缚了文化事业和文化产业发展。任何新生事物的发展都不会一帆风顺，自产生之日起，就会随之遇到各方面的压力与阻力。深入推进文化体制改革，已经是大势所趋，它不仅是文化范畴的事，而是关系到整个社会的发展模式和发展形态的重大社会变革，必须摒弃和破除传统落后的文化建设思想观念与思想束缚，站在时代的前沿，把握时代跳动的脉搏，顶着压力，冲破阻力，全力推进文化体制改革。只有这样，才能解放和发展文化生产力，催生社会主义文化建设大发展大繁荣。我们要继续加大推进文化体制改革的力度，促进旧体制的尽快转型，在保持创新热情的同时，头脑清醒、脚踏实地、耐心细致地开展工作，才能解决改革中遇到的各种问题。只有建立起与市场经济体制相适应的新型管理体制和运行机制，促进文化事业全面繁荣和文化产业快速发展，这才是推行文化体制改革的根本所在，也是整个文化体制改革的重中之重。思想是行动的先导，只要不断地冲破一切妨碍发展的思想弊端，我们就一定能够积极稳妥顺利地推进这场变革，推动文化事业和文化产业繁荣发展，创造出更加灿烂的社会主义先进文化。

完善文化管理体制。创新文化管理体制是加强和改进党对意识形态工作领导的内在要求，是行政管理体制改革的重要方面，也是深化文化体制改革的重点任务。一要加快转变文化行政管理部门职能。当前，要按照政企分开、政事分开原则，推动政府部门由办文化向管文化转变，推动党政部门与其所属的文化企事业单位进一步理顺关系，统筹"放"和"管"的关系，做到简政放权和加强监管齐推进、相协调，不断强化政策调节、市场监管、社会管理、公共服务职能。二要健全坚持正确舆论导向的体制机制。当前，要着力健全基础管理、内容管理、行业管理以及网络违法犯罪防范和打击等工作联动机制，健全网络突发事件处置机制，形成正面引导与依法管理相结合的网络舆论工作格局。依法加以监管，打击网络违法犯罪，消除阴暗面，正确引导舆论，更多地释放"正能量"。因此，在社会主义市场经济条件下，解放与发展文化生产力，首要的环节就是明确政府文化管理职责，完善文化管理的职能体系。一方面，政府职能部门要逐步从经营性文化产业的微观运行领域退出，不再担任文化产品或文化服务的单一直接供给主体，而是将这部分权限下放、转移给经营性的企业，使文化企业特别是国有的文化企业真正成长为自主经营、自负盈亏、自我发展和自我约束的市场主体，增进文化市场发展的生机与活力。另一方面，政府在宏观领域要加强对文化事业和文化产业的调控。在文化体系的整体运转上，政府要以社会文化需求信息为导向，建立一个调控适度、运行有序的组织领导体制；在文化资源的分配利用中，政府要根据文化行业的属性对文化体制改革进行整体规划，合理调整文化领域资源分配的结构与布局；在文化发展的政策保障上，政府要及时制定和不断完善各类扶持政策。

深化文化体制改革的进程中应注重以人为本。从内容上看，文化体制改革要始终坚持以人为本，把人民群众的实际需求和切身利益放在第一位。文化发展的着力点放在满足人民群众精神文化需求和促进人的全面发展上，把握好文化的意识形态属性，在改革中不断改良和创新文化的形式与手段，为人民群众创造出更多文化产品的品种、提高文化产品的品质、创建文化产品的品牌，积极发挥先进文化引导社会、教育人民、推动经济发展的功能，真正实现社会全面进步和人的全面发展。从政策措施上看，文化体制改革措施必须科学，在制定具体措施政策时，要以人为本研究改革。要充分认识到改革不是要甩包袱，而是为了更好地发展文化事业，建设先进文化，满足人民群众多样化的文化艺术需求；要以发展为目的，以人才为支撑，以机制为重点；要在改革中保持住现有的人才，发现更多的人才，培育后备人才，建立健全人才机制，完善合理的人才流入、流出和培养机制；要做好政策保障，注意总结和吸收其他领域和行业改革的经验，让涉及改革人员感受到切实是在维护他们的利益，使他们主动参与改革、支持改革平稳推进；文化体制改革的涵盖面广，涉及的单位多、困难多、人员多，要充分考虑不同地区经济社会文化发展的不平衡性，充分考虑不同行业、不同单位的性质和功能，坚持一切从实际出发、实事求是的原则，提倡因地制宜、逐步推行，防止急于求成和"一刀切"，要高度重视、稳妥把握，通过政策措施确保改革的平稳推进。

完善政府文化管理的职能体系。在社会主义市场经济条件下，解放与发展文化生产力，首要的环节就是明确政府文化管理职责，完善文化管理的职能体系，增加政府文化管理的手段，创新政府文化管理的方式。在传统文化管理体制下，政府实施文化管理主要采用行政手段，这种手段在促进文化发展过程中曾起到一定的积极作用，但随着市场经济的日臻完善以及文化领域的多元化趋势，其自身固有的一些弊端表现得愈发突出，转变和增加政府文化管理的手段势在必行。今后政府在文化管理中应综合运用经济、法律和行政手段。文化管理的经济手段是指按照文化生产经营规律和经济规律的要求，以物质利益为动力，充分发挥价值规律对文化生产和流通的调节作用，以此来对文化生产经营活动进行管理的方法。目前看来，经济手段主要用于对弱质企业的扶持和补助方面，通常以在财政、税收、投融资等环节上提供政策优惠为基本方式。而文化管理的法律手段是指政府通过立法和司法的方式，运用法律法规来规范文化企事业单位的行为，保障文化市场合理有序发展。我国目前正在逐步健全文化管理方面的法律法规，有效保护文化生产主体的知识产权，不断增强政府工作人员的法治观念与执法水平。这样，文化管理行政手段的运用能够直接、快速地对文化生产领域予以调节，经济、法律手段的采用则更能彰显政府文化管理的科学性与规范性。创新政府文化管理的方式，实现行政手段、经济手段和法律手段的有机结合，能够避免文化体制建设中政府失灵所产生的不利影响。因此，这就要求文化体制改革中政府职能的转变要在管理观念、管理职能和管理方式等各个方面进行改革创新，而其根本的立足点在于符合我国建设服务型政府的现实要求，不断满足人民群众日益增长的精神文化需要。

在新时代发展社会主义市场经济过程中深化文化体制改革不能一蹴而就，而是任重道远。文化体制改革作为我国全方位改革事业的重要组成部分，必须正确处理好社会效益和经济效益二者之间的关系，按照区别对待、分类指导、因地制宜、逐步推开的原则，根据不同地区、不同行业、不同单位的性质和特点，稳步推进改革，实现社会效益与经济效益的双赢，要始终强调把社会效益放在首位，努力实现社会效益和经济效益的有机统一，决不能为了追求经济利益而放弃社会责任，有损社会效益。任何文化产品，不论形式如何出新，内容如何丰富，最终都要有益于满足大众的文化需求，有益于形成良好的文化氛围，只有人民群众认可、愿意消费，并获得高层次的文化满足，这样的文化产品才是优秀的文化产品。我们要运用在长期的改革实践中积累的宝贵经验，形成正确认识，锐意进取，指导日益深化的文化体制改革实践，为文化建设提供动力，才能不断开创社会主义文化大发展大繁荣的新局面，推动社会主义市场经济健康发展和扎实推进社会主义文化强国建设。

第八章
市场经济发展与公民思想道德建设

深入把握新时代社会主义市场经济发展的文化向度及其建设要把落脚点放到公民思想道德建设上。加强公民思想道德建设是社会主义市场经济健康发展的基础工程。一个国家的公民或个体是经济活动的最为基本的主体，也是文化生活的最为基础的参与者。不论是经济的健康发展，还是文化生活的繁荣发展，都决定了必须关注公民的思想道德状况。公民的思想道德状况，直接决定着新时代社会主义市场经济的健康发展，也直接决定社会主义文化建设的最终成败。从深层次看，在新时代发展社会主义市场经济过程中要坚持意识形态领导权、要弘扬社会主义核心价值观、要坚定文化自信、要提高文化软实力、要加强公共文化事业发展、要做好文艺创作工作、要推动文化产业健康发展，而这些社会主义市场经济的文化向度及其建设要想真正落到实处，真正成为人们的行为自觉，也必然最终诉求公民思想道德素质的提升。在新时代发展社会主义市场经济过程中加强公民思想道德建设，必须充分认识思想道德建设的必要性，必须大力推进公民诚实守信建设，必须深化群众性精神文明创建活动，必须做好重点领域的思想道德建设。

第一节　发展市场经济过程中
要加强公民思想道德建设

在新时代社会主义市场经济发展和完善过程中正确处理经济发展与

文化建设的关系，加强公民思想道德建设，才能为新时代社会主义市场经济的健康发展提供良好的舆论氛围和道德保障。在新时代发展社会主义市场经济过程中加强公民思想道德建设，既是社会主义市场经济有序发展的现实需要，也是由当前公民思想道德建设现状决定的，同时也是由公民思想道德建设的重要性决定的，更是社会主义道德本身发展完善的客观要求。

社会主义市场经济有序发展的现实需要，决定了在新时代发展社会主义市场经济过程中应该大力加强公民思想道德建设。在我国建立社会主义市场经济体制是一个伟大的创举。这些年来，随着改革开放的深入发展与社会主义市场经济体制的逐步发展完善，与社会主义市场经济相适应的新的道德观念如自立意识、竞争意识、效率意识、民主法制意识和开拓创新精神等，也逐步深入人心，成为我国公民道德建设发展的主流。但是，由于我国市场经济及其道德建设还不完善，各项规章制度还不完善，加之改革开放过程中消极因素的影响，在社会道德特别是市场经济道德方面还存在着不少问题。一些领域和地方是非、善恶、美丑界限混淆，拜金主义、享乐主义、极端个人主义有所滋长。在经济生活领域，诸如掺假制假、以次充好、欺行霸市、偷税漏税、不讲信用、欺诈行骗等现象不断发生。这些消极现象腐蚀人们灵魂，污染社会风气，阻碍了社会主义市场经济的顺利发展。特别是目前我国社会的经济成分、利益关系、分配方式具有多样化的特点，从经济成分来说，有国有经济、集体经济、私营经济、个体经济、股份制经济、外资经济等。所有这些经济成分尽管性质有所不同，但都要进入社会主义市场经济领域。随着社会主义市场经济的深入发展，人们之间的利益关系也发生了重大的变化，贫富收入差距拉大。在这种情况下，如何正确引导不同经济成分正常进行生产、分配、交换、消费以及如何协调和处理各种利益关系，就成了一个很重要的问题。在这种情况下，就要充分发挥社会主义市场经济机制的积极作用，不断增强人们的自立意识、竞争意识、效率意识、民主法制意识和开拓创新精神。正确运用物质利益原则，反对只讲金钱、不讲道德的错误倾向，在实践中确立与社会主义市场经济相适应的道德观念和道德规范，为改革开放和现代化建设提供强大的精神动力和思想保证。这对于长期受自然经济和计划经济条件下形成的经济观念和道德观念影响的人们来说，是非常重要的。特别是要坚持正确处理社会主义市场经济中个人与社会、竞争与协作、先富与后富、经济效益与社会效益、效率与公平等各种关系的道德原则。这些关系说到底都是各种利益关系问题。在社会主义社会，人民当家作主，国家利益、集体利益和个人利益在根本上是一致的。正因为如此，为人民服务和集体主义才成为处理这些关系的重要原则。比如，竞争与协作。竞争是市场经济的客观要求，对促进生产力的发展，建立社会主义市场经济体系有重要的作用。市场竞争意味着优胜劣汰。所以，竞争有助于提高劳动者的素质，有助于改善企业管理，有助于提高劳动生产率。但社会主义市场竞争与资本主义市场竞争有根本的区别：竞争的目的、手段、结果都不同。社会主义市场经济提倡的是正当竞争、积极竞争，同时也提倡协作意识。社会主义的经济生产活动是建立在分工协作基础上的社会化大生产，其根本目的是为了人与社会的全面发展。在企业内部、行业内部以及行业之间，都需要广泛而深入的集体主义的协作。又比如，先富与后富。在市场竞争中，有的人成功了，有的人失败了，加上沿海地区和中西部地区之间、城乡之间、行业之间的某些客观差异，所以穷富差距在一定时间内有拉大的趋势。社会主义市场经济鼓励勤劳致富，允许一部人先富起来。同时，在发展生产的基础上，引导和帮助落后地区发展经济，实现所有地区和全体人民的共同富裕。这是社会主义市场经济建设的重要目标。我们既要创造资本主义社会所没有的公平，也要创造大大超过资本主义社会的劳动效率。社会主义道德建设在一定意义上就是为这两个目标及其统一而服务的。值得注意的是，目前社会上有些人受资本主义市场经济"货币拜物教"的影响，认为社会主义市场经济也是唯利是图，这些人"利"字当头、"钱"字第一，为了获得更多的金钱，不惜去损人利己，甚至违法乱纪、贩毒走私、坑蒙拐骗、制假贩假、制黄贩黄、毁约欠债，等等。这种只要私利而不要公义的思想和做法，与我们所主张的社会主义市场经济义利观格格不入。在这种情况下，就要坚持把国家和集体利益放在首位的前提下，充分尊重公民个人的合法利益的社会主义义利观，同时反对拜金主义、享乐主义和极端个人主义。坚持社会主义道德建设与社会主义市场经济相适应，要充分发挥社会主义市场经济机制的积极作用，不断增强人们的自立意识、竞争意识、效率意识、民主法制意识和开拓创新精神。正确运用物质利益原则，反对只讲金钱、不讲道德的错误倾向，在实践中确立与社会主义市场经济相适应的道德观念和道德规范，为改革开放和现代化建设提供强大的精神动力与思想保证。因此，加强公民道德建设，逐步建立与发展社会主义市场经济相适应的社会主义道德体系，就成为一个十分紧迫的任务。

当前公民思想道德建设现状，决定了在新时代发展社会主义市场经济过程中应该大力加强公民思想道德建设。随着改革开放和现代化建设事业的深入发展，社会主义精神文明建设呈现出积极健康向上的良好态势，公民道德建设迈出了新的步伐。爱国主义、集体主义、社会主义思想日益深入人心，为人民服务的精神不断发扬光大，崇尚先进、学习先进蔚然成风，追求科学、文明、健康的生活方式已成为人民群众的自觉行动，社会道德风尚发生了可喜变化，中华民族的传统美德与体现时代要求的新的道德观念相融合，成为我国公民道德建设发展的主流。但是，我国公民道德建设方面仍然存在着不少问题，诸如思想道德领域信仰缺失、道德缺失、诚信缺失等仍然比较突出。一些领域和一些地方道德失范，是非、善恶、美丑界限混淆，拜金主义、享乐主义、极端个人主义有所滋长，见利忘义、损公肥私行为时有发生，不讲信用、欺骗欺诈成为社会公害，以权谋私、腐化堕落现象严重存在。同时，我们也要清醒地看到，在西方敌对势力对我国实施"西化""分化"的情况下，在西方资产阶级的政治主张、价值观念和生活方式的腐蚀下，随着市场经济的发展，商品交换的法则也容易侵蚀到社会政治生活和人们的精神领域，引发见利忘义、权钱交易，导致国家意识、集体意识和互助精神、奉献精神的减弱，败坏人们的道德品质，污染社会风气，其结果必然是影响社会主义市场经济的健康发展和社会的稳定。这些问题如果得不到及时有效解决，必然损害正常的经济和社会秩序，损害改革发展稳定的大局，应当引起全党全社会高度重视。习近平总书记指出："夯实国内文化建设根基，一个很重要的工作就是从思想道德抓起，从社会风气抓起，从每一个人抓起。要继承和弘扬我国人民在长期实践中培育和形成的传统美德，坚持马克思主义道德观、坚持社会主义道德观，在去粗取精、去伪存真的基础上，坚持古为今用、推陈出新，努力实现中华传统美德的创造性转化、创新性发展，引导人们向往和追求讲道德、尊道德、守道德的生活，让 13 亿人的每一分子都成为传播中华美德、中华文化的主体。"[1] 在思想道德领域，我们一方面要承认我国社会出现价值取向多样化的现象；另一方面又必须明确地强调价值导向的一元化。现在，用社会上存在多样化价值取向的情况来否定以马克思列宁主义、毛泽东思想和中国特色社会主义理论体系为指导，是道德建设中一个值得注意的倾向。它的主要表现，就是所谓在道德建设中，只能提出和分析各种不同价值观的确切意义，而不能向人们提出"应当"的问题。"价值中立"的思想，还以各种不同的方式，在社会上特别是学术界发生影响。这种在西方一度流行而现在已经衰落的思想，在我国还有一定的市场。对现实生活中的道德现象，对日常生活中的道德问题，对有关一些道德观念和道德理论的分析，要不要以马克思列宁主义、毛泽东思想和中国特色社会主义理论体系，特别是习近平新时代中国特色社会主义思想来认识，也是我们在道德建设中一个重要的问题。根据党在社会主义初级阶段的历史任务，当前和今后一个时期，我国公民道德建设的指导思想应该是以马克思列宁主义、毛泽东思想和中国特色社会主义理论体系，特别是习近平新时代中国特色社会主义思想为指导，坚持党的基本路线、基本纲领、基本方略，重在建设、以人为本，在全民族牢固树立建设有中国特色社会主义的共同理想和正确的世界观、人生观、价值观，在全社会大力倡导"爱国守法、明礼诚信、团结友善、勤俭自强、敬业奉献"的基本道德规范，努力提高公民道德素质，促进人的全面发展，培养一代又一代有理想、有道德、有文化、有纪律的社会主义公民。

公民思想道德建设的重要性，决定了在新时代发展社会主义市场经济过程中应该大力加强公民思想道德建设。国无德不兴，人无德不立。在道德的功能系统中，认识功能、规范功能、调节功能是最基本的功能。

---

[1] 习近平在中共中央政治局第十二次集体学习时强调：建设社会主义文化强国　着力提高国家文化软实力［N］.人民日报，2013-12-30.

道德的认识功能是指道德反映社会关系特别是反映社会经济关系的功效与能力。道德往往运用善恶、荣辱、义务、良心等范畴，反映人类的道德实践活动和道德关系，从中揭示社会道德发展的趋势，为人们的行为选择提供指南。尤其是在日常生活中，人们正是借助道德认识自己对社会、他人、家庭的道德义务和责任，使人们的道德选择、道德行为建立在明辨善恶的道德认识基础上，从而正确选择自己的道德行为，积极塑造自身的善良道德品质。道德的规范功能是指在正确善恶观的指引下，规范社会成员在社会公共领域、职业领域、家庭领域的行为，并规范个人品德的养成，引导并促进人们崇德向善。从道德的特征来说，道德和法律一样，都是通过规范人的行为发挥作用。道德的调节功能是指道德通过评价等方式，指导和纠正人们的行为和实践活动，协调社会关系和人际关系的功效与能力。道德评价是道德调节的主要形式，社会舆论、传统习俗和人们的内心信念是道德调节所赖以发挥作用的力量。道德的调节功能主要是不断调节社会整体和个人的关系，调节个人与个人的关系，使个人、社会与他人的关系逐步完善和谐。在看到道德具有这些功能的同时，也必须看到道德发挥作用的性质并不都是一样的。道德发挥功能的性质与社会发展的不同历史阶段相联系，由道德所反映的经济基础、代表的阶级利益所决定。只有反映先进生产力发展要求和进步阶级利益的道德，才会对社会的发展和人的素质的提高产生积极的推动作用，否则，就不利于甚至阻碍社会的发展和人的素质的提高。道德的力量是广泛的、持久的、深入的，既深刻地影响着人们的意志、行为和品格，也深刻地影响着社会的存在和发展。道德同其他社会意识形态一样，不是千古不变的。迄今，人类社会先后经历了五种基本社会形态，与此相适应，出现了原始社会的道德、奴隶社会的道德、封建社会的道德、资本主义社会的道德、社会主义社会的道德。在社会主义社会，有一部分先进分子，还身体力行共产主义道德。每一个社会都有与其经济基础相适应的占统治地位的道德；在同一社会形态中，不同的阶级或人群还会有不同的道德。在阶级社会中，占社会统治地位的道德是统治阶级的道德，而同时存在着的其他阶级的道德则处于从属地位。纵观道德发展的历史，进步与落后、善良与邪恶、顺利与曲折交织其中，使得数千年来的道德现象纷繁复杂、矛盾重重。但是，不管这个进程多么复杂，人类道德的发展是一个曲折上升的历史过程。人类道德发展的历史过程与社会生产方式的发展进程大体一致，这是道德发展的基本规律。虽然在一定时期可能有某种停滞或倒退现象，但道德发展的总趋势是向上的、前进的，是沿着曲折的道路向前发展的，或者叫作螺旋式上升、波浪式前进。道德进步的主要表现是：道德在社会生活中所起的作用越来越重要，对于促进社会和谐与人的全面自由发展的作用越来越突出；道德调控的范围不断扩大，调控的手段或方式不断丰富，更加科学合理；道德的发展和进步也成为衡量社会文明程度的重要尺度。社会主义和共产主义道德，是人类道德合乎规律发展的必然产物，是人类道德发展史上的一种崭新类型的道德，是对人类道德传统的批判与继承，并必然随着社会的进步和实践的发展而与时俱进。因此，加强思想道德建设，有利于提高全社会文明程度。可以说，建立与发展社会主义市场经济相适应的社会主义道德体系，对形成追求高尚、激励先进的良好社会风气，保证社会主义市场经济的健康发展，促进整个民族素质的不断提高，全面推进建设有中国特色社会主义的伟大事业，具有十分重要的意义。因而，公民思想道德建设的重要性，决定了在新时代发展社会主义市场经济过程中就应该大力加强公民思想道德建设。

社会主义道德本身发展完善的客观要求，决定了在新时代发展社会主义市场经济过程中应该大力加强公民思想道德建设。特别是近些年来，一些人曾经以种种理由，认为社会主义市场经济条件下的道德建设，不应当以为人民服务为核心，更不应当以集体主义为原则，他们先后提出了个人主义原则、合理利己主义原则、人道主义原则、利己不损人原则等，其实质就是要把社会主义社会的价值导向从集体主义原则"转轨"到其他原则上去。发展社会主义市场经济与为人民服务应该是并行不悖、相互依存的。为人民服务也是社会主义市场经济健康发展的要求。在社会主义市场经济条件下，市场主体必须通过向社会和他人提供一定数量和质量的产品，建立满足社会和他人需求的良好信誉。换句话说，社会主义市场经济，不仅不排斥为社会和他人服务，而且需要通过服务甚至是优质服务，才能实现市场主体的利益。社会主义市场经济本质上要求为人民服务，不仅在于人们在一切经济活动中，应正确处理个人与社会、竞争与协作、效率与公平、先富与共富、经济效益与社会效益等关系，形成健康有序的经济和社会生活规范；更在于强调在社会主义物质文明和精神文明的引导下，使市场主体把自身的特殊利益同国家和人民的共同利益结合起来。为人民服务既是对共产党员特别是各级领导干部的政治素质和道德素质的基本要求，同时也是全社会范围内良好的道德风尚的表现。在社会主义市场经济发展过程中，为人民服务是从社会主义本质出发所必然提出来的道德要求，在整个道德建设中处于核心的位置。我们所说的解放生产力、发展生产力、消灭剥削、消除两极分化和达到共同富裕的目的，其落脚点都是要为人民服务，为人民谋利益。作为一种伦理原则，社会主义的集体主义强调个人利益应当服从社会整体利益，认为只有在集体中个人才能获得全面发展。同时，集体主义不但不束缚个人的发展，而是认为只有在集体中，个人的积极性和创造性才可以得到最充分的发挥。因此，社会主义的集体主义既强调社会利益的至上性，又强调发挥个人活力的重要性；既强调社会利益高于个人利益，又强调最大限度地保障个人的正当利益；既强调个人的所为要受集体利益的约束，又强调尽量发挥个人的能动作用，尊重个人的尊严，发展个人的个性，实现个人的价值。随着社会主义市场经济的发展，我国的经济生活和道德生活正在发生着深刻的变化，必须适应实际变化，不断补充、丰富和完善集体主义原则。为人民服务与社会主义市场经济并不必然对立。社会主义市场经济本质上要求为人民服务，每个市场主体都要有为人民服务的思想，自觉积极地为人民服务、为社会服务，更好地使市场主体把自身的特殊利益同国家和人民的共同利益结合起来。因此，社会主义道德本身发展完善的客观要求，决定了在新时代发展社会主义市场经济过程中就应该大力加强公民思想道德建设。

总而言之，在新时代发展社会主义市场经济过程中加强公民思想道德建设，是社会主义市场经济有序发展的现实需要，是由当前公民思想道德建设现状决定的，是由公民思想道德建设的重要性决定的，更是社会主义道德发展完善的客观要求。加强公民道德建设是一项长期而紧迫的任务。面对社会经济成分、组织形式、就业方式、利益关系和分配方式多样化的趋势，面对全面建设小康社会，人民群众的精神文化需求不断增长，面对世界范围各种思想文化的相互激荡，道德建设有许多新情况、新问题和新矛盾需要研究解决。必须适应形势发展的要求，抓住有利时机，巩固已有成果，加强薄弱环节，积极探索新形势下道德建设的特点和规律，在内容、形式、方法、手段、机制等方面努力改进和创新，把公民道德建设提高到一个新的水平。只有这样，才能保证社会主义的社会道德在我国整个社会道德领域占主体地位、起主导作用，而且也只有这样，才能保证我国整个社会及社会主义市场经济沿着社会主义的正确方向前进。

第二节　大力推进公民的诚实守信建设

在新时代发展社会主义市场经济过程中加强公民思想道德建设，应该首先大力推进公民的诚实守信建设。党的十九大报告指出："推进诚信建设和志愿服务制度化，强化社会责任意识、规则意识、奉献意识。"❶这为新时代诚信建设提出了新的要求。可以说，大力推进公民诚实守信建设是新时代加强公民思想道德建设的重要抓手，也是新时代公民思想道德建设的重点内容，更是新时代发展社会主义市场经济的必然要求。

大力推进公民诚实守信建设，必须充分认识到诚信问题的重要性。这是新时代大力推进公民诚实守信建设的前提和基础。只有充分认识到诚信问题的重要性，才能结合新情况新问题大力推进公民诚实守信建设。人无信不立、事无信不成。诚信是社会主义市场经济的基础，也是公民的"立身之本"，更是社会主义职业道德的一个基本规范，还是社会主义核心价值观的具体内容。"诚实"就是表里如一，说老实话、办老实事、做老实人。"守信"就是信守诺言，讲信誉，重信用，忠实履行自己承担的义务。在建立和发展社会主义市场经济的今天，需要大力倡导诚实守信。从深层次看，当今时代，人类文明无论在物质还是精神方面都取得

———————
❶　习近平.决胜全面建成小康社会　夺取新时代中国特色社会主义伟大胜利——在中国共产党第十九次全国代表大会上的报告［N］.人民日报，2017-10-28.

了巨大进步，特别是物质的极大丰富是古代社会完全不能想象的。但同时，现代人也面临着许多突出的难题，伦理道德每况愈下、社会诚信不断消减的难题就是其中之一。当前政府公信力问题、社会生活诚信问题、企业产品信誉问题等常常遭到社会舆论的诟病，整个社会的诚信环境面临着严峻挑战。在努力实现国家治理体系和治理能力现代化的新时代背景下，大力推进诚信建设，迫在眉睫。民信则立，民无信则不立；民信则安，民无信则不稳。在社会上，人人都不讲诚信，完全不相信他人，不仅稳定和谐的社会秩序难以形成，而且在新旧体制转轨时期，社会诚信消减必然会给人们的正常生活带来不安定的因素。例如，对倒地老人"讹诈"事件的报道，未料到的后果是，"13亿中国人扶不起一个跌倒的老人"。再如，对无良医院和医生的曝光，广大患者及其亲属对医生群体的职业道德充满狐疑：双方之间没有了基本的信任，严重影响到相互间的生活工作秩序。我们陷入了渴望诚信却又不敢践行诚信的恶性循环怪圈，沉沦于"我愤怒，但我无力改变"的道德困境。诚信缺失，不但严重阻碍社会文明的进步和发展，影响良好人际关系的建立，而且会污染道德环境，逼得一些善良的守信者改变初衷、失贞丢节，甚至"同流合污"。业无诚信不兴。市场经济体制初创时期需要诚信建设，当社会主义市场经济体制进入深化改革阶段、步入"深水区"，就更需要诚信建设。市场经济是信用经济，市场经济体制越成熟，对诚信社会公德的吁求也越强烈。在社会主义市场经济新常态下，市场主体需要倚靠其内功和德性才能真正立足，同仁堂、王老吉、老凤祥等"百年老店"在老百姓视野中的"回潮"现象就说明了这一点，"瘦肉精""地沟油""三鹿奶粉""染色馒头"等造假事件似乎让人觉得市场上没有什么东西是可信的、有质量保证的，但当听说是百年老店的产品时，消费者显得更容易信赖，"百年老店"在社会主义市场经济新常态下成了许多市场主体羡慕的经济"弄潮儿"。诚信缺失，不大力进行诚信建设，社会主义市场经济进一步发展就会缺乏后劲，事业就会萎缩衰败。因此，在新时代发展社会主义市场经济过程中加强公民思想道德建设，就应该大力推进公民的诚实守信建设。

大力推进公民诚实守信建设，必须培育诚信理念。"爱国、敬业、诚信、友善"，是公民价值准则。要深入宣传阐释诚信的丰富内涵和基本要求，使诚信价值准则深入人心。党报党刊、通讯社、广播电视要拿出重要版面时段、推出专栏专题，运用新闻报道、言论评论、专题节目等形式传播诚信理念。都市类、行业类媒体要发挥贴近群众的优势，用生动活泼的宣传报道引导人们践行诚信价值。互联网、手机等新兴媒体要运用微博、微信、微视、微电影等传播手段，扩大诚信宣传覆盖面。发挥公益广告引领文明风尚的作用，加强选题规划和设计制作，加大在各类媒体和公共场所的刊播力度，让人们在耳濡目染中恪守诚信规范。同时，大力推进公民诚实守信建设，要宣传先进典型。大力发掘、宣传诚信人物、诚信企业、诚信群体，发挥先进典型的示范作用，引导人们见贤思齐。既持续宣传老模范的感人事迹，也及时宣扬新模范的高尚行为；既在全社会推出具有重大影响的诚信人物，也在各地各行业和基层单位推出一诺千金的凡人善举；既宣传公民个人守信践诺之举，也宣传骨干企业、优势产业、知名品牌以诚信创一流的先进经验，塑造诚信国家形象。同时，大力推进公民诚实守信建设，更要弘扬诚信文化。汲取中华优秀传统文化的思想精华和道德精髓，阐发蕴含其中的讲诚信、重然诺的宝贵品格和时代价值，引导人们诚意正心。构建适应社会主义市场经济发展的诚信文化，引导人们正确处理经济利益与道德追求的关系，深刻认识市场经济既是契约经济、信用经济，又是法制经济、道德经济，在追逐物质利益的过程中享有精神收益。运用社区市民学校、公益性文化单位、文化服务中心等阵地，通过经典诵读、道德讲堂、论坛讲座、展览展示等形式，培育诚信文化。创作弘扬诚信的影视剧、小说和戏曲等文艺作品，做好展演展示，用文化传播和滋养诚信价值理念。

大力推进公民诚实守信建设，必须建立健全奖惩机制。对此，要形成褒扬诚信的政策导向。各地各部门在确定经济社会发展目标和发展规划、出台经济社会重大政策和重大改革措施时，要把讲社会责任、讲社会效益、讲守法经营、讲公平竞争、讲诚信守约作为重要内容，形成有利于弘扬诚信的良好政策导向、利益机制。在制定与公民现实利益密切相关的具体政策措施时，要注重经济行为与价值导向的有机统一，建立完善政策评估和纠偏机制，防止具体政策措施与诚信建设相背离。职能部门在市场监管和公共服务过程中，要充分应用信用信息和信用产品，使诚实守信者享有优待政策，形成好人好报、善有善报的正向机制。同时，大力推进公民诚实守信建设，要建立诚信发布制度。推动各地各部门依据法律法规，按照客观、真实、准确的原则，建立诚信红黑名单制度，把恪守诚信者列入"红名单"，把失信违法者列入"黑名单"。对于列入"黑名单"的，根据违法违规性质和社会影响程度，分别采取"一对一"警示约谈、"一对多"部门间通报、在媒体公开发布等不同措施。中央文明办在与最高人民法院等部门联合发布失信被执行人名单的基础上，应该会同有关部门发布食品药品安全、企业产品质量、环境安全、纳税情况、债务偿付情况等方面的"黑名单"，发布失信惩戒措施。有关部门和社会相关单位对列入"黑名单"的失信者，要共同依法实施惩戒，形成扬善抑恶的制度机制和社会环境。另外，大力推进公民诚实守信建设，要完善诚信监督体系。坚持行政监管、行业管理、社会监督相结合，构建多层面、全过程、广覆盖的监督体系，对各类社会信用主体实施有效监管，从源头上遏制失信行为。政府职能部门针对失信易发多发的行业领域，加大监管力度，强化风险排查，提升诚信监管效能。邀请各级人大代表、政协委员，到生产企业、服务窗口和公共场所明察暗访，提出意见建议。推动行业协会商会更好发挥自律作用，加强管理和服务，对行业成员形成监督约束。建立健全有奖举报制度，鼓励群众举报失信违规行为，对举报问题及时查处。大众传媒要开展建设性舆论监督，营造守信光荣、失信可耻的舆论氛围。对借舆论监督之名实施敲诈勒索的假新闻、假媒体、假记者，要及时发现、及时查处，提高媒体公信力。

大力推进公民诚实守信建设，必须营造诚信建设法治环境。2016年12月，习近平总书记在主持中央中共政治局第三十七次集体学习时指出："要运用法治手段解决道德领域突出问题。法律是底线的道德，也是道德的保障。要加强相关立法工作，明确对失德行为的惩戒措施。要依法加强对群众反映强烈的失德行为的整治。对突出的诚信缺失问题，既要抓紧建立覆盖全社会的征信系统，又要完善守法诚信褒奖机制和违法失信惩戒机制，使人不敢失信、不能失信。对见利忘义、制假售假的违法行为，要加大执法力度，让败德违法者受到惩治、付出代价。"❶ 因此，要坚持对失信行为严格执法，深化普及诚信方面的法律知识，健全诚信建设法规制度，要让守法诚信成为全体人民共同追求的目标和自觉规范的行动。对此，要坚持严格执法。促进各类管理主体把诚信价值理念贯彻到依法治国、依法执政、依法行政实践中，有法必依、执法必严、违法必究，用法律的刚性约束增强人们守信的自觉性。严格落实执法者主体责任，加大执法监督力度，切实解决监管部门执法难、司法判决执行难的问题，对执法不严、查处不力的部门和责任人依法实行问责追究。推动执法部门建立联动机制、形成执法合力，运用多种手段进行综合治理，使失信行为受到应有惩处。同时，要深化普法教育。结合落实国家普法工作规划，深入宣传合同法、产品质量法、食品安全法、环境保护法、消费者权益保护法、征信业管理条例等法律法规，弘扬社会主义法治精神，增强人们的学法、尊法、守法、用法意识。突出抓好党政机关、执法部门法律法规学习培训，增强带头守法意识，提高依法行政能力。组织法律专业人员和志愿服务队伍到村镇、社区、机关、企业等城乡基层普及诚信方面的法律知识，增强人民群众遵纪守法观念和依法保护自身权益的能力。另外，还要健全法规制度。推进信用立法工作，推动相关部门和立法机构依据上位法出台配套制度、实施细则及司法解释，使信用信息征集、查询、应用、互联互通、信用信息安全和主体权益保护等有法可依、有章可循，推动各地把一些行之有效的管理经验上升为法规制度，制定诚信建设地方性法规、行政规章和规范性文件。因此，大力推进公民诚实守信建设，必须坚持德法并举、刚柔相济，把道德教化与依法制裁作为有效手段，营造诚信建设法治环境。

　　大力推进公民诚实守信建设，必须开展突出问题专项整治。改革开放以来，我国经济保持长期快速发展，人民群众的生活发生翻天覆地的改变，经济收入、生活水平大幅提高。但是，一些人的价值取向出现问题，片面追求经济利益，诚信缺失问题相当突出，商业欺诈、制假售假、

---

　　❶ 习近平在中共中央政治局第三十七次集体学习时强调：坚持依法治国和以德治国相结合 推进国家治理体系和治理能力现代化［N］.人民日报，2016-12-11.

学术不端等现象屡禁不止，人民群众十分不满。对此，各地各部门要经常梳理经济社会发展中诚信热点问题、人民群众普遍关注的失信败德行为，有针对性地开展专项整治。食品药品监管部门，要严厉打击制售假冒伪劣、有毒有害食品药品的黑工厂、黑窝点、黑作坊、黑渠道，严惩重处食品药品违法犯罪；工商部门，要严厉打击各种非法传销活动，狠抓社会影响大、涉案地区广的大案要案；质检部门，要扎实推进"质检利剑"行动，严厉打击产品质量违法行为；公安部门，要严厉打击利用电话、网络诈骗犯罪行为，保护群众财产安全；网管部门，要深入推进整治网络谣言专项行动，抓一批重大案件，列出一批"黑名单"；工信部门，要尽快落实手机卡实名制，有效切断境外网络改号电话从国际端口局以及各地电信企业落地进入境内程控网的管道；银行部门，要把落实银行卡实名制作为重点，推动对境外操作境内网银进行转账的限制、快速异地冻结赃款等工作落实。同时，抓住"3·15"消费者权益日、"诚信兴商宣传月""全国质量月""食品安全宣传周"、"6·14"信用记录日和"五一""十一"、元旦、春节等重要时间节点，利用举办大型经贸活动、商品博览会等有利时机，增加宣传频率，形成宣传声势，要充分发挥舆论监督作用，对失信败德行为进行批评揭露，使之成为"过街老鼠"。要区分性质、把握适度，对尚未造成严重危害的弄虚作假现象，在系统和单位通报批评、责令整改；对影响恶劣的重大违法案例，进行公开曝光、有力鞭挞，形成强大舆论压力。加强对失信行为处罚结果的跟踪报道，以反面典型为教材进行德法释义，警示人们守住诚信做人"底线"、敬畏法律"高压线"。发动群众参与道德评议，组织大讨论等活动，形成民间舆论场，引导人们加强自我约束。

大力推进公民诚实守信建设，必须切实加强诚信建设的组织领导。新时代大力推进公民诚实守信建设必须加强各级部门对诚实守信建设的组织领导，各地各部门要把诚信建设摆上重要位置，贯穿到经济社会发展各领域，推动诚信建设与业务工作、诚信教育与管理举措融为一体。对此，切实加强诚信建设的组织领导，就要建立健全党委统一领导、文明委组织协调、职能部门各负其责、全社会共同参与的工作格局，加强统筹规划，加强组织实施，加强督促落实。支持配合社会信用体系建设部际联席会议发挥统筹协调作用，加快构建社会信用体系，为全社会诚信建设夯实基础。文明委成员单位要率先抓好自身诚信建设，积极支持参与诚信建设制度化工作，形成工作合力。同时，切实加强诚信建设的组织领导也要求相关行业主管部门要认真履行职责，依据业务范围，细化诚信建设制度化具体举措。各级党委宣传部、文明办要做好组织实施、协调推进工作，加强与各部门的信息沟通和联络服务，加强对重点任务的检查督导，把各方面积极性都调动发挥出来，形成齐抓共管的良好局面。切实加强诚信建设制度化组织领导，关系改革发展稳定，关系人民切身利益。值得提及的是，切实加强诚信建设的组织领导，各地各部门要坚持重点突破、整体推进，坚持持之以恒、久久为功，坚持落细落小落实，才能构建诚实守信的经济社会环境，将诚实守信转化成为公民内心的准则。

第三节　深化群众性精神文明创建活动

在新时代发展社会主义市场经济过程中加强公民思想道德建设，不仅要以公民诚实守信建设为重点，还应该深入开展群众性的思想道德实践活动。思想道德建设依靠人民群众，人民群众也是思想道德建设的直接受惠者。要以活动为载体，坚持在各种类型的群众性精神文明创建活动中突出思想内涵，强化思想道德要求，使人们在参与中思想感情得到熏陶，精神生活得到充实，道德境界得到升华。党的十九大报告指出："加强和改进思想政治工作，深化群众性精神文明创建活动。弘扬科学精神，普及科学知识，开展移风易俗、弘扬时代新风行动，抵制腐朽落后文化侵蚀。"❶ 群众性精神文明创建活动是人民群众群策群力、共建共享、改造社会、建设美好生活的创举，是提升国民素质和社会文明程度的有效途径，是把社会主义思想道德建设的任务要求落实到基层的重要载体和有力抓手。在新时代发展社会主义市场经济过程中深入开展群众性的

❶ 习近平.决胜全面建成小康社会　夺取新时代中国特色社会主义伟大胜利——在中国共产党第十九次全国代表大会上的报告［N］.人民日报，2017-10-28.

公民思想道德实践活动，就要引导民众向道德模范学习，培养志愿服务精神，大力弘扬时代新风，强化社会责任意识、规则意识、奉献意识。

一、向道德模范学习

道德模范主要是指思想和行为能够激励人们不断向善且为人们所崇敬、模仿的先进人物。道德模范既包括在一定社会道德实践中涌现的符合特定道德理想类型的人物，又包括人们日常生活中能够近距离感受的具有积极道德影响的人物。学习道德模范的高尚品格和先进事迹，有利于提升全体社会成员的道德素质和社会整体道德水平。人们向道德模范学习，崇德向善、见贤思齐，才能弘扬真善美，传播正能量。改革开放以来，各个地区、各行各业、各类人群都涌现出一大批具有先进事迹和高尚品格的道德模范，有助人为乐模范、见义勇为模范、诚实守信模范、敬业奉献模范、孝老爱亲模范等。他们有的用自己的平凡举动扶贫助困，让许多人感受到社会大家庭的温暖，用爱和付出奏响了社会和谐的主旋律；有的在死神和灾害面前大义凛然、知险而上，把平安和生的机会留给他人，用鲜血和生命将灾难和危机化解，展现出了人民至上、他人至上的英雄壮举；有的把困苦留给自己，把幸福送给他人，无怨无悔，彰显了中华文明代代相传的高尚品格。道德模范用自己的行动诠释着道德的内涵，展示着道德的力量。因此，榜样的力量是无穷的，道德模范的思想和行为能够激励人们不断向善。

引导人们有针对性向道德模范学习。尊崇道德模范、学习道德模范，是时代的呼声、是群众的心声。道德模范是群众身边看得见、摸得着的榜样，是可以学、能够学的标杆。引导民众向道德模范学习，就是要学习道德模范助人为乐、关爱他人的高尚情怀，在关心他人、帮助他人的过程中创造人生价值；学习他们见义勇为、勇于担当的无畏精神，在危难和考验关头挺身而出；学习他们以诚待人、守信践诺的崇高品格，老老实实做人、踏踏实实做事；学习他们敬业奉献、勤勉做事的职业操守，干一行爱一行，钻一行精一行；学习他们孝老爱亲、血脉相依的至美真情，常怀感恩之心、敬爱之情。要引导人们时时处处以道德模范为榜样，多做好事，多办实事，在公共场所、邻里相处、行路驾车、外出旅游等不同的场合做到崇德守礼、遵规守法，养成良好的道德习惯。优良的品质、高尚的人格并非一蹴而就，而是逐渐积累的结果。道德模范不仅做了普通人愿意做和能够做的事，更为可贵的是，他们主动做了许多人不想做的事，而且把大多数人能够做的事做得更好。一些人认为道德模范固然可敬可爱，但不可学，因为他们太高大。其实，道德模范都是从自我做起，从身边事做起，从小事做起，以此实现了由现实自我向理想自我的飞跃。在我们这个社会，我们这个时代，先进人物不断涌现，他们的业绩、精神和品质是我们取之不尽、用之不竭的力量源泉。因此，有针对性地引导人们向道德模范学习，就应该引导人们从道德模范身上获取前进的动力，做社会良知的守望者、积极传播者和践行者。

二、参与志愿服务活动

开展志愿服务是创新社会治理的有效途径，是新时代加强精神文明建设的有力抓手，也是践行社会主义思想道德的重要载体。习近平总书记高度重视志愿服务，曾多次给志愿服务团队回信，从不同角度阐释了志愿服务的深远意义，肯定了我国志愿服务者所取得的显著成就，为志愿服务今后的发展指明了方向。中央宣传部、中央文明办 2017 年 2 月在北京召开的全国学雷锋志愿服务工作座谈会上强调，要以开拓创新的精神和作为，以志愿服务站点建设、信息平台建设、队伍建设、嘉许激励机制为重点，深入推进学雷锋志愿服务制度化。推进志愿服务制度化，关键在于以下几个方面。

大力弘扬志愿服务文化。志愿服务是美好的道德行为和重要的道德实践。应大力弘扬"奉献、友爱、互助、进步"的志愿精神，广泛普及服务他人、奉献社会的志愿服务理念，培育全社会志愿服务文化自觉，使讲道德、尊道德、守道德成为人们的基本生活方式。传播社会主流价值的主渠道作用，发挥精神文化产品育人化人的重要功能，积极营造有利于志愿服务的舆论文化环境，使志愿服务深入人心。志愿服务的精神是奉献、友爱、互助、进步。其中，奉献精神是精髓。参与志愿服务活

第八章　市场经济发展与公民思想道德建设

动，一方面，帮助了他人、服务了社会，推动了社会道德水平的提高；另一方面，也把为社会和他人的服务看作自己应尽的义务和光荣的职责，从服务社会和帮助他人中获得成就感和幸福感。志愿服务所体现出来的这种自愿、不计报酬地服务他人和参与社会公益事业的奉献精神，有助于传递社会关爱、弘扬社会正气，形成向上向善、诚信互助的良好社会风尚。当有人需要帮助时，大家搭把手、出份力，社会将变得更加美好。随着中国特色社会主义进入新时代，志愿服务已经成为民众参与社会实践、成长成才的重要舞台，成为民众关爱他人、传播青春正能量的重要途径。

建立健全志愿服务制度。2017 年 12 月 1 日起，国务院颁布的《志愿服务条例》明确了志愿服务组织的法律地位。志愿服务组织是指"依法成立，以开展志愿服务为宗旨的非营利性组织"。关于志愿服务制度建设，一是要规范志愿者招募注册，及时发布志愿者招募信息，根据标准和条件吸纳社区居民参加志愿服务活动，为有意愿、能胜任的社区居民进行登记注册。二是加强志愿者培训管理，坚持培训与服务并重的原则。三是建立志愿服务记录制度，对志愿者的服务进行及时、完整、准确记录，为表彰激励提供依据。四是健全志愿服务激励机制。建立志愿者星级认定制度，根据志愿者的服务时间和服务质量，对志愿者给予相应的星级认定；建立志愿者嘉许制度，褒扬和嘉奖优秀志愿者，授予荣誉称号；建立志愿服务回馈制度，志愿者利用参加志愿服务的工时，换取一定的社区服务，同时在就学、就业、就医等方面享受优惠或优待。

引导民众积极投身志愿服务活动。当前，民众志愿服务活动已经遍及农村扶贫开发、城市社区建设、环境保护、大型活动、抢险救灾、社会公益等领域。民众积极投身志愿服务活动，应从以下几方面着手：一是到最需要的地方去。在国际国内大型活动中提供优质高效的服务，在救灾一线不畏艰险、奋力救援，在贫穷落后地区帮扶、支教，带头把志愿服务活动做进基层、做进社区、做进家庭，这都是民众关爱社会、奉献爱心的重要表现。二是帮助弱势群体。应当引导民众在志愿服务活动中多关注空巢老人、留守儿童、困难职工、农民工及其子女、残疾人等社会弱势群体，注重向他们送温暖、献爱心。三是做力所能及的事。引导民众投身志愿服务活动中应当注重结合自身的能力、专业、特长在实践中长知识、强本领、增才干，特别要积极参与教育、科技、文化、卫生等帮扶行动，多参与城乡清洁、绿色出行、低碳环保、美化家园等活动。因此，新时代弘扬志愿精神，就要积极引导民众参加志愿服务活动，在深入社会、体察民情、关爱他人、奉献社会的道德实践中感受善的力量，为实现中国梦有一分热发一分光。

三、引领社会风尚

良好的社会风尚对于公民思想道德建设具有不可忽视的作用。我们知道，道德是以善恶为评价方式，主要依靠社会舆论、传统习俗和内心信念来发挥作用的行为规范的总和。良好的社会风尚是人们在社会道德实践中逐渐形成起来的，也是公民形成良好道德品质的催化剂。人们积极投身崇德向善的道德实践，弘扬真善美、贬斥假恶丑，做社会主义道德的示范者和引领者，就要促成知荣辱、讲正气、作奉献、促和谐的社会风尚。一是知荣辱。荣辱观对个人的思想行为具有鲜明的动力、导向和调节作用。社会风尚同荣辱观紧密相连，两者相互影响、相互作用。一个社会有什么样的荣辱观，也必然有什么样的社会风尚；反过来，一个社会有什么样的社会风尚，生活于其中的人们也就会形成什么样的荣辱观。因而应当引导民众以正确的荣辱观为指导，坚定正确的行为导向，产生正确的价值激励，助推全社会形成知荣明辱的良好道德风尚。二是讲正气。讲正气，就是坚持真理、坚持原则，坚持同一切歪风邪气作斗争。因而应当引导民众有一腔浩然正气，才能无所畏惧地前进，才能不屈不挠地为国家、为社会建功立业。要做到讲正气，在日常生活中就要洁身自好、严于律己，自觉远离低级趣味；积极维护社会公共秩序，抵制歪风邪气，敢于伸张正义、见义勇为，坚决同践踏社会道德风尚的一切行为作斗争。三是作奉献。奉献精神是社会责任感的集中表现。社会是由一个个的人所构成的集合体，脱离了人，便没有社会。社会需要人们对其负起责任。有责任，就意味着要奉献。奉献精神传递社会温暖，能够拉近人与人之间的距离，建立和谐的人际关系和稳定的社会秩序，促进社会健康有序地发展。热心公益与爱心资助、心中有爱是奉献精神，在危难关头挺身而出、牺牲小我是奉献精神，以职业与事业为人生目标的爱岗敬业是奉献精神，以服务国家科学技术创新进步或捍卫国家安全为己任是奉献精神。选择奉献也就选择了高尚。因而要引导民众在奉献社会中积极发光发热，使我们的社会更加美好和幸福。四是促和谐。民主法治、公平正义、诚信友爱、充满活力、安定有序、人与自然和谐相处的社会，是国家富强、民族复兴、人民幸福的重要保证。对于民众来说，促和谐就是要促进自我身心的和谐、个人与他人的和谐、个人与社会的和谐、人与自然的和谐等。因而要引导民众用和谐的态度对待人生实践，使崇尚和谐、维护和谐内化为自己的思想意识和行为习惯，推动人与人之间、人与社会之间融洽相处，实现人与自然之间友好共生。

社会文明状况是社会风尚的重要体现。以"讲文明树新风"为主题的创建文明城市、文明村镇、文明行业活动，各级党政机关开展的创先争优、依法行政、公正执法、做人民满意公务员活动，以及社会各界组织的"希望工程""送温暖""志愿者""手拉手""幸福工程""春蕾计划""扶残助残"等公益活动，覆盖面广、参与人数多，对公民道德建设有着深刻的影响。要在各项创建活动中充分体现社会主义思想道德的内容，明确具体标准，制定落实措施，力求取得实效。说到底，各种创建文明城市、文明村镇、文明单位、文明家庭、文明校园的活动，就是要在全社会推动形成知荣辱、讲正气、作奉献、促和谐的社会风尚。新时代的广大民众作为实现民族伟大复兴重任的主体力量，其道德状态和精神风貌在很大程度上影响着整个社会的道德状态和精神风貌。因而要引导民众以高度的主人翁精神，积极参与各种精神文明创建活动，为家庭谋幸福、为他人送温暖、为社会作贡献，不断引领社会风尚，提升道德品质。对此，要因势利导，发挥群众团体的骨干作用、先进典型和先进单位的带动作用、广大群众的主体作用，坚持从具体事情做起、从群众最关心的事情抓起，使道德实践活动与各项业务工作紧密结合，贴近基层、贴近群众、贴近生活，防止和克服形式主义，促进公民道德建设稳步向前发展。同时，引领社会风尚，要大力推进建设新时代文明实践中心。建设新时代文明实践中心是深入宣传习近平新时代中国特色社会主义思想的重要载体，要着眼于凝聚群众、引导群众，以文化人、成风化俗，调动各方力量，整合各种资源，创新方式方法。其实践的意义在于，通过中心建设，分类分层分众开展扎实有效的实践活动，打通宣传群众、引导群众、服务群众的"最后一公里"，用中国特色社会主义文化、社会主义思想道德牢牢占领农村思想文化阵地，动员和激励广大农村群众积极投身社会主义现代化建设。

需要指出的是，在新时代发展社会主义市场经济过程中深入开展群众性的公民思想道德实践活动，除了要引导民众向道德模范学习，培养志愿服务精神，大力弘扬时代新风，还要切实加强对群众性精神文明创建活动的领导。当前最重要的就是，各级领导干部除身体力行、发挥模范带头作用以外，还要采取有力措施切实加强对精神文明创建活动的领导，大力加强基层公民道德教育，深入开展群众性的公民道德实践活动，积极营造有利于精神文明创建活动的社会氛围。各地区、各部门必须始终不渝地坚持"两手抓、两手都要硬"的方针，充分认识新形势下加强精神文明创建活动的重要性、艰巨性、长期性和紧迫性，把它作为一项十分重要的工作，放在突出位置，提供有利条件，下决心狠狠地抓，从具体事情抓起。加强精神文明创建活动，共产党员和领导干部的模范带头作用十分重要。广大党员特别是各级领导干部要讲学习、讲政治、讲正气，牢记党的根本宗旨，努力改造主观世界，加强道德修养，自重、自省、自警、自励。要严格遵守党员领导干部廉洁从政的有关规定，清正廉洁，勤政为民，要求群众做到的自己首先做到，要求群众不做的自己坚决不做。要教育好自己的配偶和子女，管好身边的工作人员，自觉接受党组织和群众的监督，用良好的道德形象取信于民，带动广大群众进一步做好工作。推进精神文明创建活动，需要社会各方面的共同努力。各级宣传、教育、文化、科技、组织人事、纪检监察等党政部门，工会、共青团、妇联等群众团体以及社会各界，都应当在党委的统一领导下，各尽其责，相互配合，把道德建设与业务工作紧密结合起来，纳入目标管理责任制，制定规划，完善措施，扎实推进。要充分发挥各民主党派和工商联在精神文明创建活动中的作用。各级文明委和党委宣传部，在精神文明创建活动中担负着指导、协调、组织的具体职责。要深入实际，调查研究，了解新情况，分析新问题，及时发现、总结和推广群众创造的新鲜经验，探索道德建设规律，改进方式方法。同时，要在一定时期内，集中力量抓好若干社会影响大、示范作用强、受群众欢迎的实事，促进一些难点问题的解决。

第四节　做好重点领域的思想道德建设

在新时代发展社会主义市场经济过程中加强公民思想道德建设，不仅要以公民诚实守信建设为重点和深入开展群众性的公民思想道德实践活动，还应该做好重点领域的思想道德建设。特别是深入实施公民道德建设工程，推进社会公德、职业道德、家庭美德、个人品德建设，激发人们形成善良的道德，培育正确的道德判断和道德责任，提高道德实践能力尤其是自我践行能力，引导人们向往和追求讲道德、尊道德、守道德的生活，形成向善的力量，孝老爱亲，忠于祖国、忠于人民。做好重点领域的思想道德建设，对于提高人民思想觉悟、道德水准、文明素养，提高全社会文明程度，具有至关重要的作用。弘扬社会主义思想道德，必须坚持以为人民服务为核心、以集体主义为原则，推进社会公德、职业道德、家庭美德、个人品德建设，引导民众自觉讲道德、尊道德、守道德，加强品德修养，锤炼道德品质，努力做到向上向善、孝老爱亲，忠于祖国、忠于人民。

一、加强社会公德建设

社会公德是全体公民在社会交往和公共生活中应该遵循的行为准则，涵盖了人与人、人与社会、人与自然之间的关系。在现代社会，公共生活领域不断扩大，人们相互交往日益频繁，社会公德在维护公众利益、公共秩序，保持社会稳定方面的作用更加突出，成为公民个人道德修养和社会文明程度的重要表现。因而要大力倡导以文明礼貌、助人为乐、爱护公物、保护环境、遵纪守法为主要内容的社会公德，鼓励人们在社会上做一个好公民。

社会公德与公共生活密切相关，公共生活需要道德规范来约束和协调。社会公德作为社会公共生活中应当遵守的行为准则，在维护公共秩序方面具有重要的作用。民众应当自觉培养公德意识，养成遵守社会公德的良好行为习惯。社会公德是以公共生活为前提，以公共秩序的诉求为基础。公共生活是相对于私人生活而言的。私人生活以家庭内部活动和个人活动为主要领域，私人空间里人们的行为是相对独立的，因而具有一定的封闭性和隐秘性。在公共生活中，一个人的行为必定与他人发生直接或间接的联系，具有鲜明的开放性和透明性，对社会的影响更为直接和广泛。当今世界，公共生活的领域更为广阔，公共生活的重要性更加凸显。公共生活具有以下四个方面的特征。一是活动范围的广泛性。公共生活的场所和领域不断扩展、空间不断扩大，特别是网络使公共生活进一步扩展到虚拟世界。二是活动内容的开放性。公共生活是由社会成员共同参与、共同创造的公共空间，它涉及的活动内容是开放的。三是交往对象的复杂性。随着科学技术的迅猛发展，人们在公共生活中的交往对象不再局限于熟识的人，而是进入公共场所的任何人，这就增加了人际交往信息的不对称性和行为后果的不可预期性。四是活动方式的多样性。当代社会的发展使人们的生活方式发生了新的变化，人们可以根据自身的需要及年龄、兴趣、职业、经济条件等因素，选择和变换参与公共生活的具体方式。公共生活需要公共秩序。秩序是由社会生活中的规范来制约和保障的，公共秩序是由一定规范维系的人们公共生活的一种有序化状态，如工作秩序、教学秩序、交通秩序、娱乐秩序、网络秩序等。公共生活领域越扩大，对公共秩序的要求就越高。有序的公共生活是社会生产活动的重要基础，是提高社会成员生活质量的基本保障，更是社会文明的重要标志。

加强社会公德建设，要引导人们认识到公共生活中的道德规范。公共生活中的道德规范，即社会公德，是指人们在社会交往和公共生活中应该遵守的行为准则，是维护公共利益、公共秩序、社会和谐稳定的起码的道德要求，涵盖了人与人、人与社会、人与自然之间的关系。每一个社会成员都应遵守以文明礼貌、助人为乐、爱护公物、保护环境、遵纪守法为主要内容的社会公德。一是文明礼貌。文明礼貌是调整和规范人际关系的行为准则，与我们每个人的日常生活密切相关。文明礼貌是路上相遇时的微笑，是与人相处时的尊重，是沟通感情的桥梁。它反映着一个人的道德修养，体现着一个民族的整体素质。因而应当引导民众自觉讲文明、懂礼貌、守礼仪，塑造真诚待人、礼让宽容的良好形象。二是助人为乐。在公共生活中，每个人都会遇到困难和问题，总有需要他人帮助和关心的时候。把帮助他人视为自己应做之事，是每个社会成员应有的社会公德，是有爱心的表现。"赠人玫瑰，手有余香。"因而应当引导民众尽自己的努力帮助他人，积极参与公益事业，以力所能及的方式关心和关爱他人，并在对他人的关心和帮助中收获实现人生价值的快乐。三是爱护公物。对社会共同劳动成果的珍惜和爱护，是每个公民应该承担的社会责任和义务，它既显示出个人的道德修养水平，也是社会文明水平的重要标志。如果社会公共财物遭到破坏，社会的利益就会受到损害。因而应当引导民众增强社会主人翁责任感，珍惜国家、集体财产，爱护公物，特别要爱护社会公用设施，坚决同损害公共财产、破坏公物的行为作斗争。四是保护环境。生态环境保护是功在当代、利在千秋的事业。人类发展活动必须尊重自然、顺应自然、保护自然，否则就会遭到大自然的报复。因而应当引导民众像对待生命一样对待生态环境，身体力行，倡导简约适度、绿色低碳的生活方式，为留下天蓝、地绿、水清的生产生活环境，为建设美丽中国作出自己应有的贡献。五是遵纪守法。遵纪守法是全体公民都必须遵循的基本行为准则，是维护公共生活秩序的重要条件。在社会生活中，每个社会成员既要遵守国家颁布的有关法律、法规，也要遵守特定公共场所和单位的有关纪律规定。全面依法治国需要每个人都遵纪守法，树立规则意识。因而应当引导民众全面了解公共生活领域中的各项法律法规，熟知校纪校规，牢固树立法治观念，以遵纪守法为荣，以违法乱纪为耻，自觉遵守有关的纪律和法律。

加强社会公德建设，要引导人们认识到网络生活中的道德要求。互联网是一个社会信息大平台，亿万网民在上面获得信息、交流信息，这既会影响人们的求知途径、思维方式、价值观念，也会影响人们对国家、社会、人生的看法。从本质上说，网络交往仍然是人与人的现实交往，网络生活也是人的真实生活。网络生活中的道德要求，是人们在网络生活中为了维护正常的网络公共秩序需要共同遵守的基本道德准则，是社会公德在网络空间的运用和扩展。网络空间天朗气清、生态良好，符合人民利益。网络空间乌烟瘴气、生态恶化，不符合人民利益。因而应当引导民众遵守网络生活中的道德要求，成为营造清朗网络空间的正能量。正确使用网络工具。当今世界，科技进步日新月异，互联网、云计算、大数据等现代信息技术深刻改变着人类的思维、生产、生活、学习方式，展示了世界发展的前景。人们通过网络获取信息的方式更加方便、多样，大部分人特别是年轻人越来越主要地依靠网络获取信息。与此同时，网上也充斥着越来越多的虚假、低俗甚至反动、淫秽和暴力等信息内容，特别是一些有组织的网上恶意攻击和思想渗透行为，更是严重地影响了网络生活秩序。因而应当引导民众正确使用网络，提高信息的获取能力，加强信息的辨识能力，增进信息的应用能力，使网络成为开阔视野、提高能力的重要工具。健康进行网络交往。网络已成为人际交往的重要媒介和工具。QQ、微信、微博、网络直播等各种应用为人们提供了邮件收发、实时聊天、网上交友等途径。民众应通过网络开展健康有益的人际交往，树立自我保护意识，不要轻易相信网友，避免受骗上当，避免给自己的人身和财产安全带来危害。同时，网络虽然拉近了自己与陌生人的距离，却有可能使自己疏远家人、同学、朋友等身边的人，这也在一定程度上会弱化现实的人际交往能力，因此不能以网络交往代替现实交往，自觉避免沉迷网络。不可否认，人们通过网络接触到前所未有的广阔空间，能更加有效和广泛地获取信息、学习知识、交流情感和了解社会。但是，现实中也存在着一些青少年上网成瘾，沉迷于网络尤其是网络游戏不能自拔，导致耽误学业甚至放弃学业的现象。一个人的时间和精力是有限的，在网上消耗的时间多，在其他方面投入的时间就少。从网上得到的信息也并非越多越好，接受越多的信息越有可能干扰自己的思维和行动。因而应当引导人们合理安排上网时间，约束上网行为，避免沉迷网络。加强网络道德自律。网络空间同现实社会一样，既要提倡自由，也要保持秩序。网络的虚拟性以及行为主体的隐匿性，不利于发挥社会舆论的监督作用，使道德规范所具有的外在约束力明显降低。如果说享受互联网的自由是网民不可剥夺的权利，那么加强道德自律就应该成为网民不可推卸的义务。在这种情况下，个体的道德自律成为维护网络道德规范的基本保障。人们应当在网络生活中培养自律精神，在缺少外在监督的网络空间里，做到自律而"不逾矩"，因而促进网络生活的健康与和谐，就要引导民众能够对模糊认识要及时廓清，对怨气怨言要及时化解，对错误看法要及时引导和纠正，积极营造清朗的网络空间。

当然，社会公德的形成需要政府、社会组织、媒体等多方合力，共同引导公民提升公德素质。一是政府重在制定引导与约束公民公德行为的法律制度体系。在倡导文明的基础上，制定规章制度并加以强化，能让文明形成力量更深入人心，可以适当借鉴国外一些成功的做法，如很多国家对于不文明行为进行明码标价的罚款，让失德者付出代价。二是发挥社会公益组织等社会团体在监督、引导、宣传等方面的重要作用。三是坚持媒体正面宣传与负面监督同时发力。要大力宣传普及公德常识，对于典型的文明事迹或人物，应该大力宣传，引导公众参与社会公德评价、讨论，使公德规范深入人心，变成人们自觉的意识和行动。而对于公共场所的不文明现象，也要从舆论上加以批评、引导。这些都是新时代加强社会公德建设的有力抓手。

二、加强职业道德建设

职业道德是所有从业人员在职业活动中应该遵循的行为准则，涵盖了从业人员与服务对象、职业与职工、职业与职业之间的关系。随着现代社会分工的发展和专业化程度的增强，市场竞争日趋激烈，整个社会对从业人员职业观念、职业态度、职业技能、职业纪律和职业作风的要求越来越高。要大力倡导以爱岗敬业、诚实守信、办事公道、服务群众、奉献社会为主要内容的职业道德，鼓励人们在工作中做一个好建设者。随着现代社会分工的发展和专业化程度的提高，市场竞争日趋激烈，整个社会对从业人员职业观念、职业态度、职业纪律和职业作风的要求越来越高。职业生活中的道德规范，不仅对各行各业的从业者具有引导和约束作用，而且也是促进社会持续健康、有序发展的必要条件。

职业道德的存在以职业生活为前提，以劳动观念为基础。职业是指人们由于社会分工所从事的具有专门业务和特定职责，并以此作为主要生活来源的社会活动。职业生活则是人们参与社会分工，用专业的技能和知识创造物质财富或精神财富，获取合理报酬，丰富社会物质生活或精神生活的生活方式。人类是劳动创造的，社会是劳动创造的。劳动没有高低贵贱之分，任何一份职业都很光荣。正确的劳动观念是维系人们职业活动和职业生活的思想观念保障。在职业生活中，必须牢固树立"劳动最光荣、劳动最崇高、劳动最伟大、劳动最美丽"的观念，通过劳动创造更加美好的生活。无论从事什么劳动，都要弘扬工匠精神，干一行、爱一行、钻一行。只要踏实劳动、勤勉劳动，在平凡岗位上也能干出不平凡的业绩。一切劳动者，只要肯学肯干肯钻研，练就一身真本领，掌握一手好技术，就能立足岗位成长成才，就能在劳动中发现广阔的天地，在劳动中体现价值、展现风采、感受快乐。事实上，只要有志气有闯劲，普通劳动者都可以在宽广舞台上实现自己的人生价值。许多劳动模范平凡而感人的事迹，就充分地说明了这一点。"蓝领专家"孔祥瑞、"金牌工人"窦铁成、"新时期铁人"王启明、"新时代雷锋"徐虎、"知识工人"邓建军、"马班邮路上的信使"王顺友、"白衣圣人"吴登云、"中国航空发动机之父"吴大观等一大批劳动模范和先进工作者，带动人们锐意进取、积极投身改革开放和社会主义现代化建设，为国家和人民建立了杰出功勋。"爱岗敬业、争创一流，艰苦奋斗、勇于创新，淡泊名利、甘于奉献"的劳模精神，是我们极为宝贵的精神财富。

加强职业道德建设，要引导人们认识到职业生活中的道德规范。职业生活中的道德规范即职业道德，是指从事一定职业的人在职业生活中应当遵循的具有职业特征的道德要求和行为准则，涵盖了从业人员与服务对象、职业与职工、职业与职业之间的关系。爱岗敬业、诚实守信、办事公道、服务群众和奉献社会是职业生活中的基本道德规范。一是爱岗敬业。爱岗敬业反映的是从业人员对待自己职业的一种态度，也是一种内在的道德需要。它体现的是从业者热爱自己的工作岗位、对工作极端负责、敬重自己所从事职业的道德操守，是从业者对工作勤奋努力、恪尽职守的行为表现。爱岗敬业就是要干一行爱一行，爱一行钻一行，精益求精，尽职尽责。二是诚实守信。诚实守信在我国思想道德建设中具有特殊重要的作用，它既是中华民族的传统美德，也是我国公民道德建设的重点，还是社会主义核心价值观的一条重要准则。诚实就是真实无欺，既不自欺，也不欺人；守信就是重诺言，讲信誉，守信用。诚实和守信是统一的。就个人而言，诚实守信是高尚的人格力量；就社会而言，诚实守信是正常秩序的基本保证；就国家而言，诚实守信是良好的国际形象。在职业道德中，诚实守信是对从业者的道德要求。它不仅是从业者步入职业殿堂的通行证，体现着从业者的道德操守和人格力量，也是在行业中扎根立足的基础。职业道德中的诚实守信，要求从业者在职业活动中诚实劳动、合法经营、信守承诺、讲求信誉。三是办事公道。以公道之心办事，是职业活动所必须遵守的道德要求。办事公道，就是要求从业人员做到公平、公正，不损公肥私，不以权谋私，不假公济私。在社会主义制度下，从业者之间以及从业者与服务对象之间都是平等的。他们的职业差别只是所从事的工作不同，而不是个人地位高低贵贱的象征。在职业生活中，无论对人对己都要出于公心，遵循道德和法律规范来处事待人。四是服务群众。为人民服务是社会主义道德的核心，各行各业的从业人员都要以服务群众为目标。在社会主义社会，每个人无论从事什么工作、能力如何，都应该在本职岗位上通过不同形式为群众服务。如果每一个从业人员都能自觉遵循服务群众的要求，社会就会形成人人都是服务者、人人又都是服务对象的良好秩序与和谐状态。五是奉献社会。奉献社会就是要求从业人员在自己的工作岗位上兢兢业业地为社会和他人作贡献。这是社会主义职业道德中最高层次的要求，体现了社会主义职业道德的最高目标指向。爱岗敬业、诚实守信、办事公道、服务群众，都体现了奉献社会的精神。

加强职业道德建设，要引导人们树立正确的择业观和创业观。就业是最大的民生。就业牵涉国民自身和千家万户的利益，也影响国家和社会的发展。在大众创业、万众创新的时代背景下，引导人们树立正确的择业观和创业观，对于民众更好地践行职业道德具有重要的现实意义。树立崇高的职业理想。职业活动不仅是人们谋生的手段，也是人们奉献社会、完善自身的必要条件。青年马克思在谈到选择职业理想时曾经写道："如果我们选择了最能为人类而工作的职业，那么，重担就不能把我们压倒，因为这是为大家作出的牺牲；那时我们所享受的就不是可怜的、有限的、自私的乐趣，我们的幸福将属于千百万人，我们的事业将悄然无声地存在下去，但是它会永远发挥作用，而面对我们的骨灰，高尚的人们将洒下热泪。"❶马克思这种崇高的职业理想，值得民众择业和创业时去学习和追求。服从社会发展的需要。择业和创业固然要考虑个人的兴趣和意愿，同时也要充分考虑现实的可能性和社会的需要，把自己对职业的期望与社会的需要、现实的可能结合起来。目前，许多地方的基层单位特别是中西部地区的人才需求十分强烈，能够为人们尤其青年大学生提供施展才华的广阔空间。广大青年学生应该积极响应国家号召，适应社会发展需求，面向基层、面向国家建设第一线去选择自己未来的职业，为经济社会发展贡献智慧和力量。做好充分的择业准备。素质是立身之基，技能是立业之本。有了真才实学，才能在未来适应多种岗位。要有真才实学就要勤于学习，学文化、学科学、学技能、学各方面知识，不断提高综合素质，练就过硬本领；既要向书本学习，也要向群众学习、向实践学习。应认识到，任何一名劳动者，无论从事的劳动技术含量如何，只要兢兢业业、精益求精，就一定能够造就闪光的人生。培养创业的勇气和能力。创业是通过发挥自己的主动性和创造性，开辟新的工作岗位、拓展职业活动范围、创造新业绩的实践过程。在大众创业、万众创新的时代背景下，不仅要树立正确的择业观，还应当树立正确的创业观。要有积极创业的思想准备，积极关注经济社会发展的趋势，了解国家自主创业的有关政策，为自主创业打下良好的基础。要有敢于创业的勇气，只有勇敢地接受创业的挑战，破除依赖心理和胆怯心理，才能敢于创业、善于创业，做一个真正的创业者。同时，也要引导人们充分考虑自身的条件、创业的环境等各种现实的因素，努力提高自主创业的能力。

加强职业道德建设，要引导人们自觉遵守职业道德。生活是否顺利、

第八章 市场经济发展与公民思想道德建设

---

❶ 马克思恩格斯全集：第40卷［M］.北京：人民出版社，1984：7.

是否成功，既取决于个人的专业知识和技能，更取决于个人职业道德素质修养的自觉性。人们在职业活动中的道德状况如何，直接关系着各行各业乃至整个社会的道德状况。加强职业道德建设，就要引导深刻认识提高职业道德素质修养的重要性，注重这方面的修养和锻炼。自觉学习职业道德规范。通过学习职业道德规范，明确职业活动的基本规范和目的，从而提高自己的职业认知能力、判断能力和树立正确的价值理念，对青年人来说尤为重要。大学是为择业、就业、创业准备知识、品德、能力的阶段。因而要引导人们学习的职业道德知识是多方面的，既包括一般的职业道德知识，也包括特定行业的职业道德知识。同时，将职业道德修养纳入学习成才的规划中，有计划、有目的地学习，为走上工作岗位打下良好的基础。自觉提高职业道德意识。特别是引导人们提高自己的职业道德素质，将其内化为自身的素质，提高到自觉意识的层面。应当以职业道德模范为榜样，培养积极进取、甘于奉献、服务社会的良好职业道德意识，为未来的职业生活做准备。自觉提高践行职业道德的能力。引导人们通过多种渠道加强与社会紧密联系，在服务他人、奉献社会中收获成长和进步，同时，引导人们积极利用各种机会开展社会实践，多参与社会志愿服务活动，使自己学到的知识在服务社会的过程中得到运用和升华。特别是面对新形势新任务新要求，广大党员干部要高标准对待本职工作，把工匠精神刻印在对党忠诚、无私奉献的信念上。当一个社会中的多数公民都有精益求精的工匠精神的时候，多数公民便有了优秀的品质，淳朴的社会风气就会自然而然形成。如果这种奉献精神能够长久地加以保持的话，就能够影响到更为稳定的民族性格，也有利于公民职业道德素质的提升。

三、加强家庭美德建设

家是最小国，国是千万家。不论时代发生多大变化，不论生活格局发生多大变化，我们都要重视家庭建设，注重家庭、注重家教、注重家风。家庭和睦，社会才能安定；家教良好，未来才有希望；家风纯正，社风才会纯净。事业成功，往往与美好的爱情和美满的婚姻家庭密切相关。从恋爱到缔结婚姻和建立家庭，是人生需要经历的阶段。注重家庭、注重家教、注重家风，遵守恋爱、婚姻家庭生活中的道德规范，树立正确的恋爱观和婚姻观，处理好复杂的感情和人际关系，有利于民众更好地干事创业和生产生活。

　　加强家庭道德建设是由家庭、家教、家风的重要性决定的。家庭是社会的基本细胞，是人生的第一所学校。不论时代发生多大变化，生活格局发生多大变化，都要重视家庭建设，注重家庭、家教、家风。注重家庭，家庭和睦则社会安定，家庭幸福则社会祥和，家庭文明则社会文明。历史和现实告诉我们，家庭的前途命运同国家和民族的前途命运紧密相连。我们要认识到，千家万户都好，国家才能好，民族才能好。国家富强，民族复兴，人民幸福，不是抽象的，最终要体现在千千万万个家庭的幸福美满之上，体现在亿万人民生活的不断改善之上。同时，我们还要认识到，国家好，民族好，家庭才能好。只有实现中华民族伟大复兴的中国梦，家庭梦才能梦想成真。注重家教，家庭是人生的第一个课堂，父母是孩子的第一任老师。家庭教育涉及很多方面，但最重要的是品德教育，是如何做人的教育，也就是古人说的"爱子，教之以义方"，"爱之不以道，适所以害之也"。家庭环境对下一代的影响很大，往往可以影响一个人的一生。注重家教，应该把美好的道德观念从小就传递给孩子，引导他们有做人的气节和骨气，帮助他们形成美好心灵，促使他们健康成长。注重家风。家风是指一个家庭或家族的传统风尚或作风。良好的家风，对家庭成员的个人修养产生着重要的作用，也对整个社会道德风尚的形成产生着重要的影响。家风好，就能家道兴盛、和顺美满；家风差，难免殃及子孙、贻害社会，正所谓"积善之家，必有余庆；积不善之家，必有余殃"。诸葛亮诫子格言、颜氏家训、朱子家训等，都是在倡导一种家风。民众要继承和弘扬优良家风，促进家庭和谐。千千万万个家庭是国家发展、民族进步、社会和谐的重要基点，是人们梦想启航的地方。当代民众应该积极参与家庭文明建设，推动形成爱国爱家、相亲相爱、向上向善、共建共享的社会主义家庭文明新风尚。

　　加强家庭美德建设，要引导人们遵守恋爱中的道德规范。因为恋爱是家庭的基础，只有在恋爱过程中遵循了基本的道德规范，才能真正建立起良好的家庭，促进家庭美德的建设。我们知道，爱情是一对男女基于一定的社会基础和共同的生活理想，在各自内心形成的相互倾慕并渴望对方成为自己终身伴侣的一种强烈、纯真、专一的感情。男女双方培养爱情的过程或在爱情基础上进行的相互交往活动，就是人们日常所说的恋爱。恋爱作为一种人际交往，也必然要受到道德的约束。恋爱是建立幸福婚姻家庭的前奏，恪守恋爱中的道德规范关系到未来婚姻家庭生活的幸福。恋爱中的道德规范主要有尊重人格平等、自觉承担责任和文明相亲相爱。不能片面或功利化地对待恋爱。无论是在自己心中勾画出一个脱离现实的恋爱偶像，还是只追求外在形象，或者只看重对方的经济条件，或者仅仅把恋爱看成摆脱孤独寂寞的方式，都无法产生真挚的感情，也得不到真正的爱情。不能只重过程不顾后果。责任是爱情得以长久的重要保障，是坚贞爱情的试金石。自愿担当的责任，丰富了爱情的内涵，提升了爱情的境界。如果"不在乎天长地久，只在乎曾经拥有"，把爱情当成游戏，既会伤害对方，也会伤及自己。不能因失恋而迷失人生方向。恋爱过程是恋爱双方互相熟悉和情感协调的过程，恋爱成功与失败都是正常现象。人们应该正确对待失恋，做到失恋不失志，失恋不失德，不影响工作和生活，不丧失对爱的憧憬和追求。具体来说，一是尊重人格平等。恋爱的双方在人格上都是独立的，如果把对方当作自己的附庸或依附对方而失去自我，都是对爱情实质的曲解。恋爱双方在相互关系上是平等的，都有给予爱、接受爱和拒绝爱的自由。放纵自己的情感，束缚或强迫对方，都不符合恋爱的道德要求。二是自觉承担责任。自愿地为对方承担责任，是爱情本质的体现。爱一个人或接受一个人的爱，就要自觉地为对方承担责任。责任常常体现在生活的点点滴滴之中，责任的担当是需要见诸行动的自觉。三是文明相亲相爱。文明的恋爱往往是恋爱双方既相互爱慕、亲近，又举止得体、相互尊重。恋人在公共场所出入，要遵守社会公德，不要对他人生活和公共生活造成不良影响。

加强家庭美德建设，要引导人们遵守婚姻家庭中的道德规范。婚姻是指由法律所确认的男女两性的结合以及由此而产生的夫妻关系。家庭是指在婚姻关系、血缘关系或收养关系基础上产生的亲属之间所构成的社会生活单位。婚姻是家庭产生的重要前提，家庭又是缔结婚姻的必然结果。婚姻的成功体现为家庭的幸福，家庭的美满又彰显出婚姻的意义。家庭美德以尊老爱幼、男女平等、夫妻和睦、勤俭持家、邻里团结为主要内容，在维系和谐美满的婚姻家庭关系中具有重要而独特的功能。其一，尊老爱幼。我国自古以来就倡导"老有所终，幼有所养"，形成了尊老爱幼的良好家庭道德传统。子女要孝敬、赡养父母及长辈，父母要抚育、爱护子女，这不仅是每个公民必须遵守的道德准则，也是应尽的社会责任和法律义务。要保护老人、儿童的合法权益，坚决反对虐待、遗弃老人和儿童的行为。其二，男女平等。家庭生活中的男女平等既表现为夫妻权利和义务上的平等、人格地位上的平等，又表现为平等地对待自己的子女。坚持男女平等，特别要尊重和保护妇女的合法权益，反对歧视和迫害妇女的行为。其三，夫妻和睦。夫妻关系是家庭关系的核心。夫妻和睦是在男女平等基础上的互敬互爱、互助互让。其四，勤俭持家。勤俭是家庭兴旺的保证，也是社会富足的保证。勤俭持家既要勤劳致富，也要量入为出。其五，邻里团结。邻里团结重要的是相互尊重，尊重对方的人格、民族习惯、生活方式、兴趣爱好等，做到互谅互让、互帮互助、宽以待人、团结友爱。

四、加强个人品德建设

个人品德在社会道德建设中具有基础性作用。在现实生活中，社会公德、职业道德和家庭美德的状况，最终都是以每个社会成员的道德品质为基础的。社会公德、职业道德和家庭美德建设，最终都要落实到个人品德的养成上。因为个人品德虽然离不开社会道德和市场经济道德，但个人品德又有它相对独立的一面。关于个人的品德体系，中外思想家、伦理学家都十分重视。如孔子曾提出恭、宽、信、敏、惠、智、勇、忠、恕，古希腊哲学家柏拉图提出"希腊四德"，即智慧、勇敢、节制、公正等。要从实际出发，区分层次，着眼多数，鼓励先进，循序渐进，积极鼓励一切有利于国家统一、民族团结、经济发展、社会进步的思想道德，大力倡导共产党员和各级干部带头实践社会主义、共产主义道德，引导人们在遵守基本道德规范的基础上，不断追求更高层次的道德目标。

加强个人道德建设是由个人品德的作用决定的。个人品德是通过社会道德教育和个人自觉的道德修养所形成的稳定的心理状态和行为习惯。它是个体对某种道德要求认同和践履的结果，集中体现了道德认知、道德情感、道德意志、道德信念和道德行为的内在统一。自觉践行爱国奉献、明礼守法、厚德仁爱、正直善良、勤劳勇敢等个人品德要求，有利于不断提升个人的道德修养和境界。无论是社会的和谐有序，还是个人的人格健全，都有赖于个人品德的不断提升。个人品德对道德和法律作用的发挥具有重要的推动作用。个人品德是道德和法律作用发挥的推动力量。社会道德和法律要求只有内化为个人品德，才能成为现实的规范力量。同时，个人品德提升的过程也是能动地作用于社会道德和法律的过程，它能够为社会道德和法律的发展进步创造条件、提供动力。个人品德是个体人格完善的重要标志。在个人的素质结构中，个人品德是一个非常重要的组成部分，才智等其他素质的完善和成就，也离不开品德力量的支持。一方面，个人品德决定着一个人在实际生活和社会实践中的行为选择，以及对各种关系的协调和处理，直接显示出个人境界和素质的高低；另一方面，个人品德又为自我整体素质的修养、锻炼和完善规划目标、指明方向，为个人成长提供指引和调控。个人品德是经济社会发展进程中重要的主体精神力量。社会是由通过各种不同的社会关系联结起来的社会成员组成的，社会道德状况也是由相互影响的每个社会成员的个人品德体现出来的。个人品德的提升，不但直接成为社会道德水平的有机组成部分，而且还可以通过自身的影响和带动，为社会道德更大程度的发展进步开辟道路、提供动力。在中国特色社会主义新时代，充分发挥个人品德的功能和作用的意义显得更加突出。作为社会主义道德建设的落脚点，个人品德状况影响着社会主义市场经济制度的完善和社会主义民主政治的进程。社会成员的思想观念和道德素质普遍得到提高，是全面建成小康社会、实现中华民族伟大复兴中国梦的前提和保障。

加强个人品德建设，要引导个体掌握道德修养的正确方法。个人品德需要不断地通过道德修养加以提升。道德修养作为人类道德实践活动的重要形式之一，是指个体自觉地将一定社会的道德规范、准则及要求内化为内在的道德品质，以促进人格的自我陶冶、自我培育和自我完善的实践过程。加强道德修养，提升个人品德，应借鉴历史上思想家们所提出的各种积极有效的方法，并结合当今社会发展的需要身体力行。学思并重。学思并重的方法，即通过虚心学习，积极思索，辨别善恶，学善戒恶，以涵养良好的德性。在提升个人品德的过程中，首先要善于学习各种道德理论和知识，尤其是社会主义道德理论和知识。同时要善于思考，并且把善于学习和善于思考有机地统一起来。孔子说："学而不思则罔，思而不学则殆"。只有坚持既不断学习又深入思考的修养方式，才能对人为什么要讲道德、讲什么样的道德和怎样讲道德形成全面而深刻的认识，产生道德智慧，过有意义的生活。省察克治。省察克治的方法，即通过反省检验以发现和找出自己思想与行为中的不良倾向，并及时对它们进行抑制和克服；在日常生活中，我们要经常在自己内心深处用道德标准检查、反省，找出那些坏毛病、坏思想、坏念头并加以纠正。自我反省，是自我认识错误、自我改正错误的前提。曾子说："吾日三省吾身，为人谋而不忠乎？与朋友交而不信乎？传不习乎？"善于反省自己的言行，并对错误加以克治，才能使自己的德性不断完善。慎独自律。慎独自律的方法，即在无人知晓、没有外在监督的情况下，坚守自己的道德信念，自觉按道德要求行事，不因无人监督而恣意妄为。慎独自律的道德修养方法，既是对中国传统道德修养方法的批判性传承，也是在现代社会条件下仍需坚持的道德修养方法。《礼记·中庸》中提到："道也者，不可须臾离也，可离非道也。是故君子戒慎乎其所不睹，恐惧乎其所不闻。莫见乎隐，莫显乎微。故君子慎其独也。""道"是不可以须臾离开的。品德高尚的人在没有人看见的地方也能谨慎做人处事，在没有人听见的地方也能有所戒惧和敬畏，严格要求自己。可见，慎独就是一种关于个人善于独处、乐于隐处、慎于微处，于独处、隐处、微处自觉坚守道德情操的修炼功夫。自律是"慎独"达致的一种自觉自为的修养境界。"自"即自主、自觉，"律"为衡量、约束；自律即一种自我认识、自我约束、自觉控制的个人修养方法。知行合一。知行合一的方法，即把提高道德认识与躬行道德实践统一起来，以促进道德要求内化为个人的道德品质，外化为实际的道德行为。强调知行合一也是儒家修身思想的重要特征。在言与行的关系上，孔子明确主张"听其言而观其行"。他告诫学生，衡量人的品德不能只听其言论，更应看其实际行动。他认为学习的目的在于"行道""君子学以致其道""行义以达其道"。只有"行"才能使"道"变为现实。可见，道德修养并不是脱离实际的闭门思索，而是人们联系社会实践在道德上的自我反省和自我升华。积善成德。积善成德的方法，即通过积累善行或美德，使之巩固强化，以逐渐凝结成优良的品德。积善成德强调道德修养需要日积月累的坚持，成就理想的人格靠"积"，正如《荀子·劝学》所说："不积跬步，无以至千里；不积小流，无以成江海。骐骥一跃，不能十步；驽马十驾，功在不舍。锲而舍之，朽木不折；锲而不舍，金石可镂。"我们应该注重平时的坚持和孜孜不倦的努力，"勿以恶小而为之，勿以善小而不为"，在个人品德修养方面坚持、坚持、再坚持，就一定能够不断提高自己的精神境界和道德素质。"不矜细行，终累大德。"加强个人品德修养不可能一蹴而就，更不可能一劳永逸。按照有效的品德修养方法去做，并长期坚持下去，才能使自己不断进步、不断完善，从而成为品德高尚的人。

加强个人品德建设，要引导个体锤炼高尚道德品格。道德建设，重要的是激发人们形成善良的道德意愿、道德情感，培育正确的道德判断和道德责任，提高道德实践能力尤其是自觉践行能力。锤炼高尚道德品格，就要在知情意信行等方面加强道德修养，提高道德实践能力，自觉讲道德尊道德守道德，自觉明大德守公德严私德。引导个体形成正确的道德认知和道德判断。道德是人类社会生产实践和交往实践的产物。不同的民族、不同的文化、不同的社会发展阶段里，道德的基本要求具有显著的差异，道德因此具有历史性、民族性和时代性的特征。在阶级社会中，道德作为意识形态的重要组成部分，还具有鲜明的阶级性。面对世界的深刻复杂变化，个体应注重增强道德判断能力，学会理性地辨析、讲求道德，形成正确的道德认知和道德观念。形成正确的道德认知和道德判断，最根本的就是要坚持以唯物史观的基本原理来看待道德。一方面，要客观评判古代传统道德观和近现代资本主义道德观的进步性与局限性，尤其要清醒认识当代西方资产阶级道德观念的不合理性；另一方面，还要深刻理解以生产资料公有制为主体的社会主义生产实践基础上形成的道德所具有的历史优越性、时代进步性，牢固树立中国特色社会主义道德观念。激发个体正向的道德认同和道德情感。个体在道德修养中激发正向的情感认同，总体而言就是要亲近真善美，抵制假恶丑，体验道德的愉悦，追求高尚的快乐。通过对美德的尊崇，真正把外在的社会道德规范内化为心悦诚服的自律准则。个体在道德修养中激发正向的道德认同与道德情感，具体而言就是要自觉涵育对家庭成员的亲亲之情，对他人、集体的关心关爱，增强社会责任感、国家认同感、民族归属感、时代使命感，在与祖国同呼吸、与民族同步伐、与人民心连心的高尚情怀中，陶冶道德情操。强化个体坚定的道德意志和道德信念。道德修养重在践行，但有些个体存在知而不行的现象，也就是尽管掌握了许多道德知识，却没有落实在自己的实际行动上，导致知行脱节。在道德认知向道德行为转化的过程中，道德意志和道德信念是关键环节。道德意志和道德信念是人们在践履道德原则、规范的过程中表现出的自觉克服一切困难和障碍的毅力，通过道德意志和信念的坚守，道德行为才能体现出恒久性。个体需要明白"从善如登"的深刻道理，磨炼道德意志，坚定道德信念，学会克服学习、生活、交往、成长中的各种困难和挫折，远离干扰、避免懈怠、战胜诱惑，在砥砺中前行，在拼搏中进取，并做到持之以恒、久久为功，从而成就高尚的道德品格。在新时代，要引导个体积极为国家民族奋斗、为人类事业献身的情怀和担当，不懈追求共产主义的崇高道德信念和高尚道德境界。

　　总而言之，深入实施公民道德建设工程，推进社会公德、职业道德、家庭美德、个人品德建设是重要抓手，有利于激发人们形成善良的道德，培育正确的道德判断和道德责任，引导人们向往和追求讲道德、尊道德、守道德的生活，形成向善的力量，孝老爱亲，忠于祖国，忠于人民。特别要抓住青少年价值观形成和确定的关键时期，引导青少年扣好人生第一粒扣子，帮助孩子迈好人生的第一个台阶，引导他们热爱党、热爱祖国、热爱人民、热爱中华民族。同时，要积极传播中华民族传统美德，倡导忠诚、责任、亲情、学习、公益的理念，推动人们在为家庭谋幸福、为他人送温暖、为社会作贡献的过程中提高精神境界和培育文明风尚，在公民思想道德实践中提高自己的道德素质，完善自己的道德人格，努

第八章　市场经济发展与公民思想道德建设

力把自己培养成为有理想、有道德、有文化、有纪律的社会主义公民。因此，在新时代发展社会主义市场经济过程中加强公民思想道德建设，不仅要以公民诚实守信建设为重点和深入开展群众性的公民思想道德实践活动，更要做好重点领域的思想道德建设。做好重点领域的思想道德建设，推进社会公德、职业道德、家庭美德、个人品德建设，对于提高人民思想觉悟、道德水准、文明素养，提高全社会文明程度，促进社会主义市场经济的健康发展，具有至关重要的作用。

参考文献

［1］马克思恩格斯选集：第1卷［M］.北京：人民出版社，2012.

［2］马克思恩格斯选集：第2卷［M］.北京：人民出版社，2012.

［3］马克思恩格斯选集：第3卷［M］.北京：人民出版社，2012.

［4］马克思恩格斯选集：第4卷［M］.北京：人民出版社，2012.

［5］马克思恩格斯文集：第1卷［M］.北京：人民出版社，2009.

［6］马克思恩格斯文集：第2卷［M］.北京：人民出版社，2009.

［7］马克思恩格斯文集：第3卷［M］.北京：人民出版社，2009.

［8］马克思恩格斯文集：第4卷［M］.北京：人民出版社，2009.

［9］马克思恩格斯文集：第5卷［M］.北京：人民出版社，2009.

［10］马克思恩格斯文集：第6卷［M］.北京：人民出版社，2009.

［11］马克思恩格斯文集：第7卷［M］.北京：人民出版社，2009.

［12］马克思恩格斯文集：第8卷［M］.北京：人民出版社，2009.

［13］马克思恩格斯文集：第9卷［M］.北京：人民出版社，2009.

［14］马克思恩格斯文集：第10卷［M］.北京：人民出版社，2009.

［15］列宁选集：第1卷［M］.北京：人民出版社，2012.

［16］列宁选集：第2卷［M］.北京：人民出版社，2012.

［17］列宁选集：第3卷［M］.北京：人民出版社，2012.

［18］列宁选集：第4卷［M］.北京：人民出版社，2012.

［19］列宁专题文集：第1卷［M］.北京：人民出版社，2009.

［20］列宁专题文集：第2卷［M］.北京：人民出版社，2009.

［21］列宁专题文集：第3卷［M］.北京：人民出版社，2009.

［22］列宁专题文集：第4卷［M］.北京：人民出版社，2009.

［23］列宁专题文集：第5卷［M］.北京：人民出版社，2009.

［24］毛泽东选集：第1卷［M］.北京：人民出版社，1991.

［25］毛泽东选集：第2卷［M］.北京：人民出版社，1991.

［26］毛泽东选集：第 3 卷［M］.北京：人民出版社，1991

［27］毛泽东选集：第 4 卷［M］.北京：人民出版社，1991.

［28］邓小平文选：第 3 卷［M］.北京：人民出版社，1993.

［29］十八大以来重要文献选编：上［M］.北京：中央文献出版社，2014.

［30］十八大以来重要文献选编：中［M］.北京：中央文献出版社，2016.

［31］习近平谈治国理政［M］.北京：外文出版社，2014.

［32］胡钧.社会主义市场经济的理论与实践［M］.北京：经济日报出版社，2018.

［33］王军旗.社会主义市场经济理论与实践［M］第四版.北京：中国人民大学出版社，2017.

［34］杨干忠.社会主义市场经济概论［M］第五版.北京：中国人民大学出版社，2017.

［35］王振中.完善社会主义市场经济体制［M］.北京：社会科学文献出版社，2014.

［36］苏伟，等.社会主义市场经济若干重大关系问题再认识［M］.北京：中国经济出版社，2014.

［37］刘德林.中国特色社会主义市场经济概论［M］.北京：高等教育出版社，2018.

［38］傅云龙，乔清举.社会主义市场经济与传统文化［M］.北京：中共中央党校出版社，1995.

［39］魏继让，汤蓉生，蓝蔚青.社会主义市场经济与精神文明［M］.北京：中共中央党校出版社，1995.

［40］郑欣淼.社会主义文化新论：市场经济与文化建设［M］.北京：中国青年出版社，1996.

［41］于华.中国共产党意识形态领导权研究［M］.北京：人民出版社，2018.

［42］杨文华，何翘楚.网络意识形态领导权研究［M］.沈阳：东北大学出版社，2017.

［43］崔志胜.社会主义核心价值观融入精神文明建设问题研究［M］.北京：中国社会科学出版社，2015.

［44］赵壮道.社会主义核心价值观的文化基因［M］.北京：中国社会科学出版社，2018.

［45］韩震.社会主义核心价值观与中国文化国际传播［M］.北京：中国人民大学出版社，2017.

［46］陈先达.文化自信中的传统与当代［M］.北京：北京师范大学出版社，2017.

［47］蔡武.筑牢文化自信之基——中国文化体制改革40年［M］.广州：广东经济出版社，2017.

［48］耿超.中国特色社会主义文化自信论［M］.南宁：广西师范大学出版社，2016.

［49］朱宗友.中国文化自信解读——文化建设卷［M］.北京：经济科学出版社，2017.

［50］王一川.中国文化软实力发展战略综论［M］.北京：商务印书馆，2015.

［51］沈壮海.文化软实力及其价值之轴［M］.北京：中华书局，2013.

［52］李建平.文化软实力与经济社会发展［M］.镇江：江苏大学出版社，2013.

［53］罗争玉.文化事业的改革与发展［M］.北京：人民出版社，2007.

［54］崔建民.中国文化事业单位改革思路研究［M］.北京：中国社会科学出版社，2010.

［55］何国瑞.社会主义文艺学［M］.武汉：武汉大学出版社，2001.

［56］熊元义.中国特色社会主义文艺理论研究［M］.北京：人民出版社，2010.

［57］中共中央关于繁荣发展社会主义文艺的意见［M］.北京：人民出版社，2015.

［58］周正兵.文化产业导论［M］第二版.北京：经济科学出版社，2014.

［59］胡惠林.文化产业发展的中国道路［M］.北京：社会科学文献出版社，2018.

［60］熊澄宇.中国文化产业政策研究［M］.北京：清华大学出版社，2017.

［61］公民道德建设实施纲要［M］.北京：人民出版社，2001.

［62］杨世文.中国特色社会主义理论与实践研究教学用书［M］.北京：北京师范大学出版社，2011.

［63］王苏喜.中国特色社会主义理论与实践论纲［M］.西安：西安交通大学出版社，2013.

［64］郑永富.群众文化管理学［M］.杭州：浙江人民出版社，1994.

［65］徐家良.公共行政学基础［M］.杭州：浙江大学出版社，2001.

［66］习近平.加快建设社会主义法治国家［J］.求是，2015（1）.

［67］习近平.在全国党校工作会议上的讲话［J］.求是，2016（9）.

［68］习近平在中央党的群团工作会议上强调：切实保持和增强政治性先进性群众性，开创新形势下党的群团工作新局面［J］.思想政治工作研究，2015（8）.

［69］郑礼平，赵嘉蒂.社会主义核心价值观与人民主体性［J］.浙江学刊，2015（1）.

［70］郑永扣.社会主义核心价值观之于中国精神的三重意义［J］.社会主义核心价值观研究，2015（1）.

［71］李泽泉.社会主义核心价值观视域下的公民道德建设［J］.中国特色社会主义研究，2015（4）.

［72］潘丽莉，周素丽.2015值得关注的十大思潮调查报告［J］.人民论坛，2013（3）.

［73］邓红风.市场经济条件下的文化建设问题［J］.人文杂志，1999（1）.

［74］吕其镁.试论新时代中国发展的区域方位［J］.思想教育研究，2018（10）.

［75］吕其镁.论新时代全面深化改革的方法和指向［J］.思想理论教育导刊，2018（10）.

［76］习近平在参观《复兴之路》展览时强调　承前启后　继往开来　继续朝着中华民族伟大复兴目标奋勇前进［N］.人民日报，2012-11-30.

［77］习近平.在第十八届中央纪律检查委员会第二次全体会议上的讲话［N］.人民日报，2013-01-23.

［78］习近平同志在十二届全国人大一次会议闭幕会上的讲话［N］.人民日报，2013-03-18.

［79］习近平.在同各界优秀青年代表座谈时的讲话［N］.人民日报，2013-05-05.

［80］卢新宁.中国有梦，青春无悔——习近平五四青年节参加主题团日活动侧记［N］.人民日报，2013-05-06.

［81］习近平在全国宣传思想工作会议上强调　胸怀大局把握大势着眼大事　努力把宣传思想工作做得更好［N］.人民日报，2013-08-21.

［82］习近平关于《中共中央关于全面深化改革若干重大问题的决定》的说明［N］.人民日报，2013-11-16.

［83］习近平主持召开中央网络安全和信息化领导小组第一次会议强调　总体布局统筹各方创新发展　努力把我国建设成为网络强国［N］.人民日报，2014-02-27.

［84］习近平在党的群众路线教育实践活动总结大会上的讲话［N］.人民日报，2014-10-09.

［85］中共中央关于全面推进依法治国若干重大问题的决定［N］.人民日报，2014-10-29.

［86］习近平在中央统战工作会议上强调　巩固发展最广泛的爱国统一战线　为实现中国梦提供广泛力量支持［N］.人民日报，2015-05-21.

［87］习近平在十八届中央政治局常委会第一百一十九次会议关于审议中国共产党廉政准则、党纪处分条例修订稿时的讲话［N］.人民日报，2015-10-09.

［88］习近平.在中共中央政治局第二十九次集体学习时强调：大力弘扬伟大爱国主义精神　为实现中国梦提供精神支柱［N］.人民日报，2015-12-31.

［89］习近平在党的新闻舆论工作座谈会上强调：坚持正确方向创新方法手段　提高新闻舆论传播力引导力［N］.人民日报，2016-02-20.

［90］习近平主持召开网络安全和信息化工作座谈会强调　在践行新发展理念上先行一步，让互联网更好造福国家和人民［N］.人民日报，2016-04-26.

［91］习近平在中共中央政治局第三十三次集体学习时强调：严肃党内政治生活净化党内政治生态　为全面从严治党打下重要政治基础［N］.人民日报，2016-06-30.

［92］习近平在庆祝中国共产党成立95周年大会上的讲话［N］.人民日报，2016-07-02.

［93］习近平在纪念红军长征胜利80周年大会上的讲话［N］.人民日报，2016-10-22.

［94］习近平在中共中央政治局第三十七次集体学习时强调：坚持依法治国和以德治国相结合　推进国家治理体系和治理能力现代化［N］.人民日报，2016-12-11.

［95］习近平在全国高校思想政治工作会议上强调：把思想政治工作贯穿教育教学全过程　开创我国高等教育事业发展新局面［N］.人民日报，2016-12-09.

［96］习近平在省部级主要领导干部学习贯彻十八届六中全会精神专题研讨班开班式上发表重要讲话强调：以解决突出问题为突破口和主抓手　推动党的十八届六中全会精神落到实处［N］.2017-02-14.

［97］习近平.决胜全面建成小康社会　夺取新时代中国特色社会主义伟大胜利——在中国共产党第十九次全国代表大会上的报告［N］.人民日报，2017-10-28.

［98］习近平在第十三届全国人民代表大会第一次会议上的讲话［N］.人民日报，2018-03-21.

［99］习近平在全国网络安全和信息化工作会议上强调　敏锐抓住信息化发展历史机遇　自主创新推进网络强国建设［N］.人民日报，2018-04-22.

［100］习近平.抓住培养社会主义建设者和接班人根本任务　努力建设中国特色世界一流大学［N］.人民日报，2018-05-03.

［101］习近平在中共中央政治局第六次集体学习时强调　把党的政治建设作为党的根本性建设　为党不断从胜利走向胜利提供重要保证［N］.人民日报，2018-06-30.

［102］习近平.守望相助　共创中蒙关系发展新时代——在蒙古国国家大呼拉尔的演讲［N］.人民日报，2014-08-22.

［103］习近平在全国宣传思想工作会议上强调　举旗帜聚民心育新人兴文化展形象　更好完成新形势下宣传思想工作使命任务［N］. 人民日报，2018-08-23.

［104］习近平在全国教育大会上强调　坚持中国特色社会主义教育发展道路　培养德智体美劳全面发展的社会主义建设者和接班人［N］. 人民日报，2018-09-11.

［105］习近平致信祝贺第五届世界互联网大会开幕强调：共同推动全球数字化发展，构建可持续的数字世界［N］. 人民日报，2018-11-08.

［106］习近平. 在庆祝改革开放40周年大会上的讲话［N］. 人民日报，2018-12-19.

后 记

　　新时代社会主义市场经济发展的文化向度及其建设是一个非常具有现实意义的课题。随着中国特色社会主义进入新时代，中国社会主义市场经济发展也进入了新时代。新时代的社会主义市场经济如何健康有序发展，特别是如何处理社会主义市场经济发展的文化支撑，尤其将社会主义文化建设融入市场经济发展的过程中，为市场经济发展提供方向保证、根本动力、精神支持等，以保证新时代社会主义市场经济的健康发展，值得深入探究。本书坚持问题导向，从理论与实践相结合的角度，遵循社会主义市场经济发展的本质要求和社会主义文化建设的客观要求，系统深入探究了新时代社会主义市场经济发展的文化向度及其建设问题，提出了发展市场经济的过程中必须坚持意识形态领导权、必须弘扬社会主义核心价值观、必须坚定文化自信、必须提高文化软实力、必须加强公共文化事业发展、必须做好文艺创作工作、必须推动文化产业健康发展、必须加强公民思想道德建设。这些探讨对在新时代中国特色社会主义事业发展进程中正确处理市场经济与文化建设的关系，尤其促进社会主义市场经济的健康发展，具有非常重要的理论价值和实际意义。

　　新时代社会主义市场经济发展的文化向度及其建设也是一个非常复杂的现实课题。这个课题涉及经济学、文化学、社会学、政治学，特别是马克思主义理论相关学科，因而要想研究好这个课题需要有非常宏大的学科背景和扎实的理论基础。坦诚地讲，笔者对这个问题的持续思考有三四年的时间，既有初始的困惑，也有现在的收获。理论思考之路漫长艰辛，追求真理之径上下求索。在这个过程中，笔者的收获是巨大的，既享受了思考的乐趣，也尝到了真理的味道。尽管这些探索和思考还有待更加深入完善，但就当前看，本书对新时代社会主义市场经济发展的文化向度及其建设作了全面透视并提供对策建议。这些探索思考凝结了笔者近几年的心血，也汇聚了笔者探索的热情，更体现着各位师长的谆谆教诲。一路走来，感谢各位师长的栽培和培养，感谢各位朋友的支持和关爱。未来已来，唯有踏实前行、不忘初心，在国家和民族的美好未来中去努力拼搏，与祖国和人民共享人生出彩的机会。我们都在努力奔跑，我们都是追梦人。

吕其镁

2019 年 1 月